高速铁路管理人员和专业技术人员培训教材

专业关键技术教材

铁路信号集中监测系统
应用与维护技术

中国铁路总公司

中国铁道出版社有限公司
CHINA RAILWAY PUBLISHING HOUSE CO., LTD.

内 容 简 介

本书为中国铁路总公司组织编写的高速铁路管理人员和专业技术人员培训教材之一，是信号专业关键技术教材。全书共十章，主要内容包括：铁路信号集中监测系统结构、功能、采集设备及维护、与其他系统的接口原理及维护、网络设备及维护、服务器及维护、数据存储及维护、现场运用实际案例、工程施工工艺等。

本书适用于高速铁路信号专业技术人员培训，也可供铁路信号集中监测系统运用管理人员学习，对各类职业院校相关师生学习也有重要的参考价值。

图书在版编目(CIP)数据

铁路信号集中监测系统应用与维护技术/中国铁路总公司编著. —北京：中国铁道出版社，2013.11（2020.9 重印）
高速铁路管理人员和专业技术人员培训教材
ISBN 978-7-113-17376-0

Ⅰ.①铁… Ⅱ.①中… Ⅲ.①铁路信号－监测系统－技术培训－教材 Ⅳ.①U284.91

中国版本图书馆 CIP 数据核字(2013)第 237680 号

书　　名： 高速铁路管理人员和专业技术人员培训教材
铁路信号集中监测系统应用与维护技术
作　　者： 中国铁路总公司

责任编辑： 徐　清　　**编辑部电话：**（路）021-73147　（市）010-51873147　　**电子信箱：** dianwu@ vip. sina. com
封面设计： 郑春鹏
责任校对： 焦桂荣
责任印制： 高春晓

出版发行： 中国铁道出版社有限公司(100054,北京市西城区右安门西街 8 号)
网　　址： http://www. tdpress. com
印　　刷： 国铁印务有限公司
版　　次： 2013 年 11 月第 1 版　2020 年 9 月第 4 次印刷
开　　本： 787 mm×1 092 mm　1/16　印张：14. 25　字数：329 千
书　　号： ISBN 978-7-113-17376-0
定　　价： 65. 00 元

Preface　前言

党的十六大以来，在党中央、国务院的正确领导下，我国铁路事业得到了快速发展，目前，中国高速铁路运营里程已经位居世界第一。在建设和运营实践中，我国高速铁路积累了丰富经验，取得了大量创新成果。将这些经验和成果进行系统总结，编写形成规范的培训教材，对于提高培训质量、确保高速铁路安全有着十分重要的意义。为此，中国铁路总公司组织相关专业的技术力量，统一编写了这套高速铁路管理人员和专业技术人员培训系列教材。

本套培训教材共分高速铁路行车组织、机务、动车组、供电、工务、通信、信号、客运8个专业，每个专业分为科普教材、专业关键技术教材和案例教材三大系列。科普教材定位为高速铁路管理人员普及型读物，对本专业及相关专业知识进行概论性介绍，学习后能够基本掌握本专业所需的基本知识、管理重点、安全关键；专业关键技术教材定位为高速铁路专业技术人员使用的学习用书，对本专业关键技术进行系统介绍，学习后能够初步掌握本专业新技术和新设备的运用维护关键技术；案例教材定位为高速铁路岗位人员学习用书，对近年来中国高速铁路运营实践中发生的典型案例及同类问题的处理方法进行总结归纳，学习后能为处理同类问题提供借鉴。

本书为信号专业关键技术教材《铁路信号集中监测系统应用与维护技术》。铁路信号集中监测系统是我国自主研发的面向铁路信号领域的综合性设备实时监测网络系统，是铁路信号设备维护的综合监测平台，其监测范围包括：联锁、闭塞、列控、TDCS/CTC、电源屏等信号系统和设备。铁路信号集中监测系统已经成为铁路信号维护人员现场分析处理故障、发现设备隐患和指导现场维修不可缺少的工具。

全书共十章，主要内容包括：铁路信号集中监测系统结构、功能、采集设备及维护、与其他系统的接口原理及维护、网络设备及维护、服务器及维护、数据存储及维护、现场运用实际案例、工程施工工艺等。

本书由李萍主编，陈建译副主编，吴根财、殷继宏主审。参加编写人员有：胡恩华（第二章、第三章、第七章、第十章），刘伟（第一章、第四章、第五章、第六章），钟卫国（第九章），周荣（第十章），涂鹏飞（第八章），张成斌（第一章、第六章），魏盛昕（第九章），钟志旺（第九章），刘晓峰（第二章），杨向波（第三章），王亚军（第十章），石成（第四章），尉大光（第八章），李海英（第九章），高歌（第五章），陈景柱（第七章）。

由于近年来高速铁路技术发展较快，同时编者的水平及精力所限，本书内容不全面、不恰当甚至错误的地方在所难免，热忱欢迎使用本书的广大读者以及行业内专家学者对本书提出批评、指正意见，以便编者对本书内容不断地改进和完善。

编　者

二〇一三年六月

Contents　目　录

第一章　绪　论

铁路信号集中监测系统(Centralized Signalling Monitoring system,简称CSM),原称铁路信号微机监测系统,是监测信号设备状态、发现信号设备隐患、加强信号设备结合部管理、分析信号设备故障原因、辅助故障处理、指导现场维修、反映设备运用质量、提高电务部门维护水平和维护效率的重要信号设备,是信号设备维护的综合监测平台。

CSM采用先进的数字信号处理技术、现场总线技术、传感技术、计算机网络通信技术、数据库及软件工程技术等现代科学技术手段,以"设备维护"为开发理念,可对车站联锁系统、区间闭塞系统、列车运行控制系统、TDCS/CTC、电源屏、ZPW-2000系列轨道电路、计轴设备等信号子系统的运行状态和关键电气参数进行实时监测和智能分析,为电务部门掌握设备运用质量和分析故障提供科学依据。

CSM成功应用于中国高速铁路和普速铁路,已开通车站超过6 000个。该系统的推广应用,提高了电务维护人员对设备的维修效率;特别是该系统在高速铁路应用后,改变了电务维护人员的作业方式,解决了维护人员在运营期间无法上道巡检的实际问题。CSM已经成为信号设备安全的"黑匣子",是信号维修技术的重要突破,是信号维修体制改革的重要技术支撑,是信号设备实现"状态修"的必要手段,也是信号技术向高安全、高可靠和网络化、智能化发展的重要标志之一。

第一节　铁路信号集中监测系统概述

一、铁路信号集中监测系统发展及应用

CSM的发展史最早可追溯到1985年。在当时计算机技术的基础上,部分铁路局开始研制铁路信号微机监测系统。受当时技术条件、经济条件等因素的限制,整体技术水平较低,信号状态采集精度不高,系统的可靠性差。各个铁路局自行研制,缺乏统一的技术标准;系统之间的技术差异较大,整体运用状况不佳;受当时的网络条件限制,各个车站自成体系,很少集中联网。

1997年铁道部两次组织有关专家对信号微机监测系统进行了大规模的调查研究,在此基础上,制定技术原则,组织联合攻关。由各研制单位组成联合攻关组,研制开发了第一代TJWX-97型信号微机监测系统,并且在五大干线推广应用,为监督电务设备运用状态及铁路运输安全作出了贡献。

第一代TJWX-97型信号微机监测系统在现场的推广应用,使铁道部和各铁路局对信号微机监测系统的重要性有了新的认识。TJWX-97型信号微机监测系统在应用中也存在一些缺陷。首先,各研制单位开发的信号微机监测系统设备形式各异、水平不等,造成

了信号微机监测系统制式不同、标准各异、分散使用、不能联网的局面；其次，重大行车事故给全路带来重大损失和惨痛教训的同时，也给信号微机监测系统提出了更高的要求。

2000 年，铁道部汇集了各铁路局、铁路相关院校专家的意见，对《信号微机监测系统技术条件》进行了修改和完善，颁布了《信号微机监测系统技术条件》(TB/T 2496—2000)。铁道部科教司和运输局基础部决定进行第二次联合攻关，集中各研制单位的 20 多位技术专家，在 TJWX-97 型信号微机监测系统的基础上，开发出 TJWX-2000 型信号微机监测系统。TJWX-2000 型信号微机监测系统以新的技术条件为依据，采用统一的软、硬件，统一标准，统一制式，具备全路联网功能。

从 2000 年到 2005 年期间，随着 2001 年 10 月 21 日第四次铁路大提速和 2004 年 4 月 18 日第五次铁路大提速，包括计算机联锁系统、列车运行控系统、提速道岔、ZPW-2000 系列轨道电路等大量铁路信号新技术设备上道运用，TJWX-2000 型信号微机监测系统已经不能满足使用维护的要求。2005 年 3 月 18 日起，铁路生产力布局调整，迫切需要进一步提高信号微机监测系统技术水平，以提高电务系统的整体维护水平和维护效率。为此，铁道部运输局基础部、科技司组织铁路局和微机监测研制单位在《信号微机监测系统技术条件》(TB/T 2496—2000)的基础上制定了《铁路信号微机监测系统技术条件(暂行)》，并于 2006 年 8 月发布了“关于印发《铁路信号微机监测系统技术条件(暂行)》的通知”(运基信号〔2006〕317 号)。TJWX-2006 型微机监测系统重点实现对交流提速道岔、列控中心系统、ZPW-2000 系列无绝缘轨道电路、高压不对称脉冲轨道电路等信号设备的监测功能，使得微机监测系统的监测范围覆盖了当时的全部信号设备。

从 2003 年开始，中国开始高速铁路工程建设。高速铁路对信号设备的安全性、可靠性以及可维护性的要求越来越高，电务工作者面临的维护压力越来越大，这也对监测系统提出了更高的要求。

为此，铁道部运输局电务部组织铁路局以及厂家对于微机监测系统功能需求进行了重新梳理，于 2010 年 9 月发布了“关于印发《铁路信号集中监测系统技术条件》的通知”(运基信号〔2010〕709 号)。在原有“信号微机监测系统技术条件”的基础上，补充了针对高速铁路维护的相关内容，强调了采集安全性，并对原有电务段子系统进行了补充完善，是信号微机监测系统的升级版本。同时，为保证集中监测系统不影响被测设备的安全，铁道部运输局电务部组织铁路局以及厂家编制了铁路信号集中监测系统产品安全标准《铁路信号集中监测系统安全要求》(运基信号〔2011〕377 号)，对集中监测系统采集方案、采集线缆、隔离措施作了详细规定，整体提高了集中监测产品的安全层次。这两个技术条件在确保集中监测系统的安全性和产品品质的前提下，明确了铁路信号集中监测系统作为铁路信号维护的综合监测平台，实现对所有信号设备的整体监视和维护，提高维修和维护效率，确保信号系统的正常工作。

二、铁路信号集中监测系统设计原则

铁路信号集中监测系统设计主要依据《铁路信号集中监测系统技术条件》(运基信号〔2010〕709 号)和《铁路信号集中监测系统安全要求》(运基信号〔2011〕377 号)。该系统以

“设备维护”为开发理念，遵循如下基本原则：

(一)安全、可靠、可用

CSM 的设计需考虑包括光电、电磁、PT(电压互感器)、熔断、高阻在内的多种安全隔离方法，在实现设备信号状态采集的同时，具有良好的电气隔离性能，在任何情况下，不能影响被监测信号设备的正常工作。

CSM 需 24 h 不间断地监测信号设备的运行状态，其关键模块、集成设备均采用工业级以上的部件，保证产品在铁路环境下的应用高可靠性。

CSM 中心关键网络设备和服务器需采用双套冗余设计，提供系统容错机制，保证系统连续不间断地稳定运行，保证数据信息的安全性和正确性。

(二)全面监测、易于扩展

CSM 作为信号设备的综合监测平台，需实现轨道电路、信号机、道岔、闭塞等设备的实时采集监测，以及计算机联锁、列控系统、ZPW-2000 系列无绝缘轨道电路、TDCS/CTC 系统、智能电源屏等具备自监测功能系统的实时信息接入。

CSM 需采用开放性的平台设计、模块化软件架构和标准化布线方法。

(三)向下兼容、互联互通

CSM 需考虑向下兼容，考虑与异种机、异种网的互联，按照统一的规范标准，保证中国铁路总公司、铁路局之间能够方便地进行数据传输和交换，分布式数据库系统便于访问和维护管理。

(四)界面友好、方便维护

CSM 是各级电务人员每天要使用的设备维护工具，需采用直观、经济的人机交互。需具备自监测功能，在自身发生故障后，方便维护。

三、铁路信号集中监测系统技术指标

(一)环境技术指标

(1)工作温度：0 ℃ ~40 ℃。

(2)相对湿度：不大于 90%(室温 +25 ℃)。

(3)海拔高度：≤3 500 m。

(二)设备绝缘电阻、耐压指标

(1)设备绝缘电阻及耐压指标符合中国铁路总公司标准。

(2)在设备适用环境条件下，设备绝缘电阻：≥25 MΩ。

(3)在设备适用环境条件下，设备绝缘耐压：≥1 200 V。

(三)系统可靠性指标

系统主要设备的平均无故障工作时间(MTBF)：≥10 000 h。

(四)可靠供电指标

系统采用工频单相交流供电，电务段(铁路局)机房设备应采用纯在线式 UPS 供电。如监测工作电源未经 UPS 稳压，监测系统应采用纯在线式 UPS 供电，UPS 容量应能保证交流电断电后维持监测系统可靠供电 10 min 以上。

第二节 铁路信号集中监测系统作用与特点

一、铁路信号集中监测系统的作用

中国从2003年开始大规模的高速铁路建设，目前已有武广、京石武、京沪、哈大、郑西、沪杭等在内的多条线路开通运营。高速铁路具有速度快、客运量大、全天候、安全舒适、能耗低、污染轻、占地少等诸多优点。相应的，高速铁路的信号设备维护也有其自身的很多特点。

(1)由于运行速度快，运行间隔短，高速铁路在正常运用期间维护人员不能上道，只能在夜间天窗点内上道检修设备。

(2)出于保障设备运行稳定、安全的考虑，高速铁路在正常运用期间，值班人员是在工区值守，不可以进入机械室和微机室。

(3)新增高速铁路特有的新设备，包括CTCS-2/CTCS-3级列控系统、铁路自然灾害及异物侵限监测系统、客运专线ZPW-2000自动闭塞系统等。

(4)高速铁路中继站无人值守。

高速铁路的发展，迫切需要作为唯一电务综合维护平台的铁路信号集中监测系统发挥重要作用，能准确监测并迅捷地做出报警，做到“集中管理、分散控制、全面监控、安全联动”，即能够通过24 h不间断连续监测，做出故障预警，并向各个监控终端以及管理者发出预警或故障诊断信号，提醒各级设备维护人员采取预防或应急处理措施，从而形成面向全员的、高效的、立体的针对设备故障诊断及相关预警的处理和防范体系。

CSM适用于中国高速铁路，能够适应高铁信号设备维护的环境，满足高铁电务维护人员的实际需要。其在高速铁路的应用功能主要如下：

(1)CSM在高速铁路的应用，维持其三级四层的体系结构。包含车站设备、中心设备和各级各类终端设备。

(2)CSM对于高速铁路应用的信号设备进行全面监测。监测方式包含实采和接口两种模式。

(3)站机可通过实时数据、曲线、报表、预(报)警、报告等多种形式向用户展现管内信号设备的监测信息。可提供“手动”和“故障定点”两种回放模式辅助用户进行故障分析。具备模拟量校核、权限管理、天窗修管理等用户设置功能。

(4)中心设备包含通信管理、应用处理、数据存储、安全防护、网络管理和时钟服务的功能。

(5)各级各类终端设备根据使用需求，进行了差别化模块组合，分别可实现管内各车站监测数据的实时调阅、预(报)警信息自动显示、报表统计信息自动接收、车站关键参数设置等功能。

二、铁路信号集中监测系统的特点

CSM完善了传统铁路信号维护和维修的手段，用先进的检测技术和计算机网络技术实现监测系统联网化和平台化，适应中国高速铁路信号设备维护的新需求。系统具有以下

特点。

(一)平台化的综合监测

铁路信号集中监测系统作为铁路信号设备的综合监测平台,对高速铁路应用的联锁、闭塞、CTC 系统、列控、ZPW-2000 系列轨道电路等设备进行全面监测。高速铁路运行期间,设备维护人员在工区可通过 CSM 这个“窗口”掌握管内所有信号设备的运用状态。

(二)人性化的用户体验

本着以用户为中心、以人为本的理念,CSM 系统在原有运输站场图的基础上,创新性增加了设备状态图模式,通过图形、颜色标注车站所有信号设备(包括室内和室外信号设备)的运用状态。整合优化了 TJWX-2006 型微机监测系统实时测试、曲线、回放的界面和展现方式,提高了用户使用的便利性和工作效率。新增加了类“多通道示波器/逻辑分析仪”的采样信息展现方式,最大限度方便用户进行数据分析和故障排查。

(三)智能诊断功能

监测系统实时采样的海量数据,过去一直人工浏览和分析,不仅工作效率低,又容易造成信息漏失。CSM 整合了原有的基础监测模块和智能分析模块,在实时监测的同时,利用内嵌的“专家知识库”,同步进行数据自动分析。运用数学建模、模糊分析、知识库搜索等多种技术,实现设备劣化的提前预警和设备故障的精确定位。逐步过渡到信号设备“状态修”和最大限度地压缩设备故障延时,为电务安全生产提供技术支持。

CSM 的智能分析是一个开放性平台,具有自学习功能,提供用户自定义报警设置功能。

(四)扩展的工区终端模式

为适应高速铁路中继站无人值守的特点,CSM 强化和扩展了工区终端的作用,在不依赖电务段中心服务器的情况下,维护人员利用 CSM 可在工区终端上实现本工区所辖范围内车站、中继站的全面管理。

(五)电务段监测中心

根据电务段生产力布局调整、CSM 自身发展以及铁路信息化的需要,强化了电务段铁路信号集中监测中心的作用。按照数据中心的建设思路,整合电务段过去的多个小中心为统一的 CSM 中心。中心可统一管理电务段管内所有车站的监测信息,统一终端界面、信息内容。全新建设的铁路信号集中监测电务段中心预留包括短信、邮件、手持终端在内的多种信息发布方式,可向包括电务安全生产调度指挥中心在内的其他系统提供基础数据和报警信息。

(六)规范的统一接口

CSM 通过接口方式,接收多个具备自监测功能的高铁信号设备数据信息,目前,各类接口都进行了信息内容、通信方式的统一。这些信息包括设备的关键电气参数、信号状态信息、自身状态和报警信息等。通信方式考虑到信息安全,多采用串口方式。早期采用网络接口方式的系统,可通过增加隔离设备的方式加以防范。

CSM 支持不同厂家产品之间的互联互通。

(七)高速铁路维护管理的支持

对于使用铁路信号集中监测系统的车站,基层用户的日常工作将变得更加高效、准确。在提供“设备状态图”、“报警摘要”、“故障点前后关联数据同步回放”的同时。依托于专家知识库,系统会自动分析海量监测数据(包括实采和接口信息),并给出设备性能劣化或者异常的预警信息,用户直接根据此预警信息安排天窗内进行设备检修即可。对于已经发生故障的设备,系统会依据专家知识库精确定位故障点或者给出可能的几种故障原因(采样信息不足造成)。用户直接根据此信息进行故障点维修即可,可最大限度地压缩故障延时。

根据不同铁路局、电务段的管理需要,CSM 可向用户提供定制化的“分析报告”。内容包括预(报)警及处理情况统计、设备运用数据统计、人员浏览数据统计、天窗修执行情况统计等。可提供数据表格、量化图形等多种方式,并支持电子收发和打印输出,最大限度地辅助用户的电务安全管理工作。

第二章　铁路信号集中监测系统结构

本章主要介绍信号集中监测系统结构特点及构成，包括系统的体系结构、网络结构、子系统结构等内容。

按照铁路电务部门的实际需要，铁路信号集中监测系统采用“三级四层”的体系结构完成系统部署，通过该框架实现各层子系统的独立和互联，同时将维护工作按职别和维护重点分散到各个层级完成。

铁路局、电务段采用交换机组网，车站局域网采用集线器或交换机组网，电务段子系统作为整个网络系统信息和服务的汇集，形成整体的网络结构。

铁路信号集中监测系统根据架构层次分为铁路总公司子系统、铁路局子系统、电务段子系统、综合维护工区和综合保养点子系统、车站子系统。其中，铁路局和电务段子系统一般架设各类服务器系统，用于信息数据的持久化存储。维护工区和保养点子系统具备终端调阅系统，实现维护分析功能。车站子系统实现基础数据的采集任务。

第一节　体系结构

为了满足各级电务部门的日常维护和管理工作的实际需要，铁路信号集中监测系统分为铁路总公司、铁路局、电务段三级体系结构。在此三级体系的框架下，根据系统配置的层次结构和数据通信的网络结构将系统划分为铁路总公司子系统、铁路局子系统、电务段子系统、车站子系统四层。如图 2—1 所示。

车站子系统位于信号集中监测系统的最底层，由站机、采集设备、网络设备等组成，是整个系统的基础。主要负责数据的采集、分类、逻辑分析处理、统计汇总、存储等，实现车站信号设备、区间信号设备的实时监测、故障分析和诊断，并提供人机对话界面，显示各类站场信息，并及时显示各类故障报警信息。车站子系统通过统一的标准接口与计算机联锁、列控中心、TDCS/CTC、智能电源屏、ZPW-2000 系列轨道电路、智能灯丝、智能熔丝等设备通信，获取监测信息。

电务段子系统是整个信号集中监测系统的核心，处于“承上启下”的位置。电务段子系统配置包括通信前置机、应用服务器、接口服务器、网管服务器、数据库服务器、时钟服务器在内的服务器集群和调度终端、试验室终端、维护工作站等设备，实现其管辖车站的监测信息的汇总存储、综合调阅等功能，并实现与其他系统在电务段子系统的互联，从而为各级领导的决策提供真实可靠的信息。电务段子系统重要的服务器，包括通信前置机、应用服务器、数据库服务器都采用双机热备的冗余技术以保证监测系统的高可用性。电务段子系统功能的不断丰富和发展提高了监测系统的可靠性、稳定性、安全性和抗干扰能力，提高了监测系统的接入能力，逐步实现了信号维护工作的现代化和智能化。

铁路局子系统位于电务段子系统的上层，配置应用服务器、监测终端和维护工作站，与下辖电务段子系统基层网互联，同时通过专线通道、数据网链路、路由器和铁路总公司子系统建立远程连接，进行信息交换。铁路局子系统不仅给各级电务管理者提供监视功能，还实现了其管辖各电务段子系统上传信息的汇总和标准化处理，作为信号设备维护指挥的依据。

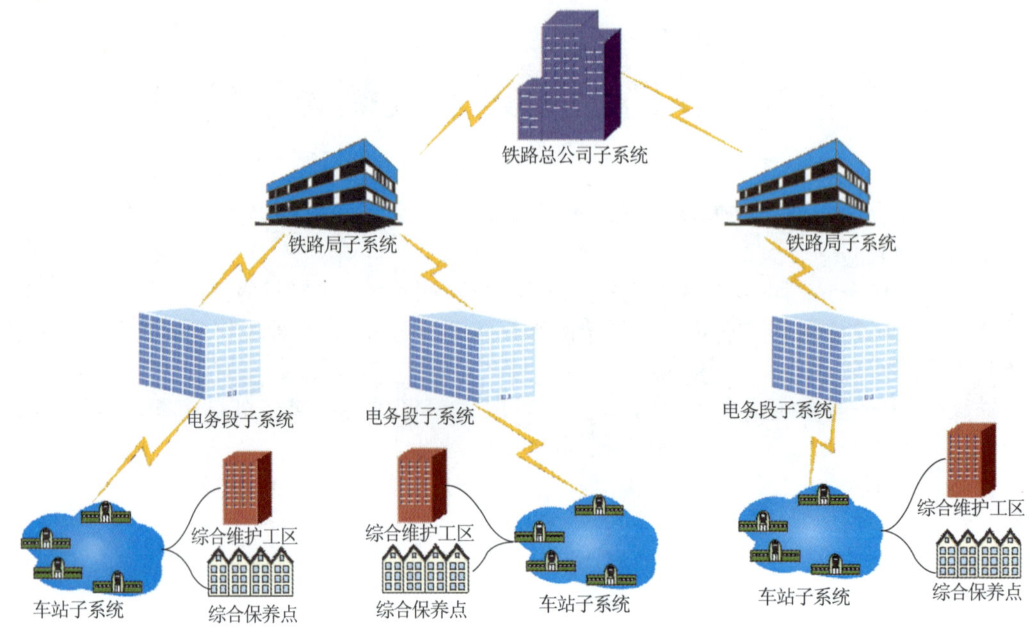

图 2—1　CSM 体系结构

铁路总公司子系统处于最高层，是现代化信号维护指挥的大脑。该子系统通过获取各个铁路局子系统的接口信息，监督和管理重要铁路枢纽和主要干线的信号设备。

随着高速铁路的蓬勃发展，对信号设备的安全性、可靠性以及可维护性的要求越来越高，对信号维修制度也提出了新的要求。高速铁路的维护采用属地化管理机制，设置了综合维护工区和综合保养点，综合保养点负责维护其所管辖的集中站和中继站；综合维护工区负责管理所管辖的综合保养点。

第二节　网络结构

CSM 网络结构包括车站局域网、综合维护工区（车间）/综合保养点（工区）局域网、电务段局域网、铁路局局域网、铁路总公司局域网以及连接各层局域网的广域网络。如图 2—2 所示。

车站局域网、综合维护工区（车间）/综合保养点（工区）局域网采用集线器或交换机进行组网，采用星型连接方式，传输速率不低于 100 Mbit/s。铁路总公司、铁路局、电务段局域网采用交换机进行组网，采用星型连接方式，传输速率不低于 1 000 Mbit/s。监测系统网络各个节点之间的通信采用 TCP/IP 协议和统一的数据格式。

信号集中监测系统中所有车站、综合维护工区（车间）/综合保养点（工区）、电务段组成了通信基层网，基层网是由网络通信设备和传输通道构成的环型网络，采用传输速率至少为 2 Mbit/s 的传输通道单独组网，独立运行；并采用冗余措施提高网络的可靠性。铁路总公司和铁路局局域网是通信上层网。基层网和上层网之间应互联互通，确保新建线路车站监测信息接入既有电务段、铁路局子系统中。网络中既有路由器和新设路由器均支持 OSPF

(Open Shortest Path Firth,开放式最短路径优先)协议。

基于集中监测系统的业务流和管理模式的特点,在网络建设中,将电务段子系统作为整个系统信息和服务的汇集点,对下与车站层通过 2 M 环网的方式收集车站子系统的监测数据,并进行储存和发布,对上接收铁路总公司子系统和铁路局子系统的信息查询命令,铁路总公司子系统、铁路局子系统、电务段子系统的每层内部业务交互频繁,业务流量较大,在每层内部按照局域网的方式搭建网络,层间采用星型专用网络连接。车站层中各车站之间采用环型组网方式连接,每 5 ~ 12 个车站形成一个环路,环内具体车站数量可以结合通信传输系统节点情况确定。同一环路中首尾两条通道的车站节点分别接入电务段(综合维修基地)互为冗余的双套路由器,中间车站做抽头与电务段局域网路由器平均分布连接,保证负载均衡。

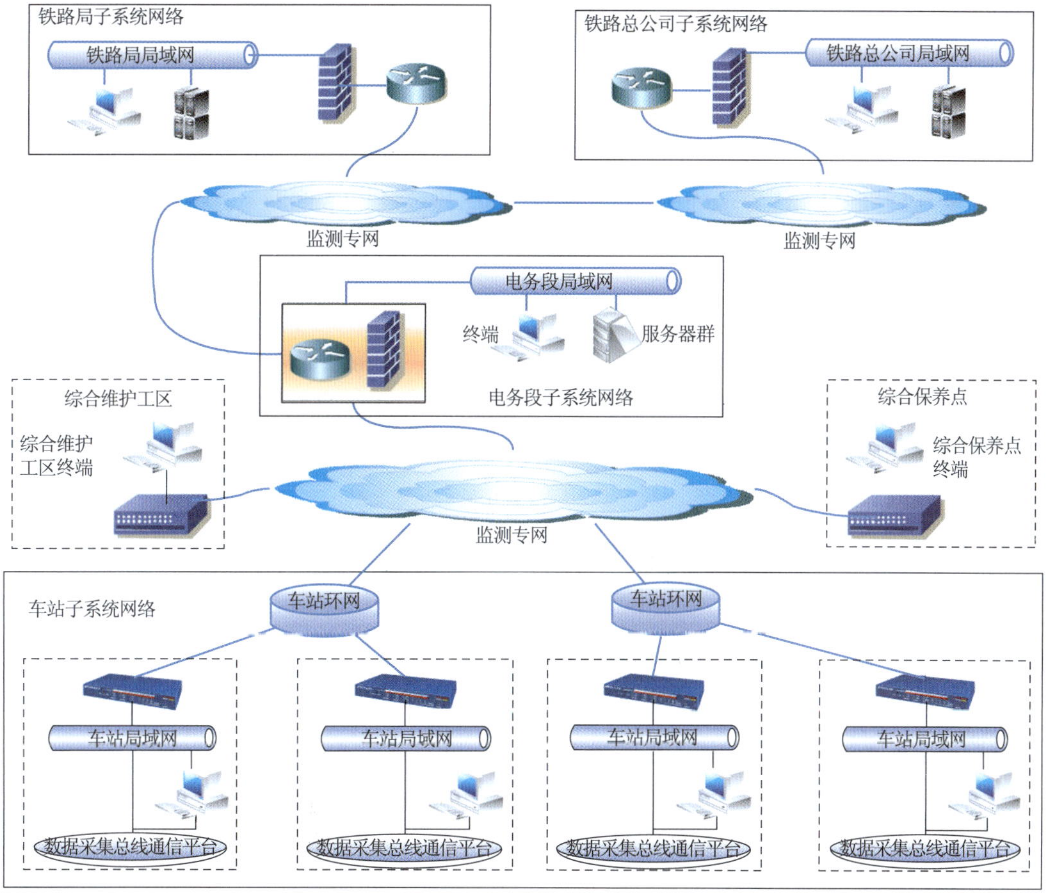

图 2—2　CSM 网络结构

综合维护工区(车间)和综合保养点(工区)的网络通道一般从既有的车站或电务段引出,不同的终端通过核心交换机建立星型连接,通过点对点的形式连接到附近的车站或电务段局域网。当线路距离允许的情况下,综合维护工区(车间)和综合保养点(工区)可采用就近接入车站局域网的方式,与车站交换机互联,否则就采用 2 Mbit/s 及以上传输通道与车站或电务段子系统互联。通道方式可使用网桥、光纤等方式实施。

第三节　铁路总公司子系统构成

铁路总公司子系统主要由网络设备、通信管理机和监测终端等组成。结构如图 2—3 所示。

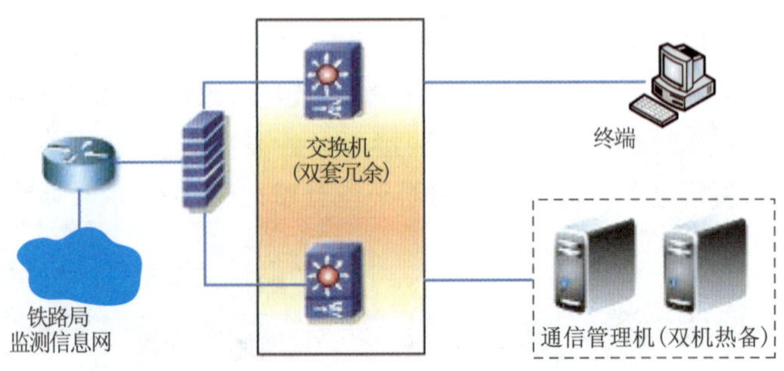

图 2—3　铁路总公司子系统结构

通信管理机使用 PC 服务器并且为双机热备方式。通信管理机与各监测终端以及各铁路局子系统应用服务器建立通信连接并进行数据交换、监视与管理;通信管理机同时具备时钟自动校核、系统运行状态管理、系统操作日志管理等功能。

为了保证网络系统具有冗余和备份能力,使网络不间断运行,关键网络设备(交换机)采用双套冗余配置。通过该配置可提高网络的可靠性,从而构成一个单点故障不影响使用的高性能、高可靠性网络环境。为了保证网络的安全性,在中心的网络建设中综合采用具有 IP 地址过滤、防火墙和入侵检测等技术的设备,对整个网络进行监督,从而更加全面地确保系统的稳定性与可用性。

第四节　铁路局子系统构成

铁路局子系统由网络设备、应用服务器、监测终端、维护工作站等组成。铁路局子系统经过不小于 2 M 的专用线路与电务段子系统、相邻铁路局子系统、铁路总公司子系统相连。结构如图 2—4 所示。

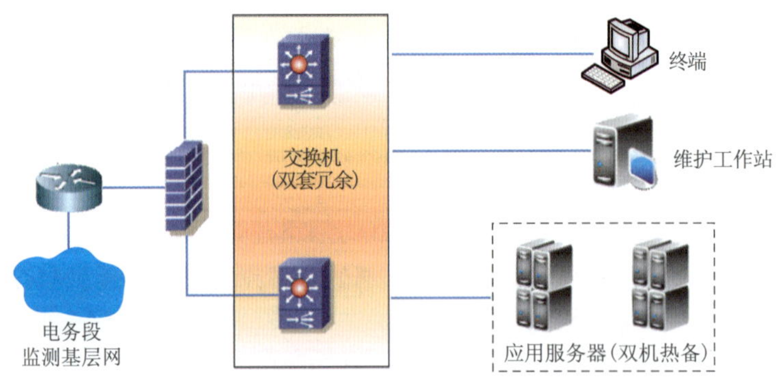

图 2—4　铁路局子系统结构

应用服务器使用 PC 服务器并且为双机热备方式。应用服务器是整个铁路局子系统的核心，以星型方式与各个电务段子系统的应用服务器连接，管理全局所辖的所有电务段及其车站节点，实现数据流调度和信息路由等功能。维护工作站上可进行铁路局子系统的常规维护工作，包括系统主要设备的软硬件配置管理等。

关键网络设备（交换机）采用双套冗余配置，应用服务器、监测终端、维护工作站采用双上联的方式分别与两台核心交换机连接，从而保证铁路局监测网络的高性能和高可靠性。

第五节　电务段子系统构成

电务段子系统配置数据库服务器、应用服务器、通信前置机、接口服务器、Web 服务器、网络管理服务器、防病毒服务器、时钟服务器、网络通信设备、网络安全设备（防火墙等）、电源设备、防雷设备、维护工作站、监测终端等。监测终端主要包括电务段调度终端、试验室终端等，可根据维修管理需要配置相应的终端。结构如图 2—5 所示。

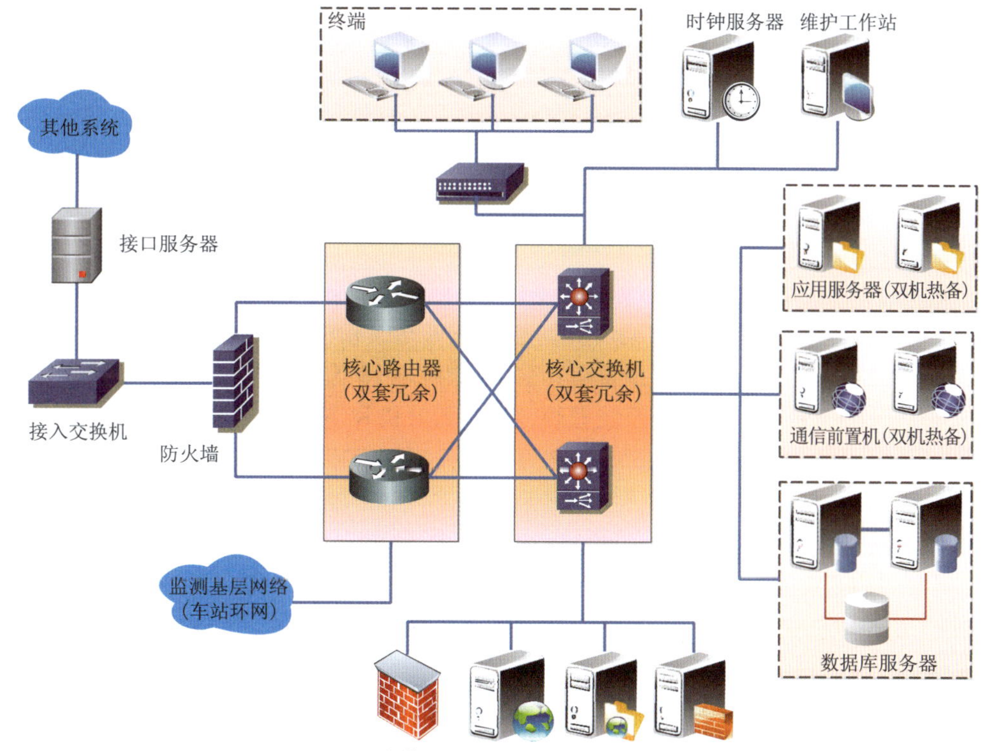

图 2—5　电务段子系统结构

一、电务段子系统设备配置

数据库服务器使用小型机，每台服务器配置 CPU 数量不少于 4 颗，具备扩展至 8 颗 CPU 的能力，CPU 主频不应低于 3.5 GHz，内存容量不小于 32 GB，采取双机热备方式。存储系统设置光纤磁盘存储阵列，支持 RAID 系列功能，容量不小于 1 TB。应用服务器使用 PC 服务器，每台服务器至少配置 4 颗 CPU,CPU 主频不低于 2.6 GHz,内存容量不低于16 GB。通信前置机、接口服务器、Web 服务器均采用 PC 服务器,每台服务器至少配置 4 颗 CPU,CPU 主频不低于 2.0 GHz,内存容量不小于 4 GB。服务器集群中的关键节点(包括通信前置机、应用服务器、网管服务器)都采用双机冗余的配置方式,提高整个系统的可靠性和可用性。

通信前置机负责与管内各监测站机建立通信连接并进行数据交换,负责电务段其他服务器与车站站机之间的操作命令和响应数据的转发。同时通信前置机保证双机负载的均衡性,可以自动调整与车站的通信连接。

应用服务器负责所辖终端、数据库服务器、通信前置机及局服务器间数据处理及转发,以及跨站逻辑的处理。具体来说,应用服务器负责车站实时数据分发处理、监测终端与站机之间有关命令和响应数据的转发、终端与数据库服务器之间数据传输、终端与网管服务器之间的数据传输、局服务器与车站间通信数据转发、网络通信实时数据的压缩/解压缩以及数据的分等级传输、数据处理及控制、向所辖车站站机或终端机发送控制命令。

数据库服务器存储车站开关量、报警等监测系统的业务数据以及终端、通信前置机、应用服务器、网管服务器等操作记录。数据库服务器仅与应用服务器建立连接,负责存储应用服务器传输过来的相关数据,并且响应应用服务器传输的读取历史数据的命令,将响应的历史数据传回应用服务器。

网管服务器负责统一处理管辖范围内所有终端、应用服务器、通信前置机、车站采集设备、车站网络设备的通信状态信息。能够接收应用服务器传输过来的各个通信节点的状态,并且响应应用服务器传输过来的读取各个通信节点网络信息(如车站路由器网口的连接状态等)的命令。

Web 服务器提供 Web 浏览服务功能,主要包括实时报警及历史报警查询、报警信息处理情况录入、报警信息分析统计,同时作为全线子系统自动升级服务器。Web 服务器可以接收应用服务器转发过来的实时报警信息,并响应终端 IE 等浏览器查询命令。

时钟服务器负责向电务段子系统管辖范围内的站机和终端、服务器提供标准时钟源,并对所辖各个节点定时校核时间。时钟服务器从标准时钟源或 TDCS/CTC 中心获取时钟。

防病毒服务器负责向电务段子系统所隶属的站机和终端(包括 ZPW-2000 维修终端)发放杀毒软件与防病毒库更新。出于网络安全的考虑,防病毒服务器无法实现与外网的直接沟通,所以防病毒服务器中最新的病毒库由维护人员定期更新。

接口服务器负责跨系统、跨网络间连接的数据通信转发及处理,通过网络连接或 RS-422 串口方式完成电务段子系统与其他系统间的数据交互。当使用网络连接时,接口服务器和其他系统间需要增加网络防护,原则上各个系统做自身防护,保证不影响对方系统或受对方系统影响。接口服务器作为两个独立网络的交接点,使用双网卡,每个网卡连接独立网络。电务段子系统与其他系统间建立连接后,接口服务器负责将电务段子系统内开关量、模拟量、报警信息传输给其他系统;同时将其他服务器的信息传输给本系统应用服务器。

维护工作站主要是提供对车站子系统和电务段子系统的站机、终端、服务器、网络设备等方便的维护手段。根据需要,可以配置监测终端的所有功能,可以配置监测站机的部分功能,可以配置服务器的部分功能,可以对各个站机、终端、服务器进行维护、软件配置修改和软件升级等工作。维护工作站还支持通过图形化的网络拓扑图显示动态的网络设备信息,

实时的监视网络通道状态和车站采集设备通信状态等。

电务段子系统终端可以调阅和显示其管辖车站的监测系统的全部信息，包括站场图状态、实时和历史报警信息、开关量实时状态以及历史查询记录、模拟量的实时值和日报表等信息以及转辙机动作电流曲线和功率曲线等。

电务段子系统的服务器群、维护工作站、终端之间以及电务段子系统与车站子系统、铁路局子系统间的逻辑连接图如图 2—6 所示。

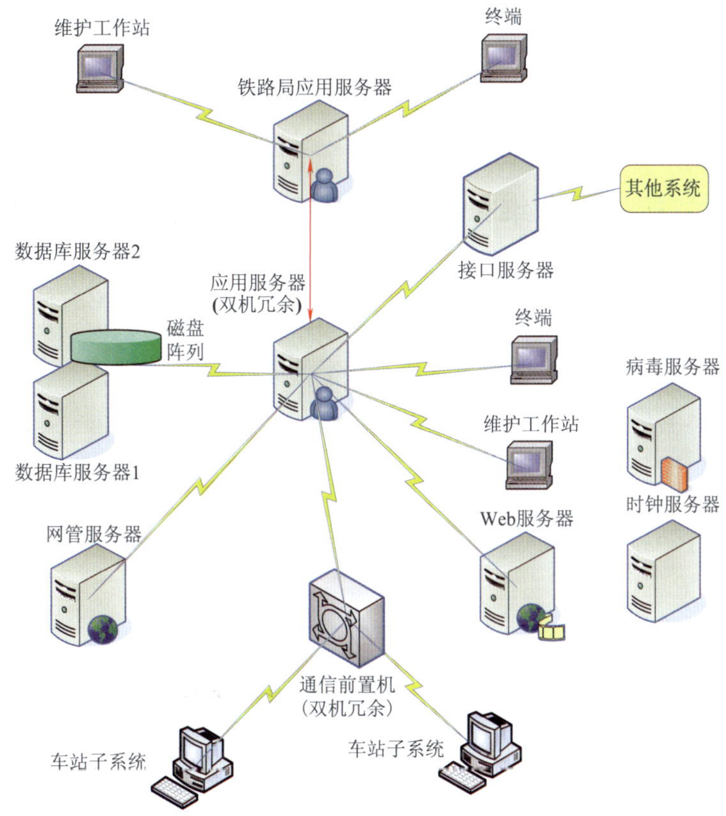

图 2—6　电务段子系统逻辑连接图

二、电务段子系统网络配置

电务段子系统网络设备主要包括：防火墙、核心路由器、核心交换机、IDS 入侵检测系统等。局域网交换机为三层全千兆交换机，至少有 48 个以太网口，支持 OSPF 动态路由。电务段广域网核心路由器，支持 8 端口或更高密度的广域网接口卡，广域网端口数量多达 32 个，千兆端口数量至少有 2 个，交换机和路由器均为双套冗余配置。

电务段子系统采用全千兆网络设计，中心内部设备间互连接口均为千兆以太网接口。除接口服务器以外，其他各服务器、小型机以及入侵检测系统均采用双上联方式，分别连接两台核心交换机。作为数据库服务器的小型机通过专用光存储接口与下挂的光存储磁盘阵列连接。两台核心交换机之间互联两个或多个千兆以太网物理端口，在这些端口上启用端

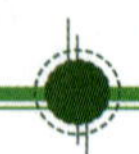

口捆绑技术复合成一条逻辑链路。每台核心交换机使用双上联方式与核心路由器的以太网端口互联。核心路由器的串口传输卡与 CSM 基层网各个车站的 2 Mbit/s 及以上广域网传输通道互联。根据铁路总公司的要求,车站尾站的广域网链路要与核心路由器相连。各车站返回电务段子系统的中间抽头链路要根据负载均衡的原则,根据网络抽头返回的顺序,依次平均分配与两台核心路由器的串行端口相连接。每台核心路由器使用一个以太网端口与硬件防火墙互联。硬件防火墙使用 2 个物理端口,其中一个通过协议转换器,与铁路局信息集中监测上层网互联。

除了服务器群、维护工作站、终端和网络设备外,电务段子系统还配置有相关的辅助设备,主要有网络安全设备、打印机以及电源设备等。网络安全设备主要包含防火墙、入侵检测、动态口令卡、防病毒以及漏洞扫描等,保证电务段子系统的网络安全。

第六节　综合维护工区和综合保养点子系统构成

综合维护工区和综合保养点子系统由网络设备、安全设备、电源设备以及终端组成。网络设备包括核心交换机以及相应的协议转换器、网络设备接口卡等;终端的部署则根据保养点和维护工区的规划,终端数量可根据维修管理的需要增配。

综合维护工区和综合保养点的终端能够查阅车站监测信息并且能够进行基本的管理和维护操作,其硬件配置与其他子系统的终端配置要求相同。综合维护工区和综合保养点终端的设立给基层网管理带来了极大的便利,同时也提高了车站维护人员的工作效率。

综合维护工区和综合保养点逻辑连接图如图 2—7 所示。

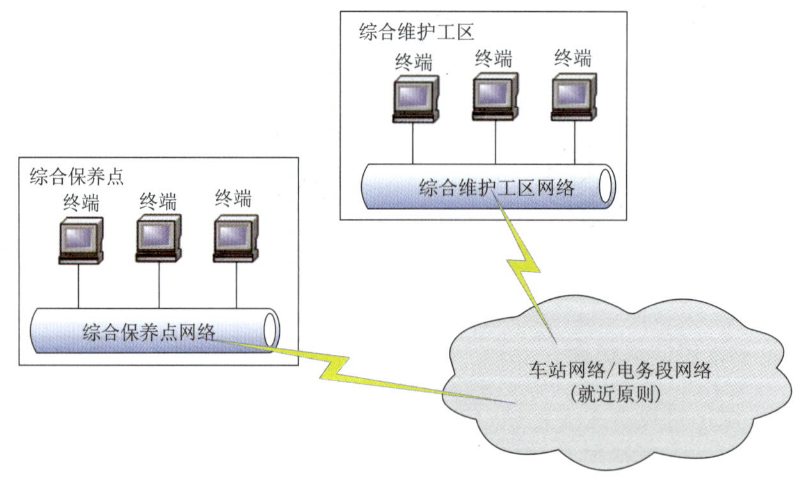

图 2—7　综合维护工区和综合保养点逻辑连接图

第七节　车站子系统构成

车站子系统的设备主要包括站机、接口通信分机、采集分机、智能采集单元、电源设备、防雷设备、串口接口子系统等。结构如图 2—8 所示。

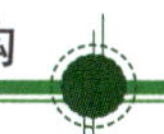

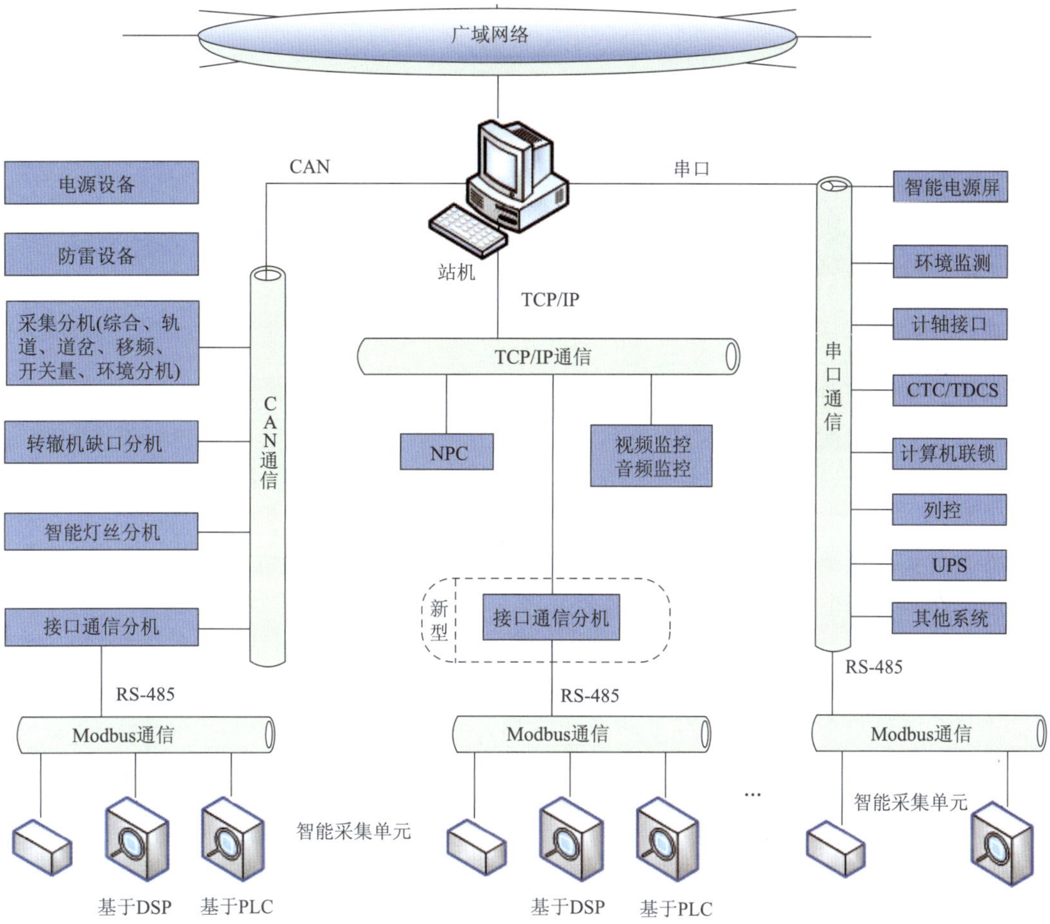

图 2—8 车站子系统结构

一、站　　机

站机是车站子系统的核心，它负责监测系统所需开关量、模拟量、报警信息、环境数据、视频信息的收集、分类、逻辑分析处理、报警输出、数据统计汇总和存储回放等功能。并提供了人性化的人机交互界面，以图形、列表及曲线等方式给电务维护人员提供有价值的维修状态信息，同时接收用户数据以及指令的输入，实现实时、交互式的浏览、设置和查询。另外，站机作为基层采集和执行单元，和电务段子系统通信，通信方式采用 TCP/IP 协议。站机将车站实时的数据和报警传送到上层，并接受上级终端（工区、电务段、电务处）的控制命令，驱动外围控制单元实现环境设备等的控制功能。

二、接口通信分机

接口通信分机是监测采集设备中的核心部分，绝大部分的监测模拟量采集数据都通过接口通信分机收集并编码转发给监测站机。接口通信分机通过 CAN 总线或网线与车站监测站机连接，负责实时采集各种信号设备的数据，并对采集数据进行预处理。

三、采集及控制单元

采集及控制单元主要包括：采集分机和智能采集单元，具体有现场控制总线信息平台、高精度数据采集单元（包括轨道、道岔、电源屏等模拟量信息）、环境监测传感器、门禁控制器、智能空调控制器、ZPW-2000A 移频信号综合采集器等。通过采集单元，可以实现道岔曲线、道岔表示电压、轨道电路电压、信号机电流、移频发送、移频接收、半自动闭塞、绝缘测试、漏流测试、外电网质量、熔丝报警等信息的采集。

四、网络设备

网络设备包括路由器、交换机、协议转换器等。

站机使用以太网口与车站交换机互联。根据技术标准的要求，车站通信机械室到信号机械室要使用光纤通道连接。车站路由器一般使用两个 WAN 口，一个 WAN 口通过光电协议转换器与上行方向车站互联，另一个 WAN 口通过光电协议转换器与下行方向车站互联。当车站节点需要做链路抽头回电务段子系统时，车站路由器需要再使用一个 WAN 口，通过光电协议转换器与电务段子系统的路由器互联。每隔 5～12 个车站做中间抽头与电务段子系统路由器平均分布连接，保证负载均衡。为提高系统的可靠性，车站节点的中间抽头首站和结尾站要与电务段子系统的不同路由器连接。

车站子系统设备布置如图 2—9 所示。

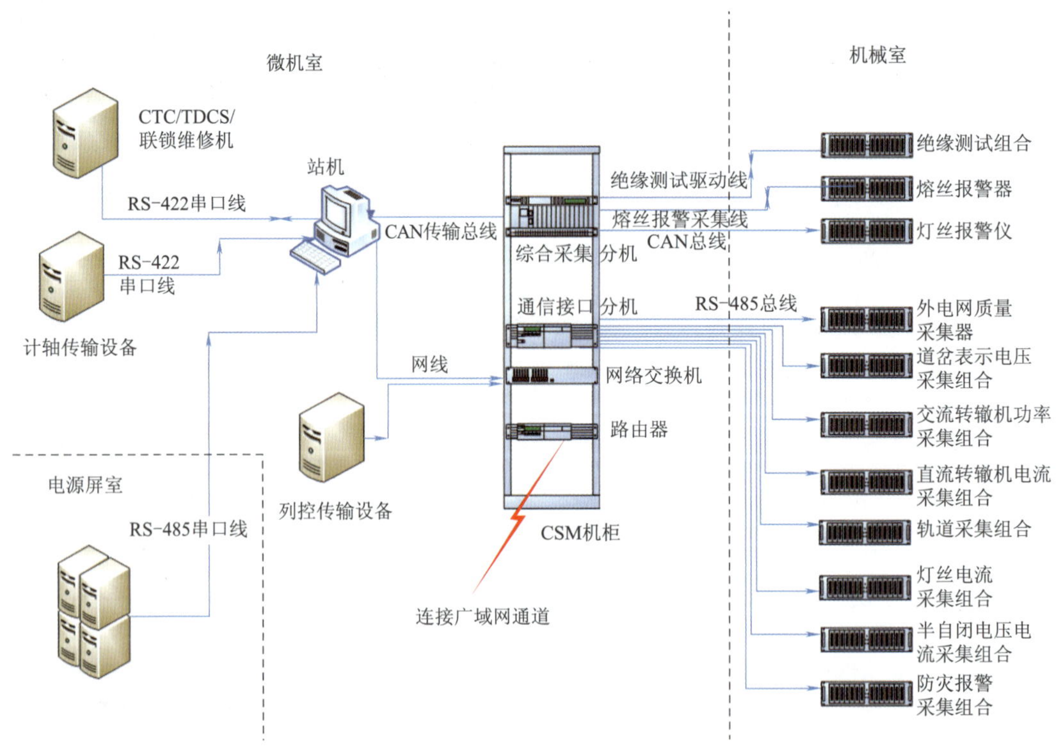

图 2—9　车站子系统设备布置图

第三章　铁路信号集中监测系统功能

本章主要介绍铁路信号集中监测系统的主要功能,包括车站子系统功能、终端子系统功能及电务段子系统功能三部分。

车站子系统完成基础采集信息的收集及处理,通过自采集或与其他子系统接口的方式实现数据的汇集,系统具备丰富的调阅分析功能,可实现故障查询、处理、回放等日常维护功能。

终端子系统作为检修维护使用的系统,具备显示、报警及事件管理、系统管理、数据处理及管理等综合维护功能,辅助用户完成故障分析及管理工作。

电务段子系统由数据库服务器、应用服务器、通信前置机、网管服务器、Web 服务器、防病毒服务器、时钟服务器共同构成,主要用于完成数据信息持久化存储、信息转发及处理、应用管理等功能。

第一节　车站子系统功能

车站子系统通过将采集器采集的设备电气特性数据和接口(串口、网络接口、CAN 接口)获取的其他信号设备的信息进行汇总和逻辑处理后进行实时的显示、报警、存储并上传至上层系统,同时提供用户故障查询、处理、回放等日常维护功能。

车站子系统功能结构如图 3—1 所示。车站子系统由各种采集器、接口通信分机、综合分机和其他智能系统各种接口组成。各种采集器,包括外电网监测、轨道电路监测、信号机电流监测、转辙机信息监测、道岔表示电压监测、异物侵限电压监测、电源屏监测、集中式移频监测、站间联系电压监测、高压不对称脉冲轨道电路监测、民用空调监测、半自动闭塞监测。采集的设备电气特性数据通过接口分机上传给站机程序;绝缘、漏流、熔丝报警、环境温湿度信息通过综合分机传给站机,另外车站的其他的智能系统包括联锁、CTC 系统、列控、ZPW-2000、智能电源屏、智能灯丝等接口通过 CAN 线、网络接口或串口将其采集的信息传给站机。

一、监测项目

(一)外电网综合质量监测

监测内容为外电网输入相电压、线电压、电流、频率、相位角、功率;监测位置在配电箱(电务部门管理)闸刀外侧。对于监测设备指标要求如下:

AC380 V 电压量程范围:0～500 V,AC220 V 电压量程范围:0～300 V,电流量程范围:0～100 A,频率量程范围:0～60 Hz,功率量程范围:0～30 kW。

监测精度:电压 ±1%,电流 ±2%,频率 ±0.5 Hz,相位角 ±1%,功率 ±1%。

测试方式采用周期轮询的方式,有变化时采集。

采样速率:电压、电流为 250 ms,断相、错序、瞬间断电开关量为 50 ms。

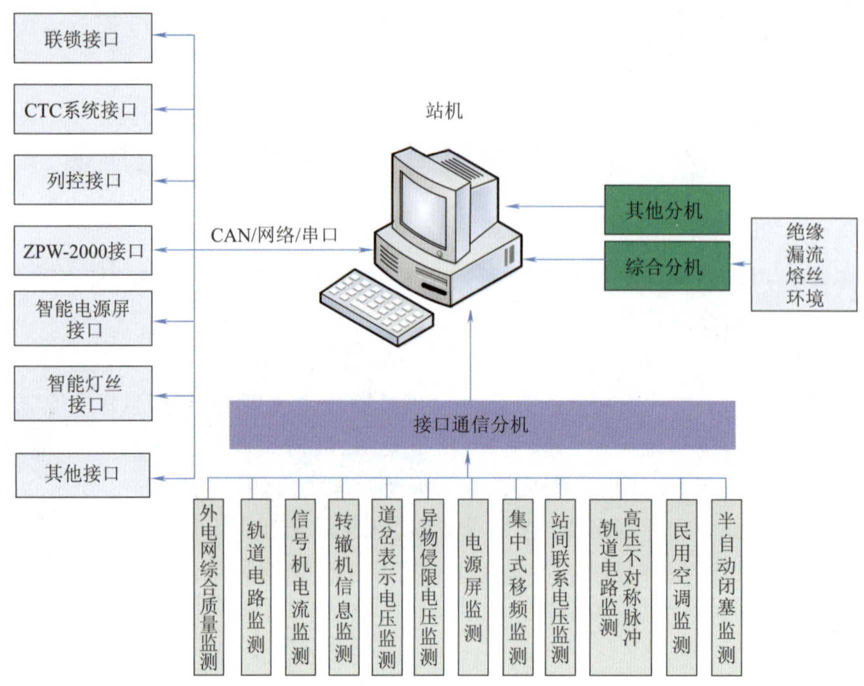

图 3—1　车站子系统功能结构图

除了进行模拟量的采集以外，还需要进行实时报警，报警条件如下：

1. 输入电压高于额定值的 15% 或低于额定值的 20% 时报警并记录。

2. 输入电压低于额定值的 65%，时间超过 1 000 ms 时断相/断电报警并记录。

3. 输入电压低于额定值的 65%，时间超过 140 ms，但不超过 1 000 ms 时瞬间断电报警并记录。

4. 对于三相(380 V)输入电源，相序错误时错序报警并记录。

（二）轨道电路监测

轨道电路分为交流连续式轨道电路、25 Hz 相敏轨道电路、JWXC-2.3 型驼峰轨道电路，针对不同的轨道电路，监测信息和监测点等有所差别，下面分别介绍。

1. 交流连续式轨道电路监测

监测内容为轨道继电器交流电压、直流电压；监测位置在轨道继电器端或分线盘处。监测设备指标要求如下：

监测量程：交流电压 0 ~ 40 V，直流电压 0 ~ 40 V。

监测精度：±1%。

测试方式：站机周期巡测(周期≤2 s)；变化测。

采样速率：250 ms。

2. 25 Hz 相敏轨道电路监测

监测内容为轨道电路接收端交流电压、相位角；监测位置为轨道测试盘侧面端子或二元二位轨道继电器端、局部电压输入端，相敏轨道电路电子接收器端。监测设备指标要求如下：

监测量程：电压 0 ~ 40 V，相位角 0 ~ 360°。

监测精度：电压 ±1%，相位角 ±1%。

测试方式：站机周期巡测(周期≤2 s)；变化测。轨道继电器励磁时测相位角，轨道占用时不测试相位角。

采样速率：500 ms。

3. JWXC-2.3 型驼峰轨道电路监测

监测内容为 JWXC-2.3 型驼峰轨道继电器工作电流；监测点为轨道继电器。监测设备指标要求如下：

监测量程：0～800 mA。

监测精度：±3%。

测试方式：站机周期巡测(周期≤2 s)；变化测。

采样速率：250 ms。

(三)信号机电流监测

监测内容为列车信号机的灯丝继电器(DJ,2DJ)工作交流电流；监测点为信号点灯电路始端。监测设备指标要求如下：

监测量程：0～300 mA。

监测精度：±2%。

测试方式：站机周期巡测(周期≤2 s)；变化测。

采样速率：500 ms。

(四)转辙机信息监测

转辙机监测根据不同的类型监测也不一样，按直流转辙机、交流转辙机和驼峰 ZD7 系列直流快动转辙机三种类型。

1. 直流转辙机监测内容为道岔转换过程中转辙机动作电流、故障电流、动作时间、转换方向，监测位置为动作回线。监测设备指标要求如下：

监测量程：电流 0～10 A(单机)，动作时间 0～40 s(单机)。

测量精度：电流 ±3%，时间≤0.1 s。

测试方式：根据 1DQJ 条件进行连续测试。

采样速率：40 ms。

2. 交流转辙机分为 ZYJ 系列电液转辙机、S700K 型、ZDJ9 系列交流电动转辙机，但其监测内容相同，为道岔转换过程中转辙机功率、动作电流、动作时间、转换方向。电压采样监测点在断相保护器输入端，电流采样监测点在断相保护器输出端。监测设备指标要求如下：

监测量程：动作电流 0～10 A(单机)，动作时间 0～40 s(单机)，功率 0～5 kW(单机)。

测量精度：动作电流 ±2%，功率 ±2%，动作时间≤0.1 s。

测试方式：根据 1DQJ 条件进行连续测试。

采样速率：40 ms。

3. 驼峰 ZD7 系列直流快动转辙机监测内容为道岔转换过程中转辙机动作电流、故障电流和动作时间、转换方向。监测点为动作回线。监测设备指标要求如下：

监测量程：电流 0～30 A，动作时间 0～3 s。

测量精度:电流 ±3% ,时间≤0.1 s。

测试方式:根据 1DQJ 条件进行连续测试。

采样速率: 10 ms。

(五)道岔表示电压监测

监测内容为道岔表示交、直流电压;监测点为分线盘道岔表示线。监测设备指标要求如下:

监测量程:直流电压 0 ~100 V,交流电压 0 ~200 V。

监测精度: ±1% 。

测试方式:站机周期巡测(周期≤2 s);变化测。

采样速率:500 ms。

(六)异物侵限电压监测

监测内容为铁路自然灾害及异物侵限监测系统与列控系统分界口处接口直流电压;监测点为分线盘。监测设备指标要求如下:

量程范围: 0 ~40 V。

测量精度: ±1% 。

测试方式: 站机周期巡测(周期≤1 s);变化测。

采样速率:250 ms。

(七)电源屏监测

监测内容为电源屏输入电压、电流;电源屏各路输出电压、电流;25 Hz 电源输出电压、频率、相位角。监测点为非智能电源屏的转换屏输入端、其他非智能屏的电压输出熔断器后端。监测设备指标要求如下:

电压量程范围:

AC380 V:0 ~ 500 V, AC220 V:0 ~ 300 V, AC110 V:0 ~ 200 V, AC24 V:0 ~ 50 V, AC12 V:0 ~30 V。

DC220 V:0 ~300 V, DC24 V:0 ~50 V , DC48 V: 0 ~80 V, DC12 V: 0 ~30 V,DC6 V: 0 ~10 V。

电流量程范围:

2.5 kVA: 0 ~20 A, 5 kVA:0 ~30 A, 10 kVA:0 ~50 A, 15 kVA:0 ~80 A,30 kVA:0 ~100 A, 驼峰屏:0 ~100 A。

频率量程范围:

50 Hz:0 ~60 Hz, 25 Hz:0 ~30 Hz。

相位角量程范围:0° ~360°。

监测精度:电压 ±1% ,电流 ±2% ,频率 ±0.5 Hz,相位角 ±1% 。

测试方式:周期巡测(周期≤1 s);变化测。

采样速率: 250 ms。

电源屏输出报警:电源屏输出电压大于额定值的 3% 或小于额定值的 3% 时报警并记录。

（八）集中式移频监测

1. 站内电码化监测

监测内容为站内发送器功出电压、发送电流、载频及低频频率；监测点为发送器功出端。监测设备指标要求如下：

监测量程：发送电压 0 ~ 200 V（电化区段），0 ~ 50 V（非电化区段）；发送电流 0 ~ 5 A。

既有移频：载频 0 ~ 1 000 Hz，低频 0 ~ 35 Hz，频偏 55 Hz。

ZPW-2000 系列和 UM71 制式：载频 1 650 ~ 2 650 Hz，低频 0 ~ 30 Hz，频偏 11 Hz。

监测精度：电压 ±1%，电流 ±2%，载频频率 ±0.1 Hz，低频频率 ±0.1 Hz。

测试方式：站机周期巡测（周期≤1 s）；根据轨道占用状态动态测试。

采样速率：250 ms。

2. 集中式有绝缘移频自动闭塞监测

监测内容为发送端功出电压、发送电流、载频及低频频率；接收端限入电压、移频频率及低频频率，监测点为发送器功出；接收器限入。监测设备指标要求如下：

监测量程：发送电压 0 ~ 200 V，发送电流 0 ~ 5 A，载频 0 ~ 1 000 Hz，低频 0 ~ 35 Hz，频偏 55 Hz；接收电压 0 ~ 5 V。

监测精度：电压 ±1%，电流 ±2%，载频频率 ±0.1 Hz，低频频率 ±0.1 Hz。

测试方式：站机周期巡测（周期≤2 s）；根据轨道占用状态动态测试。

采样速率：250 ms。

3. 集中式无绝缘移频自动闭塞监测

集中式无绝缘移频自动闭塞系统包括 ZPW-2000 系列、UM71 制式等无绝缘移频轨道电路，其监测内容为区间移频发送器发送电压、电流、载频、低频；区间移频接收器轨入（主轨、小轨）电压，轨出 1 电压 、轨出 2 电压、载频、低频；区间移频电缆模拟网络电缆侧发送电压、接收电压、发送电流。监测点分别为发送器功出端，模拟网络电缆侧，衰耗器输入，接收器输入端。监测设备指标要求如下：

监测量程：发送功出电压 0 ~ 300 V，发送电流 0 ~ 1 000 mA。轨入电压 0 ~ 7 V，轨出 1、轨出 2 电压 0 ~ 3 V 。载频 1 650 ~ 2 650 Hz，低频 0 ~ 30 Hz。模拟网络电缆侧发送电压 0 ~ 200 V，接收电压 0 ~ 15 V，电流 0 ~ 2 A。

测量精度：电压 ±1%，电流 ±2%，载频 ±0.1Hz，低频 ±0.1Hz。

测试方式：站机周期巡测（周期≤1 s）；根据轨道占用状态动态测试 。

采样速率：250 ms。

（九）站间联系电压监测

监测内容为站（场）间联系线路直流电压、场间联系电压、方向电路电压、区间监督电压；监测点为分线盘。监测设备指标要求如下：

监测量程：直流 ±（0 ~ 200）V。

测量精度：±1% 。

测试方式：站机周期巡测（周期≤1 s）；变化测。

采样速率：250 ms。

（十）高压不对称脉冲轨道电路监测

监测内容为接收端波头、波尾有效值电压，峰值电压，电压波形；监测点为译码器相应端子。监测设备指标要求如下：

监测量程:0～100 V。

监测精度：±2%。

测试方式:站机周期巡测(周期≤2 s);变化测。

采样速率:0.2 ms。

(十一)民用空调监测

监测内容为民用空调电压、电流、功率、温度;监测点为信号机械室、电源屏室、微机室等空调工作电源线。监测设备指标要求如下：

监测量程:交流电压0～500 V,电流0～50 A,功率0～25 kW,温度0～150 ℃。

监测精度:电压±1%;电流±2%,功率±2%,温度±1 ℃。

测试方式:站机周期巡测(周期≤1s);变化测。

(十二)半自动闭塞监测

监测内容为半自动闭塞线路直流电压、电流,硅整流变压器输出电压。监测点为分线盘半自动闭塞外线、硅整流变压器输出端。监测设备指标要求如下：

监测量程:电压±(0～200)V,电流±(0～500)mA。

监测精度:电压±1%,电流±1%。

测试方式:站机周期巡测(周期≤2 s);根据闭塞按钮状态变化动态测试并形成电压、电流曲线。

采样速率：100 ms。

二、站机功能

在整个CSM系统中,站机是车站层信号设备集中管理系统,同时也是电务段中心系统及电务处中心系统的数据来源。站机主要功能有:站场图实时显示,开关量查询,模拟量查询,道岔曲线查询,实时报警及历史报警查询和处理,回放,通信状态图显示,绝缘和漏流测试,统计功能,班组管理,作业监督。

(一)站场实时显示

站场实时显示是CSM系统基本功能,站场图可以实时反映出排列进路的状态:轨道区段的占用状态,信号机的开放状态,道岔定反表示状态以及按钮和各表示灯的状态。维护人员可以实时掌握车站设备和列车运行的状况。站场图界面如图3—2所示。

同时,站场主界面也是和用户交互的主要通道之一,在站场图单击鼠标左键和右键,可以选择切换到不同的功能项。在站场图上将鼠标移到站场显示设备上,单击左键弹出与该设备对应的菜单、采集项及码位信息。通过左键菜单方便地切换到轨道电路的实时曲线、实时值、日报表、日曲线、月曲线、年曲线,并显示轨道电路相关的开关量状态,同时可以进行分路不良设置。轨道电路左键菜单如图3—3所示。道岔还可以切换到对应设备动作曲线的查询,而道岔区段的分路不良设置分为定位、反位、岔前。道岔左键菜单如图3—4所示,信号机左键菜单如图3—5所示。

在站场图的空白区域单击右键时,可以显示与设备状态相关的一些菜单,方便查看设备状态,如图3—6所示。

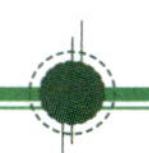

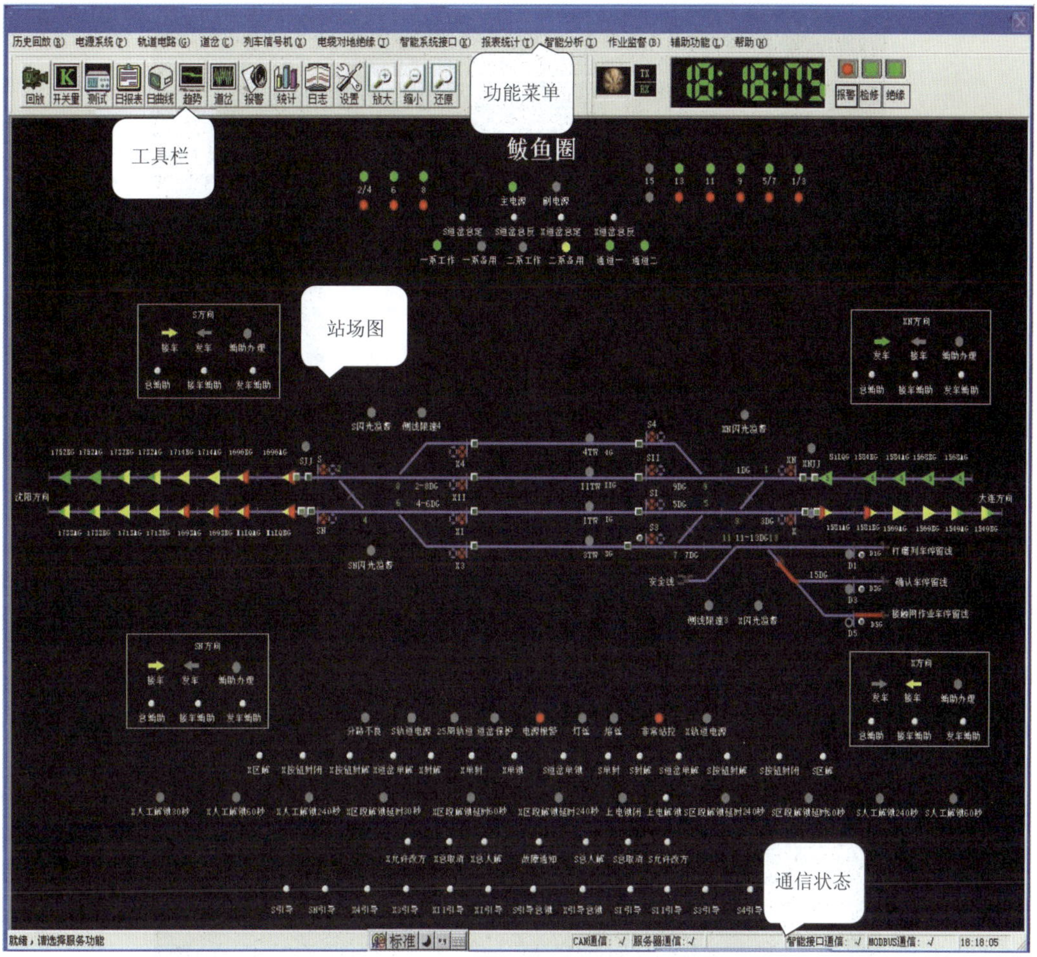

图 3—2　站场图界面

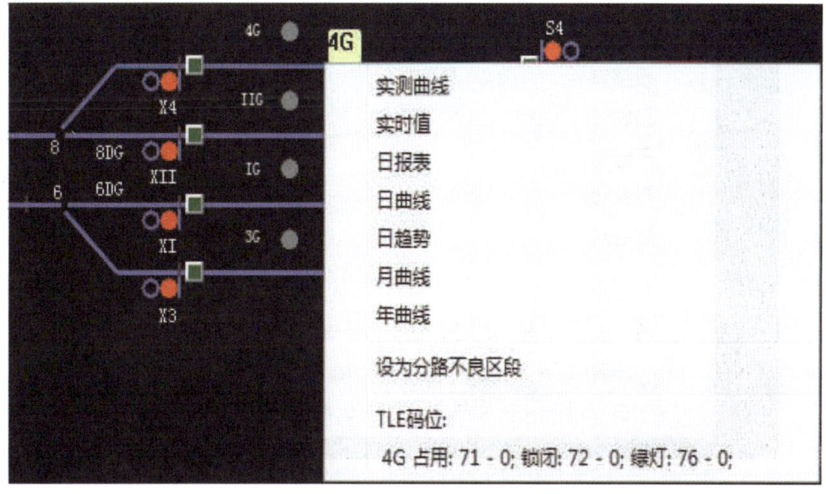

图 3—3　轨道电路左键菜单

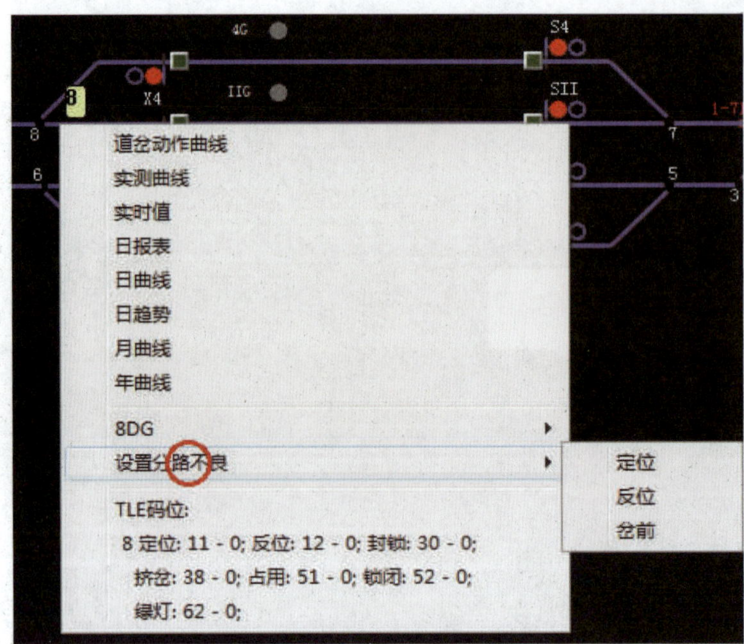

图 3—4　道岔左键菜单

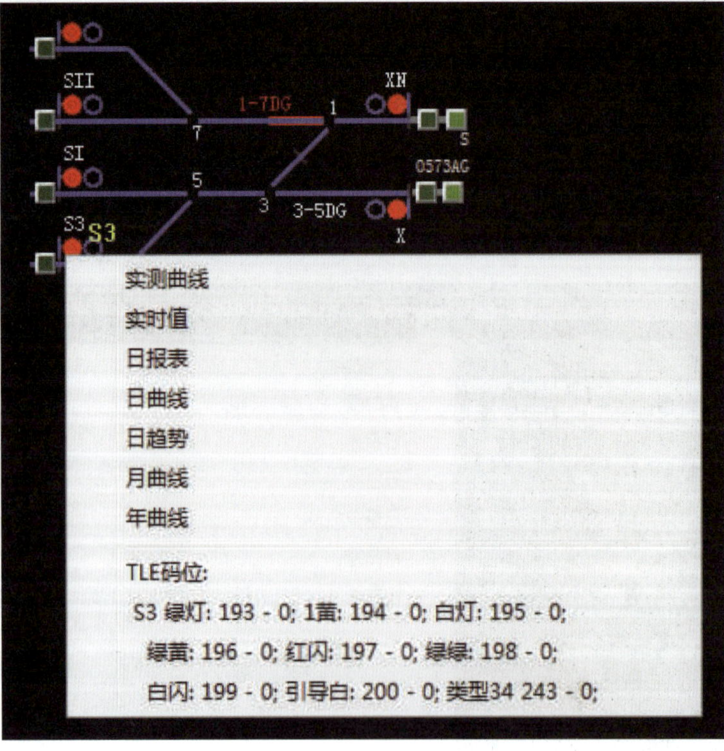

图 3—5　信号机左键菜单

(二)开关量查询

开关量查询可以方便地查看站场码位、设备状态等开关量状态，开关量查询分为实时开关量和历史开关量。开关量查询可以按照分机、设备类型来选择，同时可以进行特选开关量的查看。实时开关量查询如图 3—7 所示，历史开关量查询如图 3—8 所示。

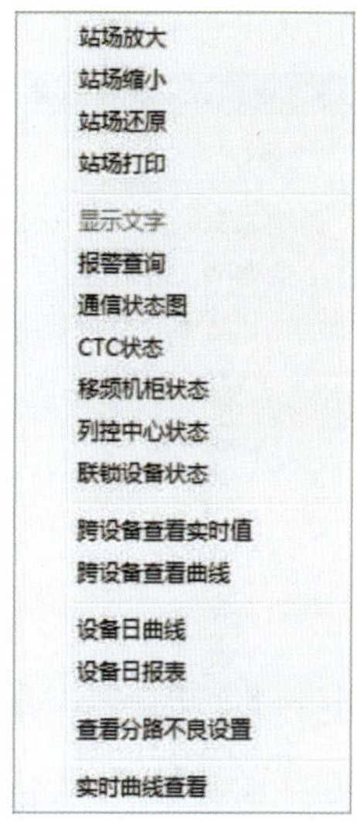

图 3—6　站场图空白区域右键菜单

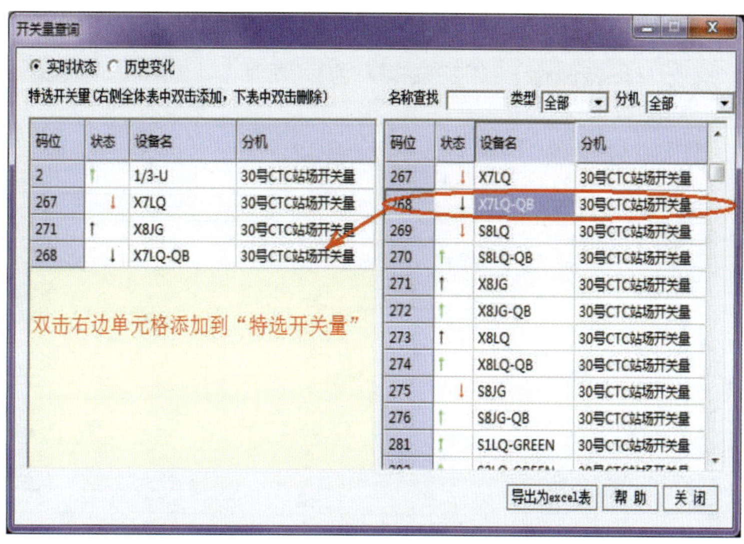

图 3—7　实时开关量查询

历史开关量查看可以按照不同的时间段查看发生变化的开关量，如图 3—8 所示，在红色椭圆里选择想要查看的时间，列表中显示该时间段的开关量变化，如选择“2011/11/23 10:00:00”，则列表中显示 10 点至 11 点的开关量变化。

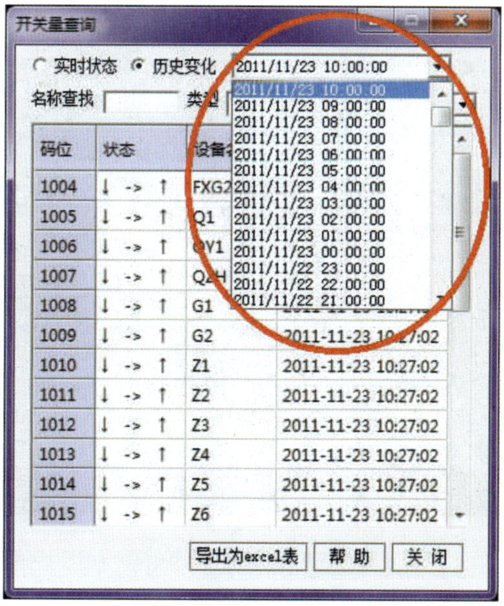

码位	状态	设备名	时间
1004	↓ -> ↑	FXG2	
1005	↓ -> ↑	Q1	
1006	↓ -> ↑	QY1	
1007	↓ -> ↑	Q2H	
1008	↓ -> ↑	G1	
1009	↓ -> ↑	G2	2011-11-23 10:27:02
1010	↓ -> ↑	Z1	2011-11-23 10:27:02
1011	↓ -> ↑	Z2	2011-11-23 10:27:02
1012	↓ -> ↑	Z3	2011-11-23 10:27:02
1013	↓ -> ↑	Z4	2011-11-23 10:27:02
1014	↓ -> ↑	Z5	2011-11-23 10:27:02
1015	↓ -> ↑	Z6	2011-11-23 10:27:02

图 3—8　历史开关量查询

(三)模拟量查询

熟悉信号设备的电气特性是电务人员非常重要的工作,因此模拟量查询就显得非常重要。模拟量查询支持模拟量实时值、日报表、日曲线、月曲线、年曲线查询。模拟量查询支持按不同的设备类型查看,主要的设备类型为电源屏、信号机、轨道电路、外电网、道岔。轨道电路实时值查询如图 3—9 所示,轨道电路日曲线查询如图 3—10 所示。

轨道区段->实时值

设备类型:轨道区段　设备分类:25HZ　设备名:全部

采集选择:☑轨道电压 ☑轨道相位角 ☑50HZ干扰电压

测试时间: 2011-12-01 09:50:47　□ 仅显示超限

序号	设备名	状态	轨道电压	轨道相位角	50HZ干扰电压
1	L51DG1	占用	20.00(伏)	90.0(度)	20.00(V)
2	L51DG2	空闲	20.00(伏)	90.0(度)	20.00(V)
3	L52DG	占用	20.00(伏)	90.0(度)	20.00(V)
4	XL3G	占用	20.00(伏)	90.0(度)	20.00(V)
5	L1DG1	占用	20.00(伏)	90.0(度)	20.00(V)
6	L3DG1	锁闭	20.00(伏)	90.0(度)	20.00(V)
7	SZG	占用	21.00(伏)	90.0(度)	21.00(V)
8	SL2G	占用	21.00(伏)	90.0(度)	21.00(V)
9	IAG	锁闭	20.00(伏)	90.0(度)	20.00(V)
10	5-11DG	占用	20.00(伏)	90.0(度)	20.00(V)
11	13DG1	占用	20.00(伏)	90.0(度)	20.00(V)
12	13DG2	锁闭	20.00(伏)	90.0(度)	20.00(V)
13	1DG	占用	20.00(伏)	90.0(度)	20.00(V)
14	3DG	占用	18.00(伏)	90.0(度)	18.00(V)
15	7-9DG	锁闭	20.00(伏)	90.0(度)	20.00(V)
16	15DG1	锁闭	21.00(伏)	90.0(度)	21.00(V)
17	15DG2	占用	21.00(伏)	90.0(度)	21.00(V)
18	D1G	占用	19.00(伏)	90.0(度)	19.00(V)
19	L1DG2	锁闭	20.00(伏)	90.0(度)	20.00(V)
20	L3DG2	锁闭	23.00(伏)	90.0(度)	23.00(V)

曲线　日报表　点击对应位置,显示对应模拟量最值!　导出文本　导出EXCEL　打印　帮助　返回

图 3—9　轨道电路实时值查询

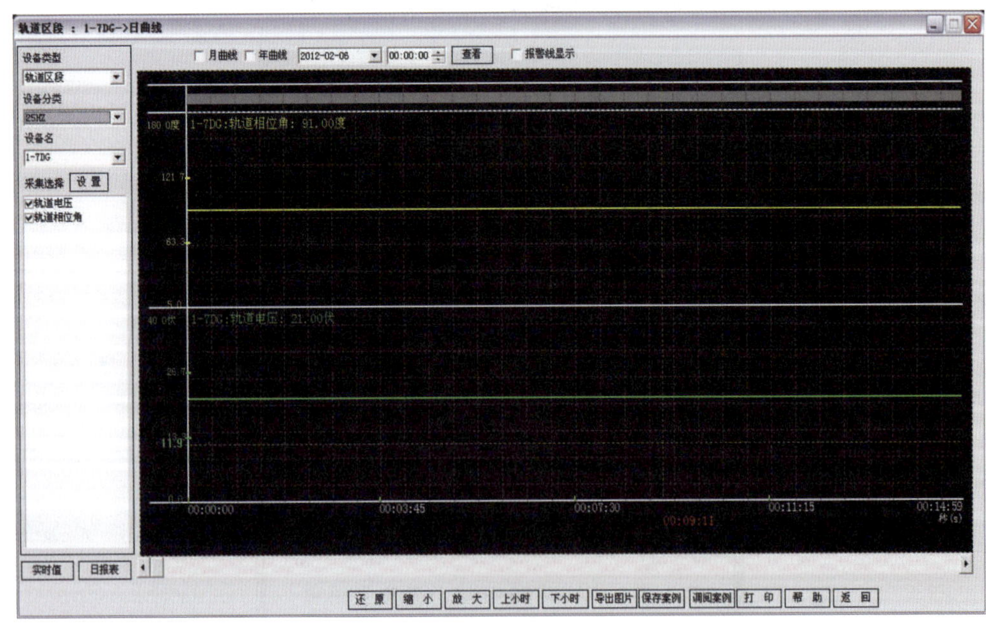

图 3—10　轨道电路日曲线查询

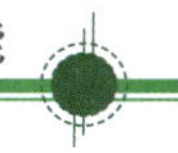

高压不对称脉冲轨道电路，除了监测其波头有效值、峰值，波尾有效值、峰值模拟量外，还需要查看高压不对称脉冲轨道电路波形曲线。高压不对称脉冲轨道电路波形曲线查询如图 3—11 所示。

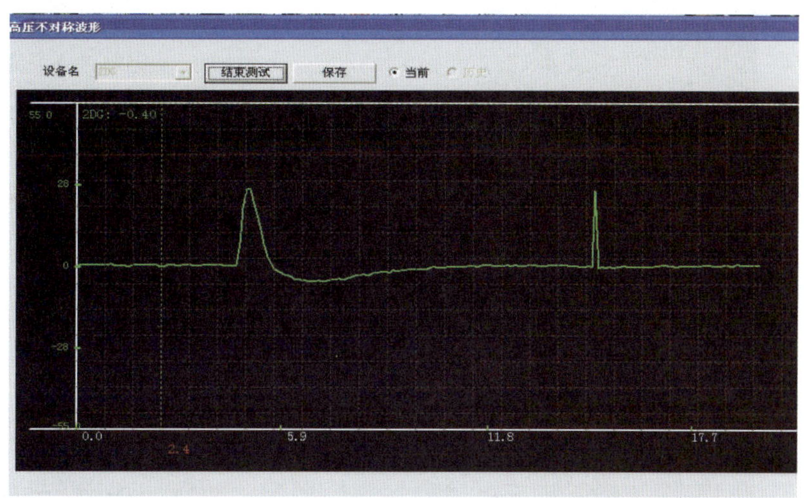

图 3—11　高压不对称脉冲轨道电路波形曲线查询

日报表是模拟量数据统计的另一项重要功能，日报表反映了一天内模拟量的变化情况，可以反映设备的稳定情况，维护人员通过查看日报表可以快速找出可能将会发生故障的设备。轨道电路日报表查询如图 3—12 所示。月曲线和年曲线可以反映某一设备在一月或一年的情况。轨道电路月曲线查询如图 3—13 所示，轨道电路年曲线查询如图 3—14 所示。

轨道区段->日报表

设备类型：轨道区段
设备分类：25HZ
设备名：全部
采集选择：☑轨道电压 ☑轨道相位角 ☑50HZ干扰电压

时间 2011-11-30　手动查找　仅显示超限

		轨道电压			轨道相位角			50HZ干扰电压		
序号	设备名	调整最高/时间	调整最低/时间	分路最高/时间	调整最高/时间	调整最低/时间	调整平均/时间	最大值/时间	最小值/时间	平均值/时间
1	L51DG1	26.00(伏)/13:...	20.00(伏)/13:...		96.0(度)/13:...	90.0(度)/13:...	93.1(度)/13:...	26.00(V)/13:...	20.00(V)/13:...	22.89(V)/13:...
2	L51DG2	26.00(伏)/13:...	20.00(伏)/13:...		96.0(度)/13:...	90.0(度)/13:...	93.1(度)/13:...	26.00(V)/13:...	20.00(V)/13:...	22.89(V)/13:...
3	L52DG	26.00(伏)/13:...	20.00(伏)/13:...		96.0(度)/13:...	90.0(度)/13:...	93.1(度)/13:...	26.00(V)/13:...	20.00(V)/13:...	22.89(V)/13:...
4	XL3G	26.00(伏)/13:...	20.00(伏)/13:...		96.0(度)/13:...	90.0(度)/13:...	93.1(度)/13:...	26.00(V)/13:...	20.00(V)/13:...	22.89(V)/13:...
5	L1DG1	26.00(伏)/13:...	20.00(伏)/13:...		96.0(度)/13:...	90.0(度)/13:...	93.1(度)/13:...	26.00(V)/13:...	20.00(V)/13:...	22.89(V)/13:...
6	L3DG1	26.00(伏)/13:...	20.00(伏)/13:...		96.0(度)/13:...	90.0(度)/13:...	93.1(度)/13:...	26.00(V)/13:...	20.00(V)/13:...	22.89(V)/13:...
7	SZG	27.00(伏)/13:...	21.00(伏)/13:...		96.0(度)/13:...	90.0(度)/13:...	93.1(度)/13:...	27.00(V)/13:...	21.00(V)/13:...	23.89(V)/13:...
8	SL2G	27.00(伏)/13:...	21.00(伏)/13:...		96.0(度)/13:...	90.0(度)/13:...	93.1(度)/13:...	27.00(V)/13:...	21.00(V)/13:...	23.89(V)/13:...
9	IAG	26.00(伏)/13:...	20.00(伏)/13:...		96.0(度)/13:...	90.0(度)/13:...	93.1(度)/13:...	26.00(V)/13:...	20.00(V)/13:...	22.89(V)/13:...
10	5-11DG	26.00(伏)/13:...	20.00(伏)/13:...		96.0(度)/13:...	90.0(度)/13:...	93.1(度)/13:...	26.00(V)/13:...	20.00(V)/13:...	22.89(V)/13:...
11	13DG1	26.00(伏)/13:...	20.00(伏)/13:...		96.0(度)/13:...	90.0(度)/13:...	93.1(度)/13:...	26.00(V)/13:...	20.00(V)/13:...	22.89(V)/13:...
12	13DG2	26.00(伏)/13:...	20.00(伏)/13:...		96.0(度)/13:...	90.0(度)/13:...	93.1(度)/13:...	26.00(V)/13:...	20.00(V)/13:...	22.89(V)/13:...
13	1DG	26.00(伏)/13:...	20.00(伏)/13:...		96.0(度)/13:...	90.0(度)/13:...	93.1(度)/13:...	26.00(V)/13:...	20.00(V)/13:...	22.89(V)/13:...
14	3DG	24.00(伏)/13:...	18.00(伏)/13:...		96.0(度)/13:...	90.0(度)/13:...	93.1(度)/13:...	24.00(V)/13:...	18.00(V)/13:...	20.89(V)/13:...
15	7-9DG	26.00(伏)/13:...	20.00(伏)/13:...		96.0(度)/13:...	90.0(度)/13:...	93.1(度)/13:...	26.00(V)/13:...	20.00(V)/13:...	22.89(V)/13:...
16	15DG1	27.00(伏)/13:...	21.00(伏)/13:...		96.0(度)/13:...	90.0(度)/13:...	93.1(度)/13:...	27.00(V)/13:...	21.00(V)/13:...	23.89(V)/13:...
17	15DG2	27.00(伏)/13:...	21.00(伏)/13:...		96.0(度)/13:...	90.0(度)/13:...	93.1(度)/13:...	27.00(V)/13:...	21.00(V)/13:...	23.89(V)/13:...
18	D1G	25.00(伏)/13:...	19.00(伏)/13:...		96.0(度)/13:...	90.0(度)/13:...	93.1(度)/13:...	25.00(V)/13:...	19.00(V)/13:...	21.89(V)/13:...
19	L1DG2	26.00(伏)/13:...	20.00(伏)/13:...		96.0(度)/13:...	90.0(度)/13:...	93.1(度)/13:...	26.00(V)/13:...	20.00(V)/13:...	22.89(V)/13:...

曲线　实时值　点击对应位置，显示对应模拟量最值！　导出文本　导出EXCEL　打印　帮助　返回

图 3—12　轨道电路日报表查询

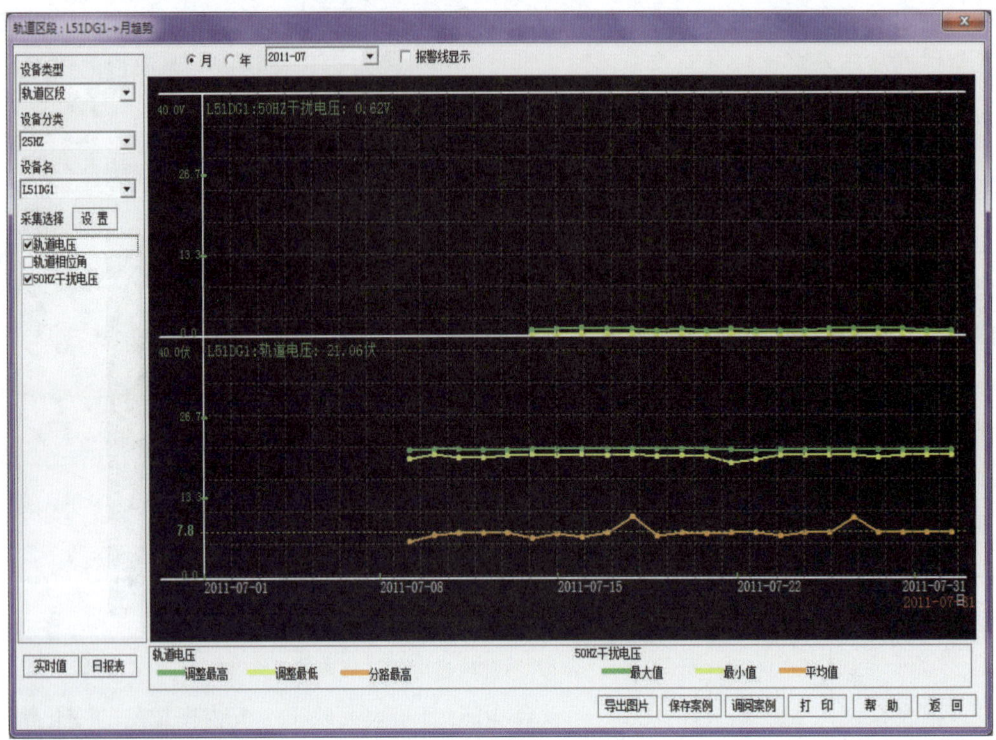

图 3—13　轨道电路月曲线查询

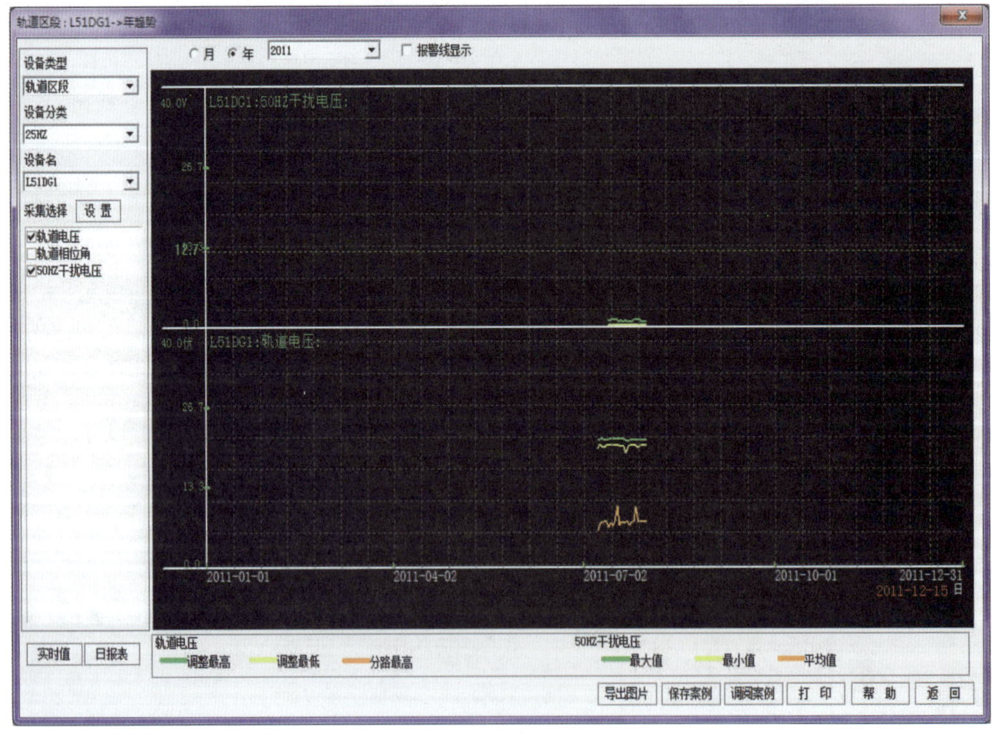

图 3—14　轨道电路年曲线查询

(四)道岔曲线查询

道岔动作曲线为信号设备维护人员进行道岔维护、故障检修提供了重要的参考依据,道岔曲线形状和数值可以反映不同道岔故障状态。道岔动作曲线查询如图 3—15 所示,设备子类型可分为提速、ZD6、ZD6-E、ZD6-J、ZD7。显示界面分为 2 个屏,左屏显示从定位至反位启动曲线,右屏显示从反位至定位启动曲线,对于提速道岔曲线和 ZD6-E、J 型道岔曲线,可以进行单条显示,也可以合在一个界面显示。

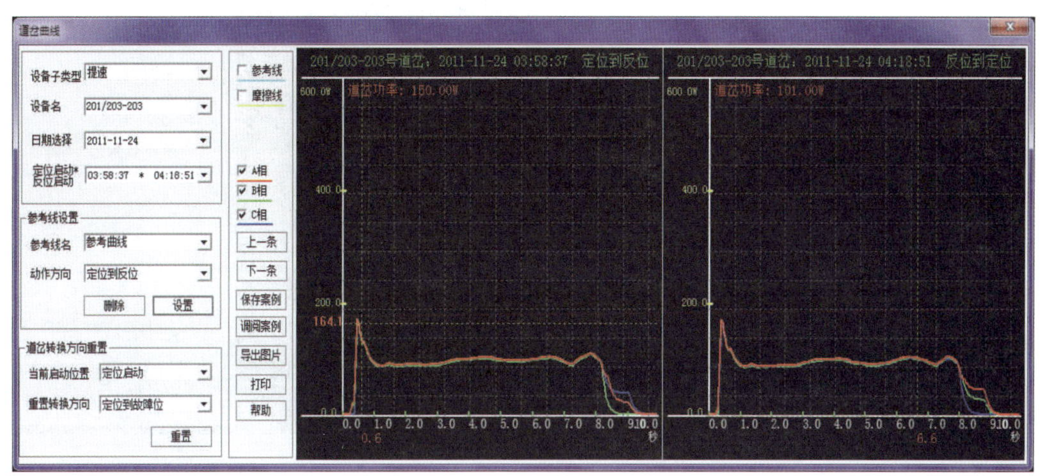

图 3—15　道岔动作曲线查询

通过选择“参考线名”、“动作方向”选择框,单击“删除”或“设置”按钮可以删除或设置某一道岔设备启动电流曲线的参考线。设置了参考线后,选择“参考线”,则可以显示道岔参考曲线,如图 3—16 所示。

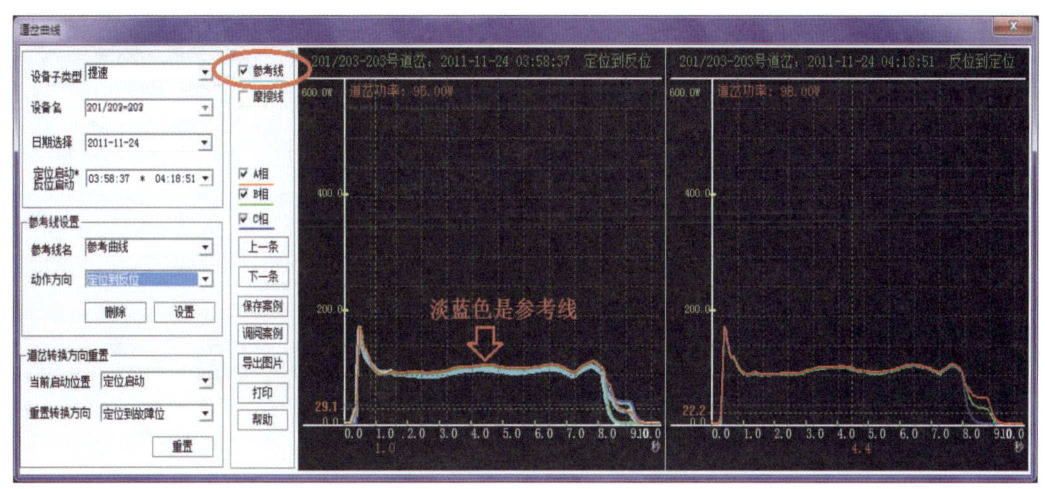

图 3—16　道岔参考曲线

同时 CSM 还提供了案例保存和调阅功能。对故障的曲线图片加上说明之后保存下来,进行经验积累和学习,再遇到类似问题时,调阅进行对比分析。通过“保存案例”按钮,保存当前查看的道岔曲线，并配以文字说明，如图 3—17 所示。单击“调阅案例”按钮可以查看所有保存的故障案例，如图 3—18 所示。

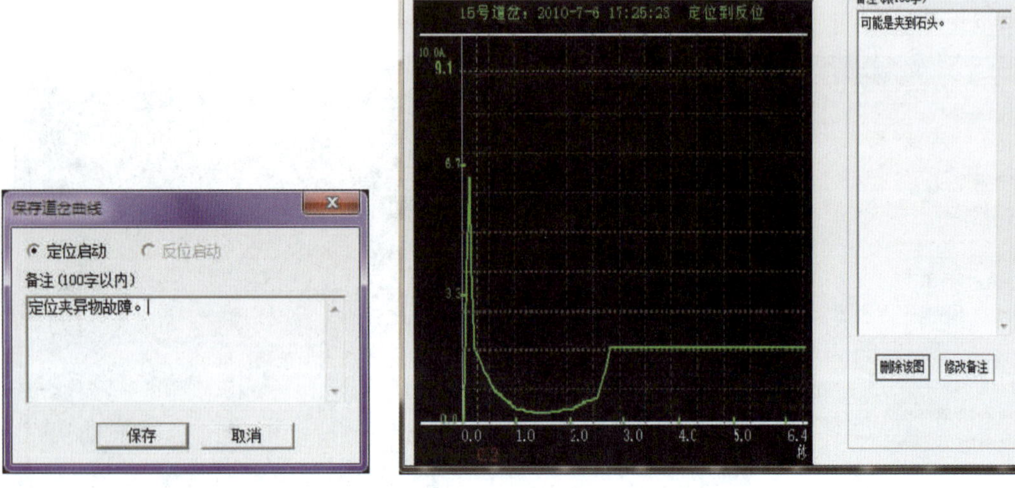

图 3—17　保存道岔曲线案例　　　　图 3—18　调阅道岔曲线案例

（五）报警查询和处理

报警查询和处理是车站设备发生报警和预警时，用户进行查看、分析和处理的重要功能。报警查询分为实时报警和历史报警查询。车站发生报警后通过界面“报警”提示按钮实时提示用户，单击“报警”提示按钮打开实时报警窗口，查看报警的详细情况，如图 3—19 所示。

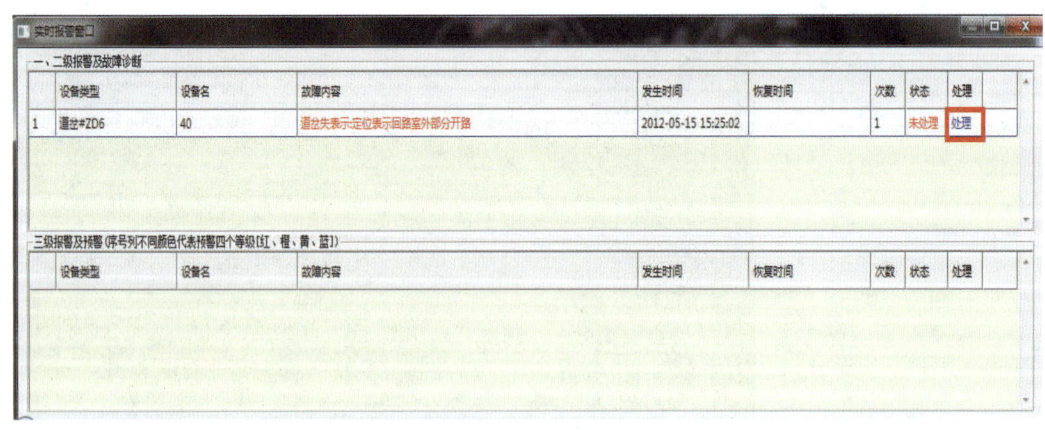

图 3—19　实时报警查询

历史报警查询如图 3—20 所示，报警查询可以按照报警类型，也可以通过设备类型查询。查询条件分为本日查询、本周查询、本月查询和自定义查询。报警查询内容分为两部分显示，上半部分为一、二级报警及故障诊断，下半部分为三级报警及预警。

智能报警查询

一二级报警及故障诊断：

	设备类型	设备名	故障内容	发生时间	恢复时间	次数	状态	处理	再现
1	信号机	灯丝断丝	列车信号主灯丝断丝	2012-05-21 16:49:01		1	未处理	处理	再现
2	外电网	外电网I	外电网输入电源断相或断电	2012-05-21 16:28:30		4	待克服	处理	再现
3	外电网	外电网I	A相断相	2012-05-09 18:11:35	2012-05-09 18:12:44	1	未处理	处理	再现
4	外电网	外电网I	断电	2012-05-09 17:10:36	2012-05-09 17:10:54	3	未处理	处理	再现
5	外电网	I路错序	外电网输入电源错序	2012-05-08 15:52:20	2012-05-08 15:52:25	2	未处理	处理	再现
6	外电网	I路C断相	外电网输入电源断相或断电	2012-05-09 17:17:23	2012-05-09 17:21:20	1	未处理	处理	再现
7	外电网	I路A断相	外电网输入电源断相或断电	2012-05-09 18:09:25		3	未处理	处理	再现
8	熔丝	熔丝断丝	(检修状态)熔丝断丝	2012-05-22 11:16:59		1	未处理	处理	再现

三级报警及预警：

	设备类型	设备名	故障内容	发生时间	恢复时间	次数	状态	处理	再现
1	轨道区段#25HZ	4G	轨道电压向上突变	2012-05-06 13:29:38		1	未处理	处理	再现
2	轨道区段#25HZ	16DG	轨道电压向下突变<5.00V>	2012-05-16 16:29:48		5	未处理	处理	再现
3	轨道区段#25HZ	16DG	轨道电压向上突变	2012-05-06 13:29:37		1	未处理	处理	再现
4	轨道区段#25HZ	13DG	电气特性超限报警(轨道电压)<超下限 1...	2012-05-24 16:38:31	2012-05-24 16:38:35	31	未处理	处理	再现
5	轨道区段#25HZ	13DG	轨道电压异常波动<14.00V-17.50V>	2012-05-24 14:38:35		15	未处理	处理	再现
6	轨道区段#25HZ	13DG	电气特性超限报警(轨道电压)<超下限 ...	2012-05-18 16:00:58	2012-05-18 16:01:02	6	未处理	处理	再现

图 3—20　历史报警查询

在实时报警或历史报警查询界面，单击“处理”可以打开故障详细窗口进行故障处理，如图 3—21 所示，左侧红线框部分主要包含故障概要、故障列表及故障处理；右侧绿色框部分主要包含故障处所、故障摘要及处理历史记录等分析功能。

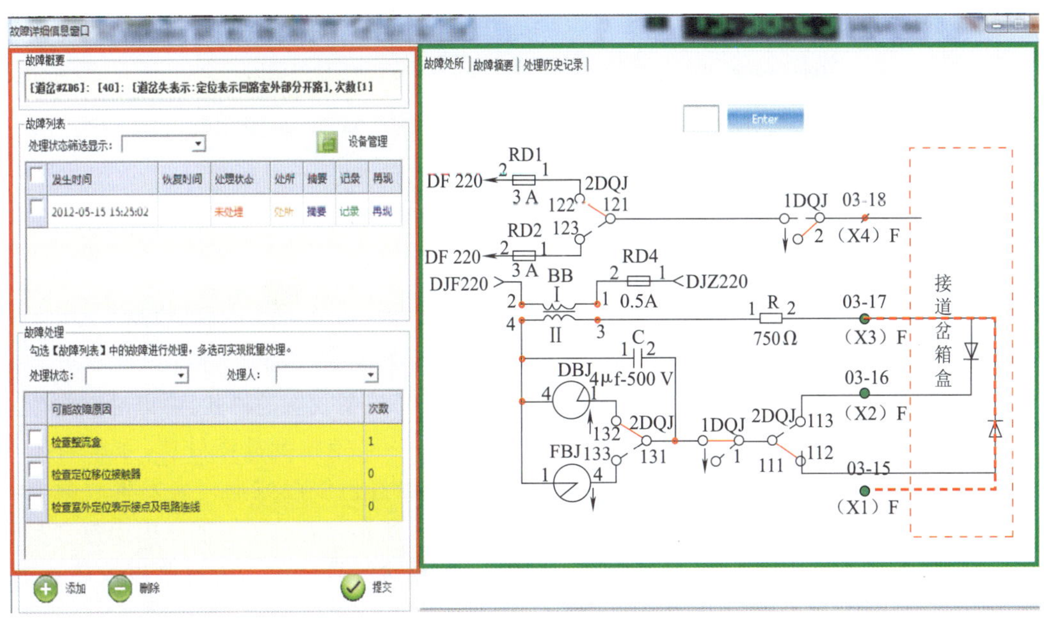

图 3—21　故障详细窗口

故障概要简要说明该故障的信息，包括：设备类型、设备名、故障描述及发生次数等，如图 3—22所示。故障列表显示所查询的时间段内的同设备、同类型故障，如图 3—23 所示，处理状态为全部、未处理、已提交、已报车间、已处理。报警处理可以进行多选，多条报警进行批处理。故障处理将故障信息、故障处理人、当前处理状态、导致故障发生的可能原因上传到数据库进行统一管理，同时分享数据库中已有的导致故障发生的可能原因，如图 3—24 所示。

图 3—22　故障概要

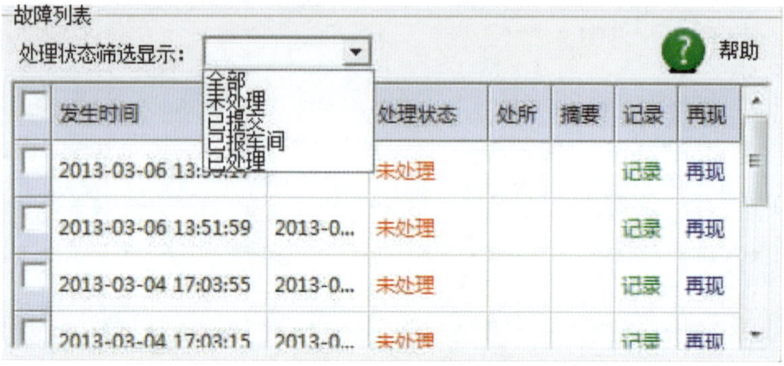

故障列表
处理状态筛选显示：
全部
未处理
已提交
已报车间
已处理
帮助

	发生时间		处理状态	处所	摘要	记录	再现
	2013-03-06 13:…		未处理			记录	再现
	2013-03-06 13:51:59	2013-0…	未处理			记录	再现
	2013-03-04 17:03:55	2013-0…	未处理			记录	再现
	2013-03-04 17:03:15	2013-0…	未处理			记录	再现

图 3—23　故障列表

故障处理
勾选【故障列表】中的故障进行处理，多选可实现批量处理。
处理状态：待克服　处理人：李四

	可能故障原因	次数
	检查整流盒	1
	检查定位移位接触器	0
	检查室外定位表示接点及电路连线	0

添加　删除　提交

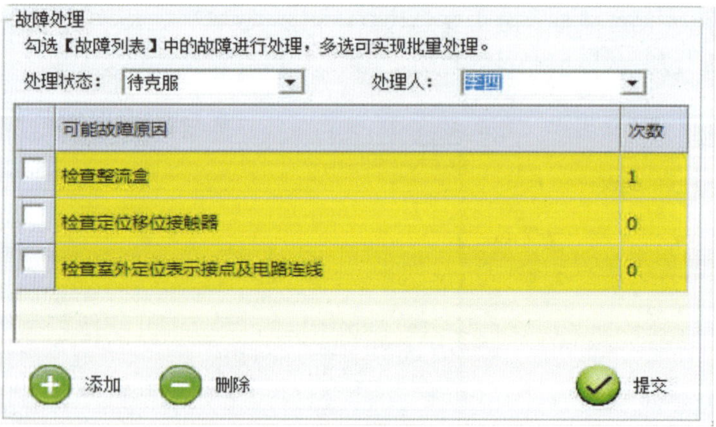

图 3—24　故障处理

在采集点充足且满足故障发生的条件时，通过对信号设备状态的诊断，可以准确定位故障发生的处所：可能是某条回路，甚至是某个采集点。一旦定位到故障处所，系统将采用 Flash 并高亮故障处所后展现给用户。通常的做法是：以红色线段或点代表发生故障的位置，用户可以直观地了解故障及故障点信息，如图 3—25 所示。若故障可能原因中包含多个可能的故障采集回路或故障点，则在 Flash 图中用不同的标号标识。用户单击故障原因，Flash 图将展现相应的故障回路或故障点。

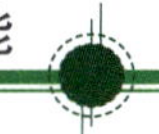

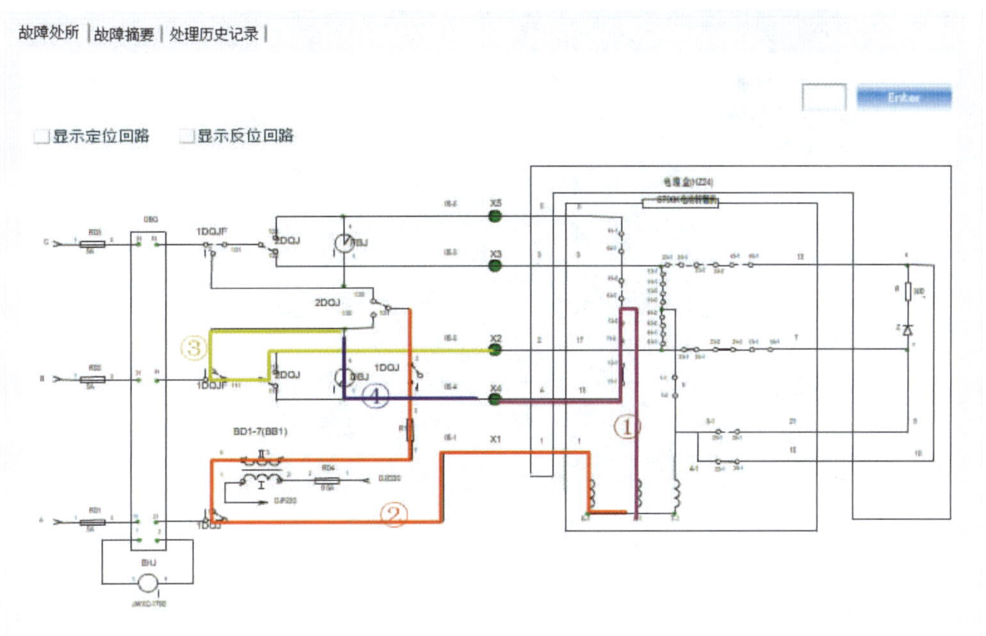

图 3—25　故障处所

单击"故障列表"框中报警记录所在行的"摘要"列或单击故障详细信息窗口中的"故障摘要"Tab 项,"故障摘要"Tab 页中将显示该故障发生时所在时段的曲线段及分析结果。故障摘要主要分为四类:片段曲线摘要、道岔曲线摘要、多设备摘要、趋势类摘要,四类摘要分别用于显示不同形式的摘要内容。

图 3—26 为片段曲线摘要。在片段曲线摘要中勾选采集项列表中的选项来显示对应的曲线摘要。

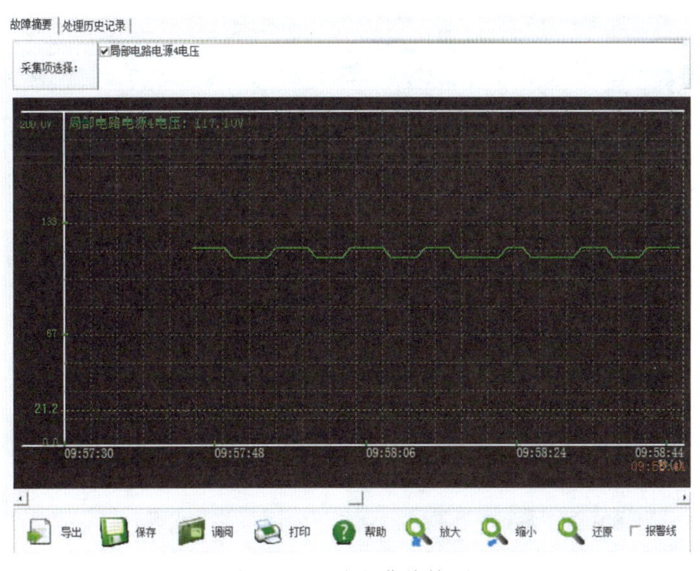

图 3—26　片段曲线摘要

图 3—27 为道岔曲线摘要，主要用于显示道岔启动电流、功率等曲线的异常状况。

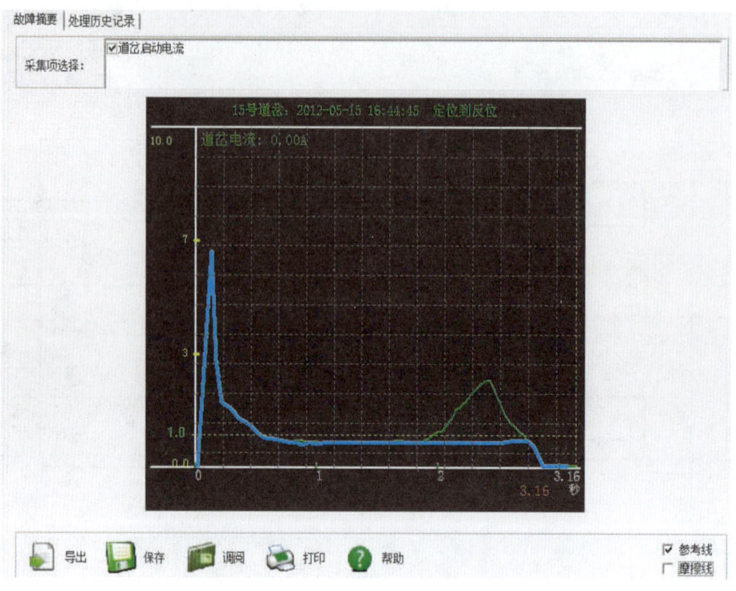

图 3—27　道岔曲线摘要

图 3—28 为多设备摘要，主要用于显示多组关联设备的多个采集项的综合显示，从而能够在单屏中显示全部的关联信息。

图 3—29 为趋势类摘要，主要用于展现一段时间的模拟量趋势变化造成的预警摘要信息，通过该摘要了解模拟量的电气特性变化情况。

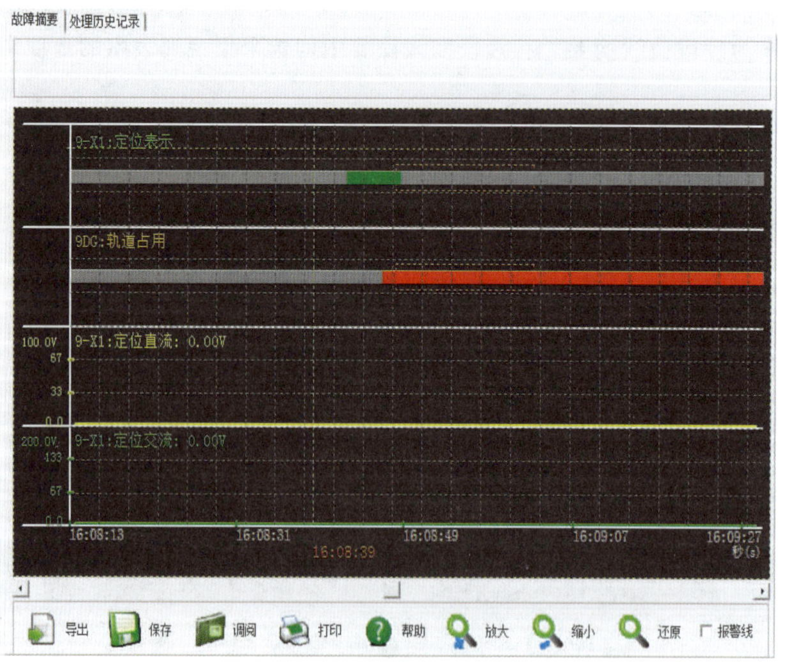

图 3—28　多设备摘要

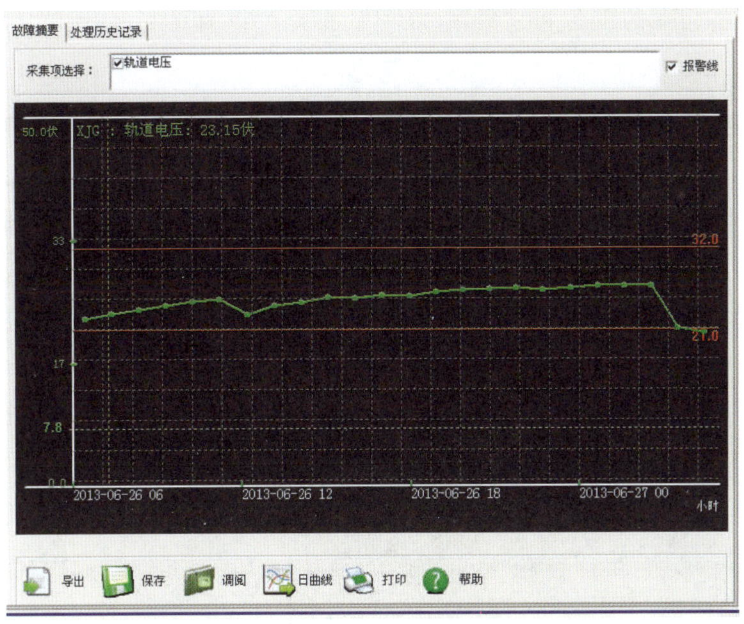

图 3—29　趋势类摘要

摘要信息界面还提供了导出、保存、调阅、打印、帮助、放大、缩小、还原、报警线显示功能。

处理历史记录针对单条报警的最近 5 次处理信息，处理位置可能是车站，也可能是终端。处理信息包括处理位置、处理人、处理状态、可能原因等。如图 3—30 所示，其中“已处理”的历史记录会以黄色底色显示。

故障处所 | 故障摘要　处理历史记录

说明

通过单击左侧表格中的【处理记录】字样，可查看该条报警的历史处理记录。

序号	提交站名	处理人	处理状态	处理时间
1	《海石湾》	李四	已处理	2012-05-15 16:21:09
可能原因	室外X4表示回路开路			
2	《海石湾》	李四	待克服	2012-05-15 16:21:01
可能原因	X1表示回路开路或表示变压器故障			

图 3—30　处理历史记录

（六）回　　放

回放是 CSM 系统一项非常重要的功能，通过回放可以再现历史故障，对故障进行分析，同时也可以随时了解过去一段时间设备的运行情况。回放分为历史回放、历史再现和故障再现。历史回放指用户可以选择关注的时间点数据及设备类型。历史再现指用户可以通过选择之前回放时报存的再现文件进行回放，对于所关注的数据或故障通过再现文件的形式保存下来，通过历史再现可以方便地查看。故障再现是指通过实时报警窗口或历史报警查询窗口直接切换到发生报警时刻前后一段时间的回放的一种方法，并且

直接关联到报警相关的设备和采集项，在回放窗口可以直接显示所发生报警的概要信息。如图 3—31 所示。

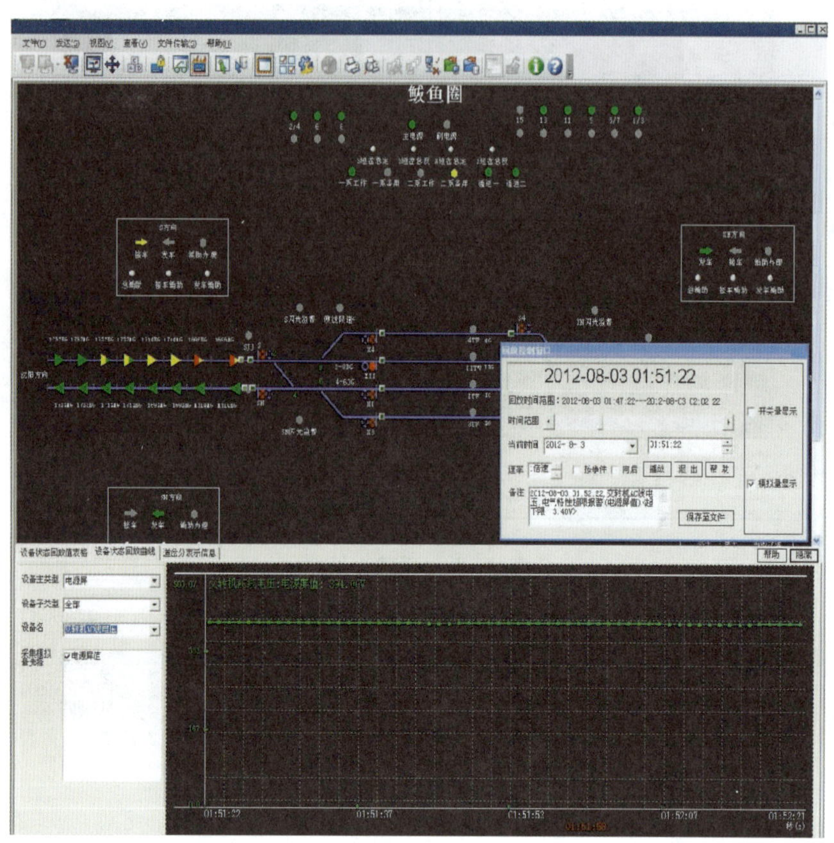

图 3—31　故障再现

(七)通信状态图显示

除了设备的各种电气特性等外，需时刻了解各种采集器的通信状态，各种接口的通信状态对处理各种问题带来很大方便。通信状态图包括智能接口状态、采集器状态、站内系统间状态、熔丝状态图。各接口工作正常时用绿色表示，故障或未接通时用红色表示。图 3—32 为 CSM 站机与服务器、接口分机、各智能接口的通信状态。图 3—33 中为接口分机中配置的各种采集器，灰色表示该节点未启用，绿色节点表示通信正常，红色节点表示通信异常。

图 3—34 反映了车站系统中各信号设备之间的通信状态，“ZPW-2000”与“设计院联锁”之间未配置系统通信，所以两者之间无直接联系。而“ZPW-2000”与“列控 B 机与监测的通信”之间配置了系统通信，所以两者之间有连线。当系统间通信正常时，则系统间的连线为绿色，否则为红色。系统红框代表系统与监测连接中断，绿框代表连接正常。

图 3—35 为车站熔丝状态，绿色正常工作，红色表示故障。

(八)绝缘和漏流测试

绝缘测试是指对车站室外信号设备电缆芯线全程对地绝缘测试；漏流测试是指对车站

电源屏各种输出电源对地漏泄电流测试。绝缘和漏流测试是电务维护人员一项重要工作，每天通过测试查找隐患，防止故障的发生。CSM 车站子系统提供了快速进行绝缘和漏流测试的功能，可以记录测试的时间、测试值，并且生成日报表统计、月曲线、年曲线。不但可以了解到当时测试的值大小，更能通过月曲线、年曲线清楚了解变化的趋势，找出隐患。

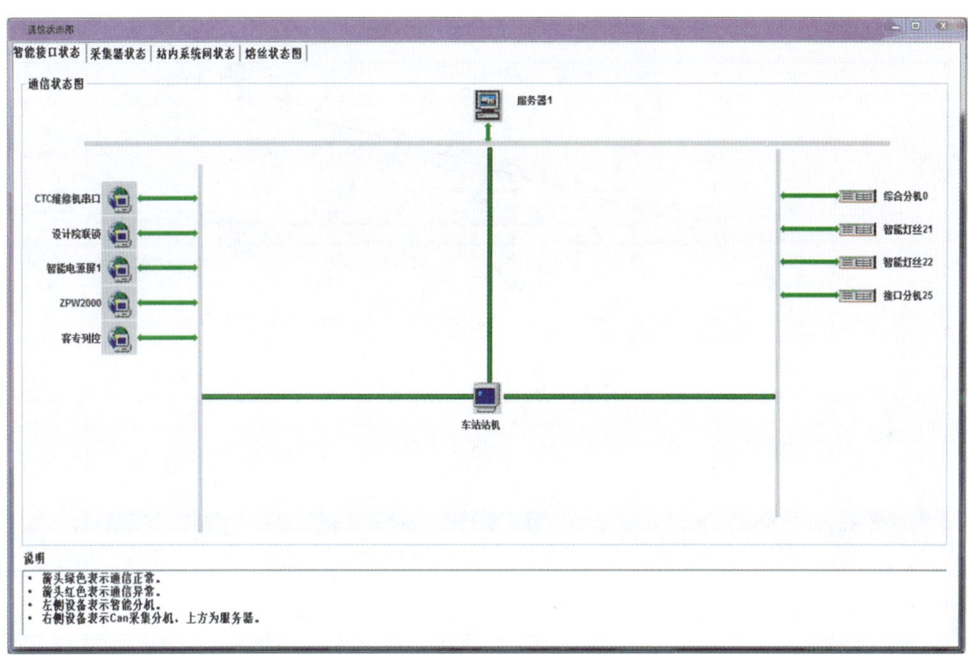

图 3—32　智能接口状态

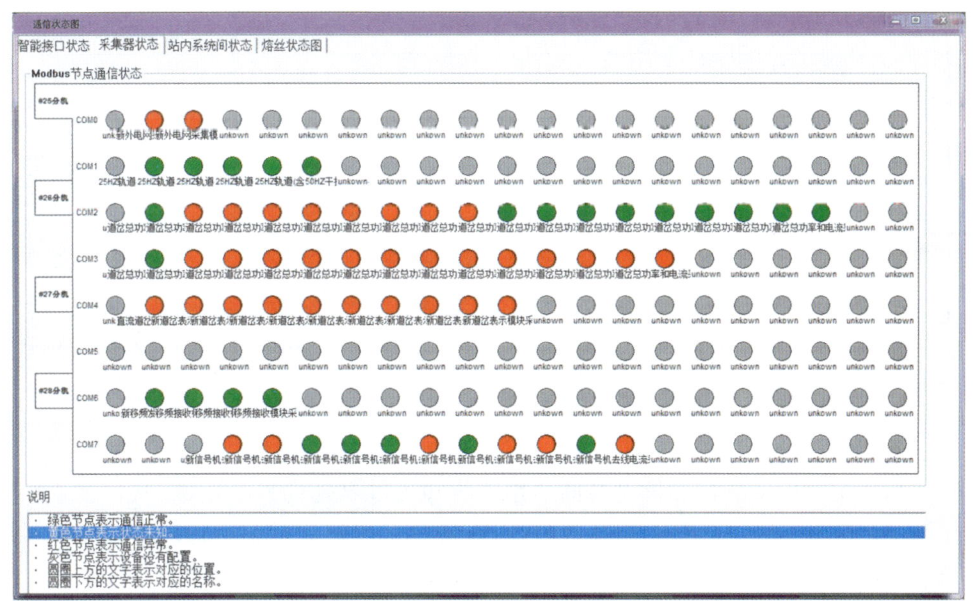

图 3—33　采集器状态

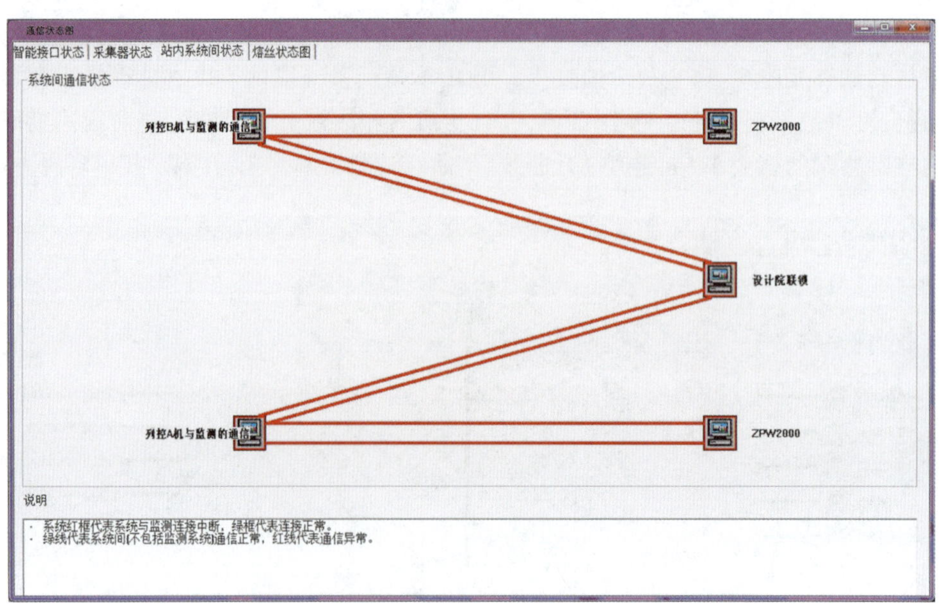

图 3—34　站内系统状态图

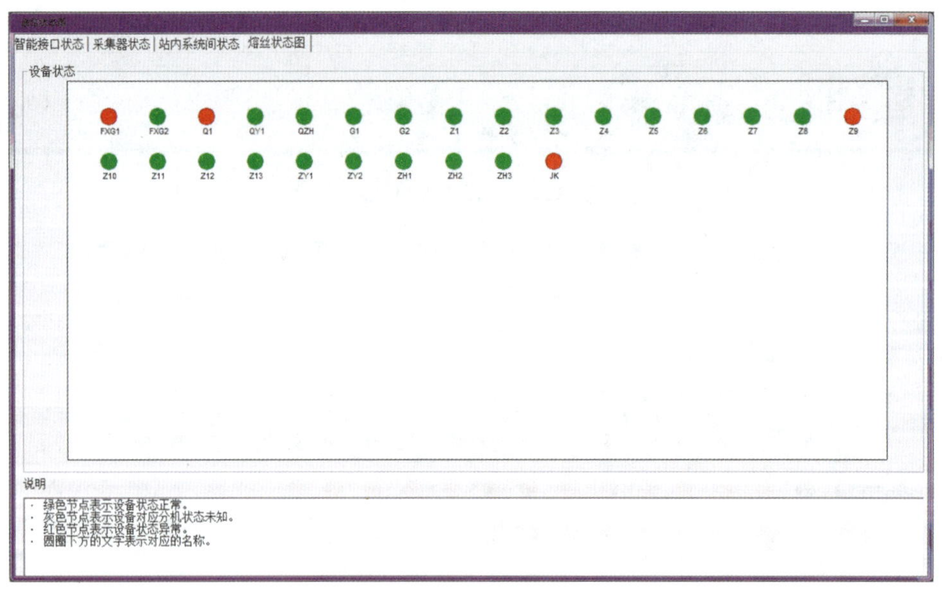

图 3—35　熔丝状态

(九)统计功能

统计功能主要用来统计关键设备的使用次数和关键事件的发生次数，从侧面反映设备的使用情况。统计功能主要包括设备故障统计、按钮运用统计、信号机开放统计、轨道占用次数统计、破封按钮运用次数统计、道岔动作次数统计、道岔动作次数日统计。

图 3—36 为按钮运用统计报表，用户可以选择年份来查看，当选择相应关键设备时，在界面下方也可以以图形的方式展现该设备的使用情况。

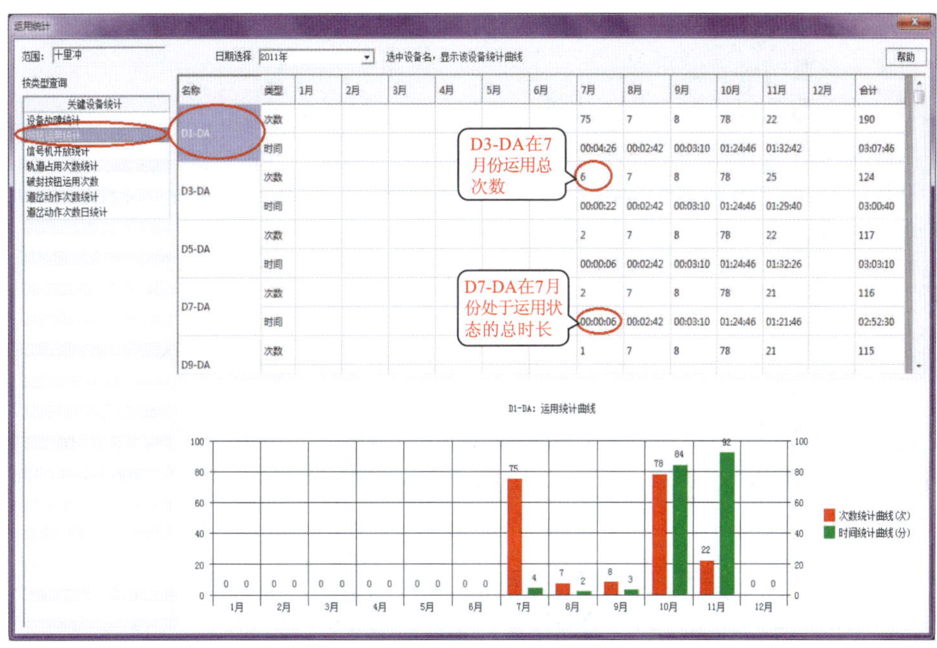

名称	类型	1月	2月	3月	4月	5月	6月	7月	8月	9月	10月	11月	12月	合计
D1-DA	次数							75	7	8	78	22		190
	时间							00:04:26	00:02:42	00:03:10	01:24:46	01:32:42		03:07:46
D3-DA	次数							6	7	8	78	25		124
	时间							00:00:22	00:02:42	00:03:10	01:24:46	01:29:40		03:00:40
D5-DA	次数							2	7	8	78	22		117
	时间							00:00:06	00:02:42	00:03:10	01:24:46	01:32:26		03:03:10
D7-DA	次数							2	7	8	78	21		116
	时间							00:00:06	00:02:42	00:03:10	01:24:46	01:21:46		02:52:30
D9-DA	次数							1	7	8	78	21		115

图 3—36　按钮运用统计

第二节　终端子系统功能

检修工区主要以终端子系统为主，同时还包括一些工区终端与服务器端通信的网络设备。检修工区一般是以一个大站为主，同时维护相邻的几个中继站，通过工区设置的终端子系统对所辖范围的车站进行检修和维护等工作。这里重点介绍一些终端子系统的功能。

一、显示功能

终端显示功能与站机显示功能基本类似，主要功能如下：

(1)统一的站场图和菜单显示，CTCS-3 级区段的显示，站场图界面的缩放功能和回放功能。

(2)统一的开关量实时显示和查询功能。

(3)按设备分类进行查询及维护，支持模拟量实时值、日报表、日曲线、月趋势、年趋势，支持跨设备查看功能。

支持道岔动作曲线查询功能。

支持提速道岔分表示实时显示、历史显示并回放。

半自动闭塞电压、电流曲线、历史查询并回放。

控制台按钮操作记录，包括总取消按钮、列调车按钮、破封按钮、故障通知按钮等。

关键设备动作次数及时间表，包括转辙机动作次数；破封按钮运用次数；区段占用次数；列车、调车按钮运用次数；故障通知按钮运用次数；列车、调车信号开放次数等。

电缆绝缘和电源对地漏泄电流的测试表格和变化曲线。

环境监测信息实时显示和查询。

轨道电路分路残压报表记录。

车站分路不良设置及分路不良图显示。

计算机联锁、列控中心、TDCS/CTC 系统、ZPW-2000 等信号设备运行状态信息及通信状态图形实时显示、支持历史查询和回放。

二、报警及事件管理

当车站发生报警时，会将报警信息及时上传到服务器端，并转发到终端，终端收到实时报警后进行实时提示。与站机不同的是，终端对所辖车站的所有报警都进行提示，其内容包含了发生的车站站名。当所辖车站有报警发生时，终端实时报警灯会闪烁，单击报警灯弹出实时报警的对话框，如图 3—37 所示。上半部分为一二级报警及故障诊断；中间部分为三级报警及预警，双击时可以进行报警回放；下半部分为语音报警的内容。

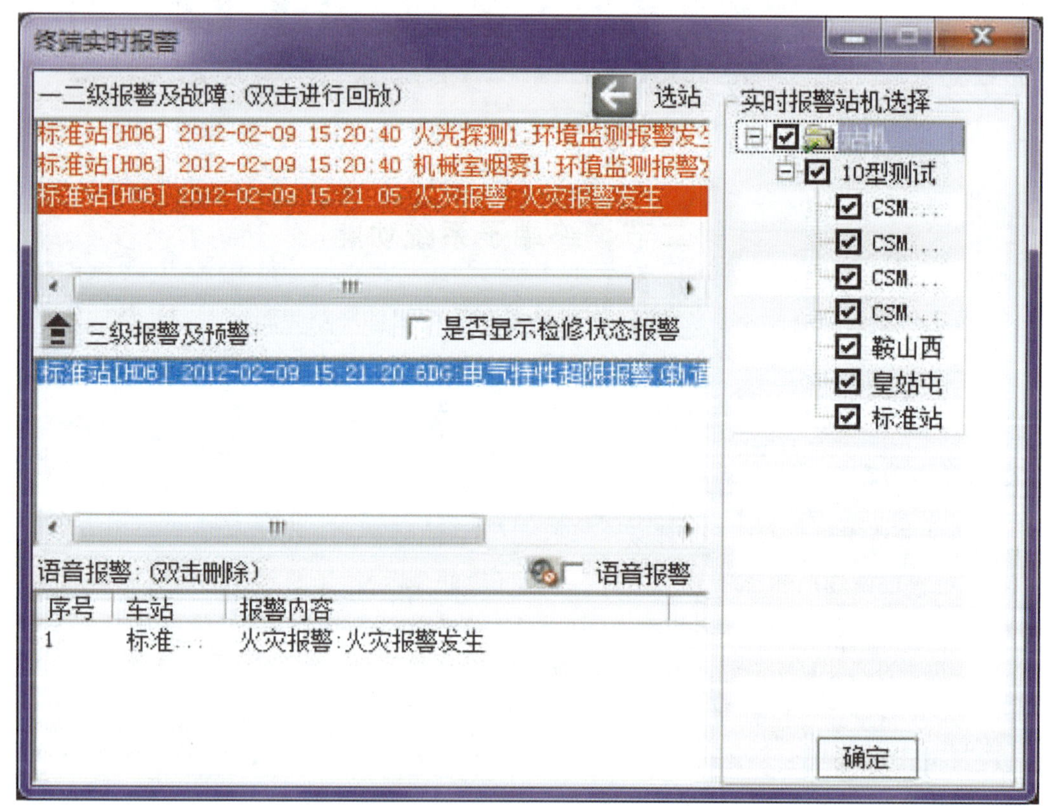

图 3—37　终端实时报警窗口

历史报警查询功能与站机有些差别，站机也是针对本站进行查询，终端可以对管辖范围的车站同时进行查询和汇总，如图 3—38 所示，左侧树显示终端所辖范围的车站，可以进行单站查询，也可以进行多站同时查询。其报警类型、查询条件与站机一样。

终端支持报警处理功能。

一二级报警及故障诊断：

	车站	设备类型	设备名	故障内容	发生时间	恢复时间	次数	状态	处理	再...
1	海石湾	信号机	灯丝断丝	列车信号主灯丝断丝	2012-05-21 16:49...		1	未处理	处理	再...
2	海石湾	外电网	外电网I	外电网输入电源断相或断电	2012-05-21 16:28...		4	待克服	处理	再...
3	海石湾	外电网	外电网I	A相断相	2012-05-09 18:11...	2012-05-09 18:12...	1	未处理	处理	再...
4	海石湾	外电网	外电网I	断电	2012-05-09 17:10...	2012-05-09 17:10...	3	未处理	处理	再...
5	海石湾	外电网	1路错序	外电网输入电源错序	2012-05-08 15:52...	2012-05-08 15:52...	2	未处理	处理	再...
6	海石湾	外电网	1路C断相	外电网输入电源断相或断电	2012-05-09 17:17...	2012-05-09 17:21...	1	未处理	处理	再...
7	海石湾	外电网	1路A断相	外电网输入电源断相或断电	2012-05-09 18:09...		3	未处理	处理	再...
8	海石湾	轨道区段#25HZ	9DG	故障红光带	2012-05-17 14:55...		3	未处理	处理	再...

三级报警及预警：

	车站	设备类型	设备名	故障内容	发生时间	恢复时间	次数	状态	处理	再...
1	海石湾	轨道区段#25HZ	4G	轨道电压向上突变	2012-05-06 13:29...		1	未处理	处理	再...
2	海石湾	轨道区段#25HZ	16DG	轨道电压向下突变<5.00V>	2012-05-16 16:29...		5	未处理	处理	再...
3	海石湾	轨道区段#25HZ	16DG	轨道电压向上突变	2012-05-06 13:29...		1	未处理	处理	再...
4	海石湾	轨道区段#25HZ	13DG	电气特性超限报警(轨道电压)<超下限 ...	2012-05-24 16:38...	2012-05-24 16:38...	31	未处理	处理	再...
5	海石湾	轨道区段#25HZ	13DG	轨道电压异常波动<14.00V-17.50V>	2012-05-24 14:38...		15	未处理	处理	再...
6	海石湾	轨道区段#25HZ	13DG	电气特性超限报警 (轨道电压)<超下限...	2012-05-18 16:00...	2012-05-18 16:01...	6	未处理	处理	再...
7	海石湾	轨道区段#25HZ	13DG	轨道电压向上突变<10.00V>	2012-05-18 15:59...		1	未处理	处理	再...

图 3—38　终端历史报警查询

事件管理功能。终端支持车站操作记录查询，车站运行日志的查询，车站巡视记录的查询，与服务器通信日志查询；同时还支持查看本终端和其他终端操作记录的功能。终端查询车站子系统操作记录界面如图 3—39所示。

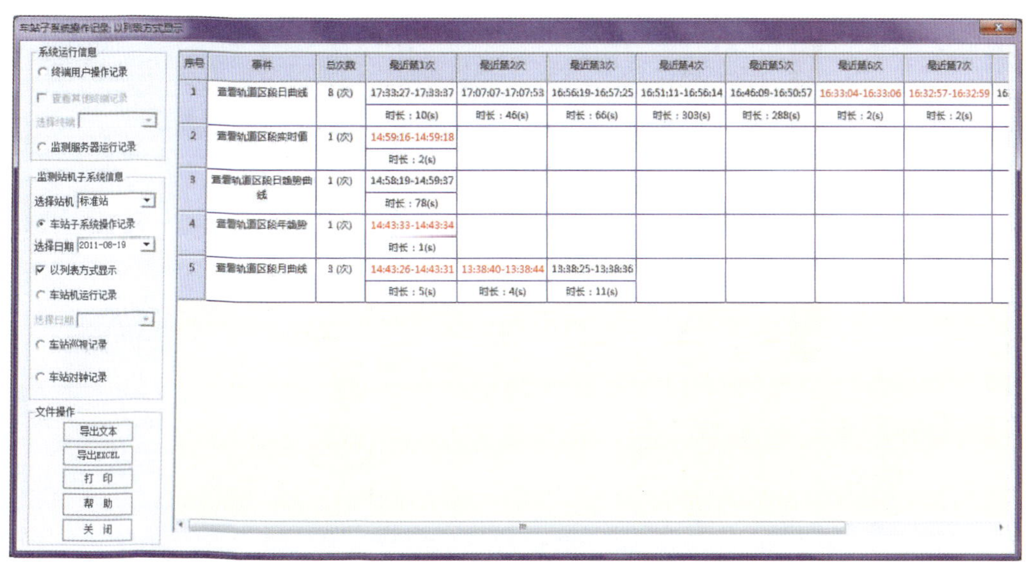

图 3—39　终端查询车站子系统操作记录界面

三、系统管理

终端提供了与站机类似的班组管理功能，系统管理员可以进行班组成员的添加和删除。在进行报警故障处理，设置和查看其他系统日志等功能都要求输入管理员密码，因此也只有班组成员才有权限。增加和删除时需要输入系统管理员密码。

四、数据处理和管理

终端的数据处理和管理功能主要包括服务器登录功能，选站功能；图形、曲线及各类报表的打印管理及导出；回放文件的管理与导出；授权终端根据需要向所辖站机发送控制命令，如向所辖站机发送空调等远程控制命令等。终端可同时显示所辖中间站和中继站（关闭站）的区段画面。

终端开始运行时会自动连接所配置的服务器，采用 TCP 协议。如图 3—40 所示的选站界面。在选站界面显示了所属的电务段、线路名；同时对车站查找支持模糊车站功能，输入车站名字的第 1 个字母，在右侧显示查找到的车站。

在右侧所列的车站列表同时显示车站站码、电报码、IP 地址，车站站机设备提供厂家，是否智能分析车站等重要信息。

对于各个类型日报表、曲线等，终端与站机类似，只要连接了打印机便可直接进行打印，同时支持导出保存成 Excel 文档功能。对于终端同样提供了历史回放和再现功能，终端回放提供了两种方式，从服务器回放和从站机回放。当查看模拟量信息时需要从站机回放，并选择所需要的模拟量类型，如图 3—41 所示。历史再现是通过保存的再现文件进行回放，与站机一样。

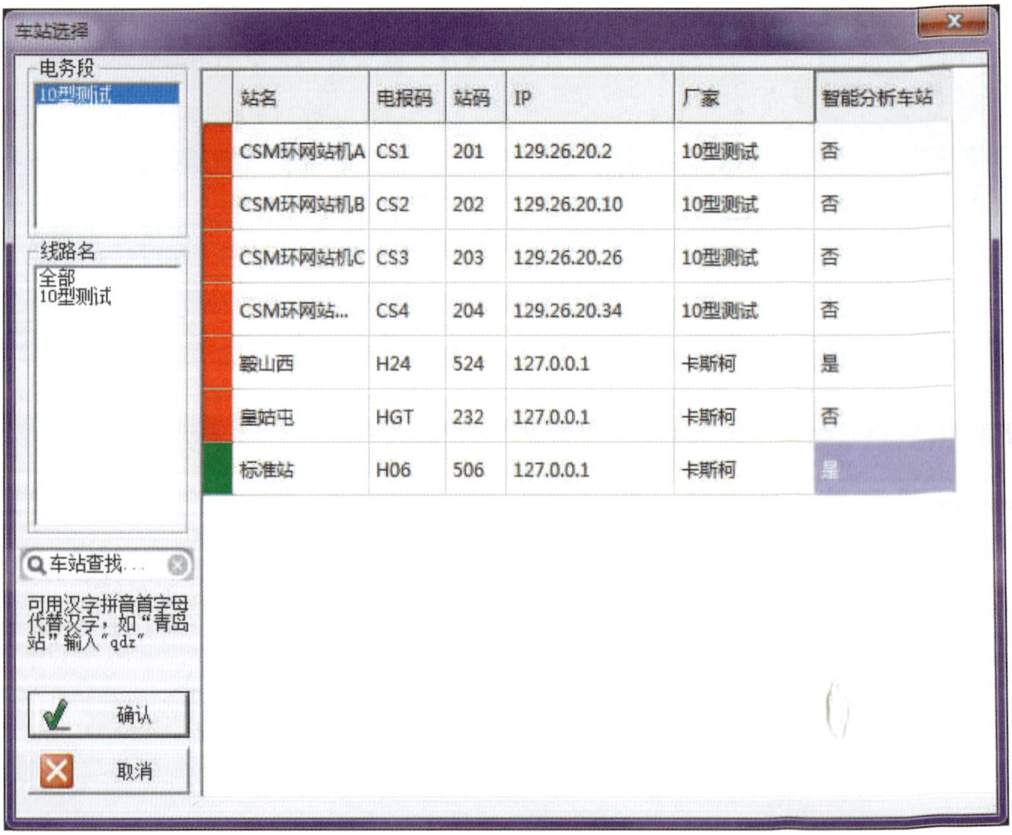

车站选择

电务段：10型测试

线路名：全部、10型测试

站名	电报码	站码	IP	厂家	智能分析车站
CSM环网站机A	CS1	201	129.26.20.2	10型测试	否
CSM环网站机B	CS2	202	129.26.20.10	10型测试	否
CSM环网站机C	CS3	203	129.26.20.26	10型测试	否
CSM环网站...	CS4	204	129.26.20.34	10型测试	否
鞍山西	H24	524	127.0.0.1	卡斯柯	是
皇姑屯	HGT	232	127.0.0.1	卡斯柯	否
标准站	H06	506	127.0.0.1	卡斯柯	是

车站查找...

可用汉字拼音首字母代替汉字，如"青岛站"输入"qdz"

确认

取消

图 3—40　终端选站功能

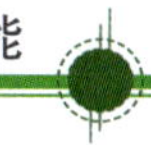

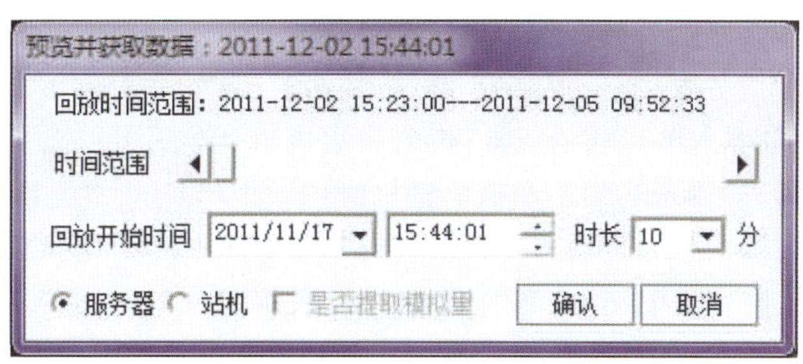

图 3—41 终端回放功能

第三节 电务段子系统功能

电务段子系统配置包括数据库服务器、应用服务器、通信前置机、接口服务器、Web 服务器(预留)、网络管理服务器、防病毒服务器、时钟服务器、网络通信设备、网络安全设备(防火墙等)、电源设备、防雷设备、维护工作站、监测终端等,其体系结构和逻辑结构在第二章已经讲过,下面分别对主要设备进行介绍。

一、数据库服务器

数据库服务器一般采用小型机,数据库软件为 Oracle,采用双机热备方式。数据库服务器基本功能是负责存储车站开关量、报警等相关数据。负责存储终端、通信前置机、应用服务器、网管服务器等操作记录,同时进行系统管理、通信管理和数据处理和控制功能。系统管理主要指用户进行密码管理和权限管理;通信管理指的是数据库服务器仅用应用服务器相连接,所有的存储的开关量和报警等信息都有应用服务器传给数据库服务器,而终端等查询的历史数据也都有应用服务器向数据库服务器发送命令,数据库服务器读取数据后转给应用服务器,由应用服务器转发给终端。

二、应用服务器

应用服务器负责所辖终端、数据库服务器、通信前置机及局服务器间数据处理及转发;负责跨站逻辑处理。应用服务器为 PC 服务器,采用双机热备方式,主要负责系统管理、通信管理、数据处理。

系统管理包括用户的密码、权限管理;用户登录管理;服务器运行日志的管理。

通信管理涉及应用服务器和终端、通信前置机、数据库服务器、网管服务器的通信。负责车站上传的实时数据,包括开关量和报警信息,由应用服务器转发给数据库服务器进行存储,并转发给响应的终端进行显示,同时转发给上级服务器;负责终端和站机实时命令和数据响应的转发;负责终端和数据库服务器之间的命令和数据传输;负责终端与网管服务器之间的命令和数据传输;负责局服务器与车站间通信数据转发。

数据处理主要体现在应用服务器采用双机热备方法,2 台服务器之间进行数据同步,以及应用服务器负责向站机和终端下发控制命令,比如空调控制命令,报表提取功能,升级站机功能,重启站机功能,获取站机配置功能。

应用服务器主界面如图 3—42 所示。主界面显示了应用服务器与各个节点的通信状态(包括局服务器、网管服务器、通信前置机、终端、站机),红色表示应用服务器与节点通信中断;绿色表示应用服务器与节点通信正常;黄色表示该节点与另外一台备用服务器连接(在使用双机热备模式时)。当现场使用通信前置机时(stationCfg. ini 中配置),应用服务器不与站机直接建立通信连接而是通过通信前置机进行数据交换,应用服务器上显示的车站连接状态是通信前置机实时传送的信息;当现场不使用通信前置机时(StationCfg. ini 中不配置),应用服务器直接与车站建立通信连接。

界面右下角状态栏中显示一些提示信息,包括应用服务器的模式(单机/双机热备,主备模式时,还显示本机与热备机的连接状态)、数据库的使用情况、应用服务器的启动时间。

应用服务器的右键菜单如图 3—43 所示,包括了 ping 命令、提取报表、升级站机、获取站机配置、重启站机功能。

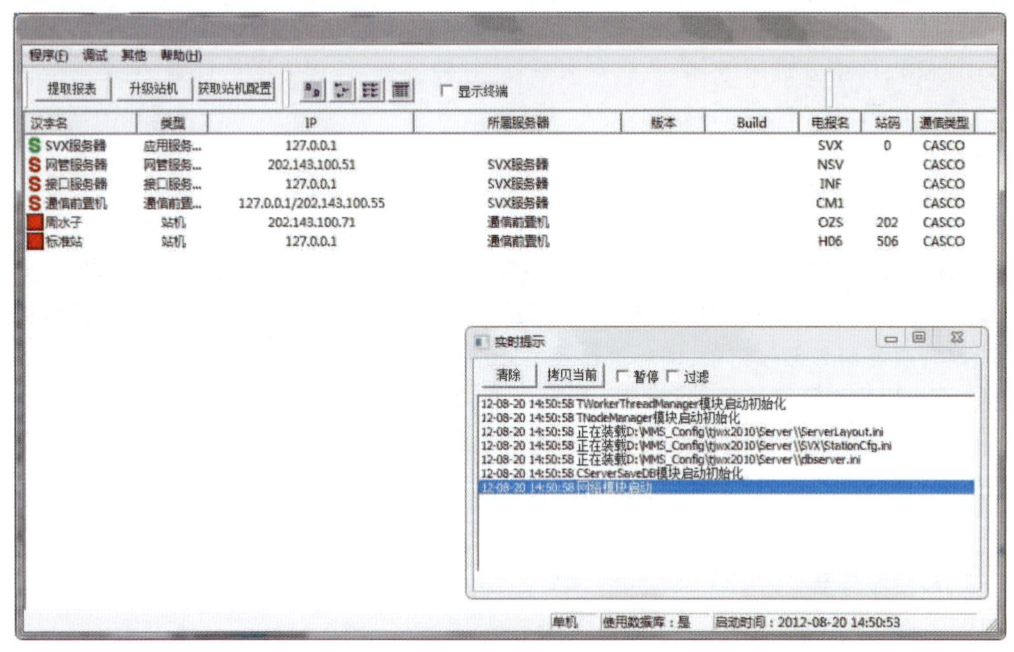

图 3—42 应用服务器主界面

三、通信前置机

电务段设置通信前置机,与管内各监测终端以及各监测站机建立通信连接并交换数据。主要功能为系统管理、通信管理、时钟自动校核功能,系统运行状态和操作日志管理功能。

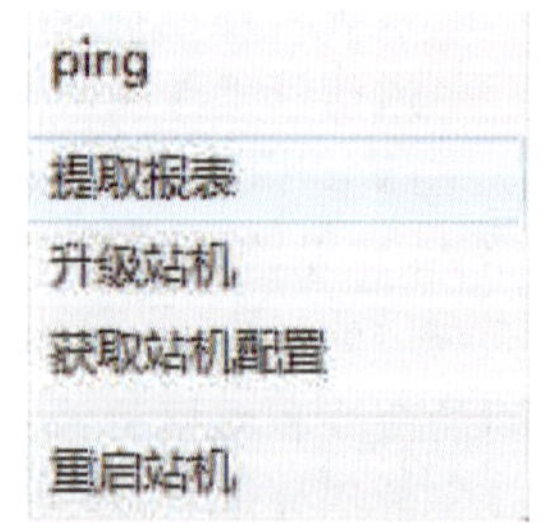

图 3—43 应用服务器右键菜单

系统管理包括用户登录、修改配置权限、密码管理功能。通信管理功能主要是前置机负责应用服务器和站机的通信数据转发,采用双机冗余的方式,并进行负荷均衡。通信前置机主界面如图 3—44所示,其界面和应用服务器类似。

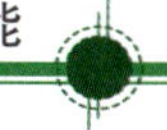

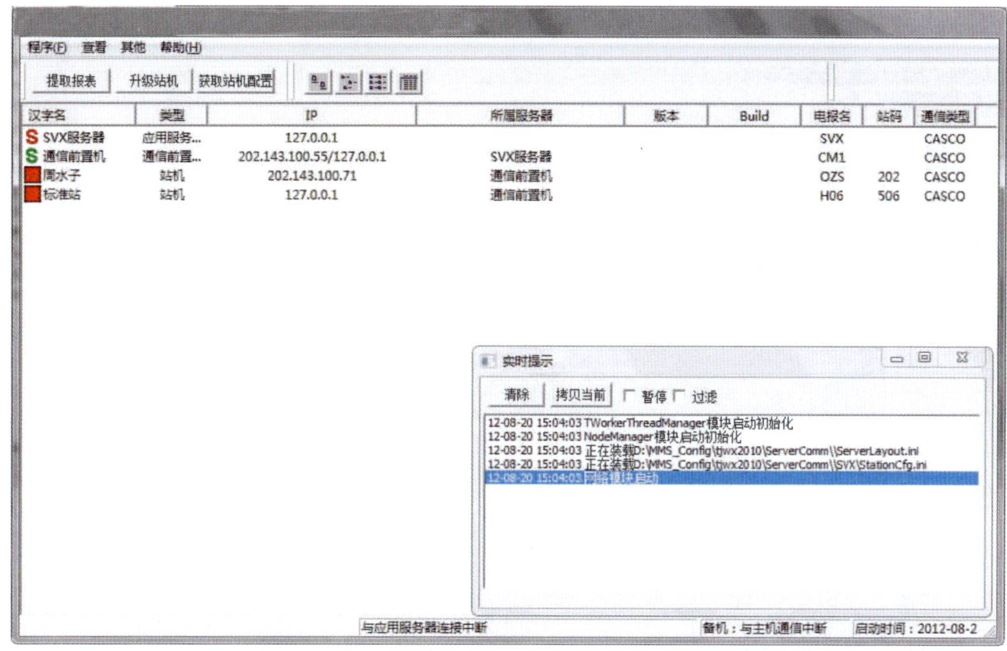

图 3—44 通信前置机主界面

四、网管服务器

网管服务器主要负责管辖范围内所有终端、服务器、通信前置机、采集设备状态。其系统管理功能包括用户登录,配置文件修改权限功能,密码管理,系统运行自检和运行日志管理。通信管理功能主要负责接收应用服务器传输过来的各个节点的状态;负责响应应用服务器传输过来的读取各个节点状态的命令。

如图 3—45 为网管服务器主界面,显示各个通信节点的连接状态和车站路由器网口的通断状态。对于节点状态(包括通信前置机、接口服务器、网管服务器、终端等),红色表示节点通信中断,绿色表示节点通信正常,黑色表示为连接状态未初始化。网管服务器主界面拓扑图上的抽头线表示各车站的路由器的网口状态;红色表示对应的路由器网口为中断状态;绿色表示对应的路由器网口状态正常;黑色表示对应的路由器网口状态未初始化。

网管服务器同时显示了车站系统状态,通过在主界面上单击右键,选择“显示车站系统状态”打开车站系统状态界面,如图 3—46 所示。

五、Web 服务器

Web 服务器查询手段丰富,提供 Web 浏览服务功能,主要包括实时报警及历史报警查询,报警信息处理情况录入、报警信息分析统计。作为全线子系统自动升级服务器。

Web 服务器的系统管理功能包括用户登录,配置文件修改权限功能,密码管理,系统运行自检和运行日志管理。通信管理功能为接收应用服务器转发过来的实时报警信息,响应终端 IE 等浏览器查询命令响应，与数据库服务器间建立通信。

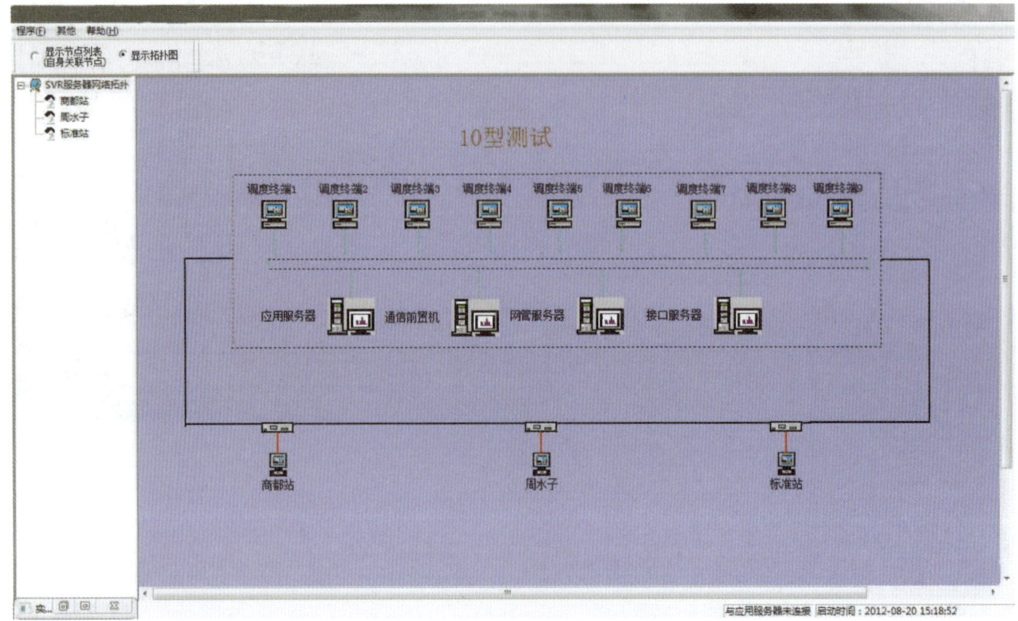

图 3—45　网管服务器主界面

车站系统状态

选择车站 标准站1(HD6)

系统状态：○ 智能系统接口状态 ○ 通信接口分机状态 ● 监测采集单元状态 ○ 车站工控机状态 ○ 车站软件版本信息 ○ CTC接口状态 ○ 联锁接口状态

序号	系统状态信息	状态
1	外电网1	采集中断或异常
2	外电网2	采集中断或异常
3	道表1	采集中断或异常
4	道表2	采集中断或异常
5	道表3	采集中断或异常
6	道表4	采集中断或异常
7	道表5	采集中断或异常
8	道表6	采集中断或异常
9	道表7	采集中断或异常
10	道表8	采集中断或异常
11	道表9	采集中断或异常

导出文本　导出EXCEL　打 印　关 闭

图 3—46　车站系统状态界面

六、防病毒服务器

防病毒服务器监测系统所有站机及终端，统一从防病毒服务器下载并安装杀毒软件。

由于监测网络系统为专网，不能与互联网相连，所以在电务段子系统中提供防病毒服务器，在防病毒服务器上安装杀毒软件服务端，在站机和终端设备上安装客户端。维护人员定期采用离线更新服务段病毒库，通过服务端对客户端进行统一的升级和管理。

七、时钟服务器

时钟服务器为所辖电务段管辖范围内的站机和终端、服务器提供标准时钟源，并对所辖各个节点定时校核时间。

时钟服务器从统一的时钟源获取标准时钟。统一的时钟源可以配置双套冗余的 GPS 授时铷原子钟，也可以是其他信号系统（如 CTC 系统、通信时钟服务器）的母钟设备。电务段所辖范围内站机、终端等以时钟服务器时间为基准，定时进行校时。

第四章　铁路信号集中监测系统采集设备及维护

本章主要介绍铁路信号集中监测系统中采集设备及维护相关内容，首先阐述各采集设备的采集原理，重点突出各采集设备的维护方法。

采集设备包括外电网综合质量采集设备、电源屏采集设备、轨道电路采集设备、转辙机采集设备、道岔表示电压采集设备、电缆绝缘采集设备、电源对地漏泄电流采集设备、列车信号机点灯回路电流采集设备、环境状态采集设备、防灾异物侵限采集设备等。

第一节　传感器基础知识

一、电压互感器（PT）

电压互感器（Potential Transformer，PT）和变压器很相像，都是用来变换线路上的电压。但是变压器变换电压的目的是输送电能，因此容量很大，一般都是以千伏安或兆伏安为计量单位；而电压互感器变换电压的目的，主要是用来给测量仪表和继电保护装置供电，用来测量线路的电压、功率和电能，或者用来在线路发生故障时保护线路中的贵重设备、电机和变压器。因此电压互感器的容量很小，一般都只有几伏安、几十伏安，最大也不超过一千伏安。

线路上为什么需要变换电压呢？这是因为根据发电、输电和用电的不同情况，线路上的电压大小不一，而且相差悬殊，有的是低压 220 V 和 380 V，有的是高压几万伏甚至几十万伏。要直接测量这些低压和高压，就需要根据线路电压的大小，制作相应的低压和高压的电压表、继电器和其他仪表。这样不仅会给仪表制作带来很大困难，更主要的是直接制作高压仪表，直接在高压线路上测量电压是不可能的，而且也是绝对不允许的。

电压互感器实际上是一个带铁芯的变压器，主要由一、二次线圈，铁芯和绝缘组成。两个绕组都装在或绕在铁芯上。两个绕组之间以及绕组与铁芯之间都有绝缘，使两个绕组之间以及绕组与铁芯之间都有电的隔离。电压互感器在运行时，一次绕组 N1 并联接在线路上，二次绕组 N2 并联接仪表或继电器。因此在测量高压线路上的电压时，尽管一次电压很高，但二次却是低压的，可以确保操作人员和仪表的安全。

当在一次绕组上施加一个电压 U_1 时，在铁芯中就产生一个磁通 ϕ，根据电磁感应定律，则在二次绕组中就产生一个二次电压 U_2。改变一次或二次绕组的匝数，可以产生不同的一次电压与二次电压比，这就可组成不同比的电压互感器，电压互感器主要是电磁式的（电容式电压互感器应用广泛），另有非电磁式的，如电子式、光电式。

电压互感器将高电压按比例关系变换成 100 V 或更低等级的标准二次电压，供保护、计量、仪表装置使用。同时，使用电压互感器可以将高电压与电气工作人员隔离。电压互感器虽然也是按照电磁感应原理工作的设备，但它的电磁结构关系与电流互感器相比正好相反。

电压互感器二次回路是高阻抗回路，二次电流的大小由回路的阻抗决定。当二次负载阻抗减小时，二次电流增大，使得一次电流自动增大一个分量来满足一、二次侧之间的电磁平衡关系。可以说，电压互感器是一个被限定结构和使用形式的特殊变压器。

集中监测系统所用的电压互感器多为 500 V 以下电压，通过电压互感器及其后级调理电路将车站各种电压信号隔离并调整为 5 V 以下信号，便于 DSP 芯片进行处理及运算。

二、电流互感器（CT）

在供电用电的线路中电流相差悬殊，从几安到几万安都有。为便于二次仪表测量，需要转换为比较统一的电流，另外线路上的电压都比较高，直接测量是非常危险的，电流互感器（Current Transformer，CT）就起到变流和电气隔离作用。

微型电流互感器也有人称之为"仪用电流互感器"（"仪用电流互感器"有一层含义是指在实验室使用的多电流比精密电流互感器，一般用于扩大仪表量程）。

微型电流互感器与变压器类似也是根据电磁感应原理工作，变压器变换的是电压而微型电流互感器变换的是电流。绕组 N_1 接被测电流，称为一次绕组（或原边绕组、初级绕组）；绕组 N_2 接测量仪表，称为二次绕组（或副边绕组、次级绕组）。

微型电流互感器一次绕组电流 I_1 与二次绕组 I_2 的电流比，叫实际电流比 K。微型电流互感器在额定工作电流下工作时的电流比叫电流互感器额定电流比，用 K_n（$K_n = I_{1n}/I_{2n}$）表示。

电流互感器作用是可以把数值较大的一次电流通过一定的变比转换为数值较小的二次电流，用来进行保护、测量等用途。

三、线性光耦

线性光耦是一种用于模拟信号隔离的光耦器件，和普通光耦一样，线性光耦真正隔离的是电流。线性光耦能够保护被测试对象和测试电路，并减小环境干扰对测试电路的影响。

线性光耦的隔离原理与普通光耦没有差别，只是将普通光耦的单发单收模式稍加改变，增加一个用于反馈的光接受电路。因此，虽然两个光接受电路都是非线性的，但两个光接受电路的非线性特性都是一样的，就可以通过反馈通路的非线性来抵消直通通路的非线性，从而达到实现线性隔离的目的。光隔离器只有光的耦合，没有电的联系。如图 4—1 所示。

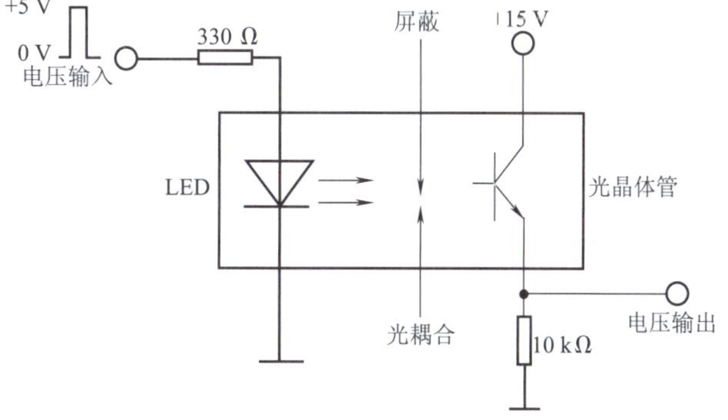

图 4—1　线性光耦原理示意图

四、运放及常用滤波电路

运算放大器（Operational Amplifier，简称 OP、OPA、OPAMP、运放）是一种直流耦合，差模（差动模式）输入，通常为单端输出的高增益电压放大器,因开始主要用于加法、减法等模拟运算电路中,因而得名。

通常使用运算放大器时,会将其输出端与其反相输入端连接,形成一负反馈组态。原因是运算放大器的电压增益非常大,范围从数百至数万倍不等,使用负反馈方可保证电路的稳定运作。但是这并不代表运算放大器不能连接成正反馈组态,相反的,在很多需要产生振荡信号的系统中,正反馈组态的运算放大器是很常见的组成元件。

运算放大器有许多规格参数,例如:低频增益、单位增益频率、相位边限、功耗、输出摆幅、共模抑制比、电源抑制比、共模输入范围、电压摆动率、输入偏移电压及噪声等。运算放大器大多制成集成电路,示意图号是三角形。

低通滤波电路是容许低于截止频率的信号通过,但高于截止频率的信号不能通过的电子滤波电路。

带通滤波电路是指能通过某一频率范围内的频率分量,但将其他范围的频率分量衰减到极低水平的滤波电路。

高通滤波电路是使高频率比较容易通过而阻止低频率通过的滤波电路。

第二节　外电网综合质量采集设备

外电网综合质量采集设备为外电网质量监测箱,采集分电压和电流两部分,电压采集点在配电箱闸刀外侧,电流可使用开口式电流互感器夹在输入开关的输入端或输出端采集。如图 4—2 所示。

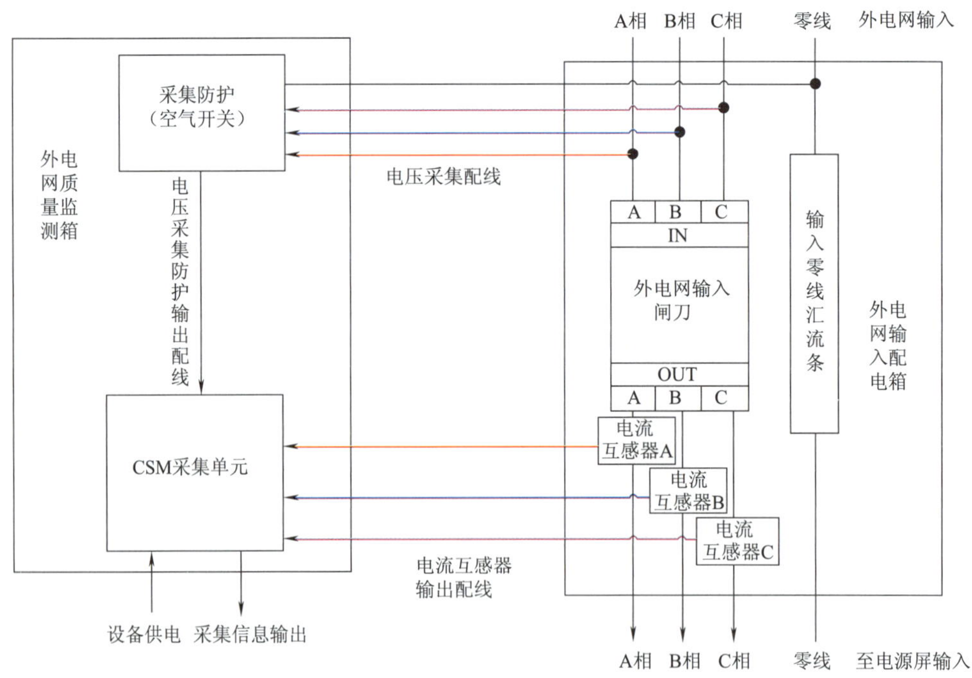

图 4—2　外电网综合质量采集原理图

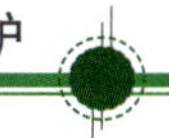

采样路径：一、二路外电输入→输入闸刀外侧→CSM 采集单元。

电流互感器为无源模块，输出配线不能太长，在 1.5 m 以内，因此外电网质量监测箱必须安装在配电箱的附近。

断相、错序、瞬间断电开关量的采样周期为 50 ms，电压、电流采样周期为 250 ms。

外电网综合质量监测安全隔离分析如下：

1. 电压采集是将 380 V A/B/C 三相电压引入线进入外电网质量监测箱的空气开关（熔断器）上，经过空气开关（熔断器）隔离后进入采集单元。电流采用非接触式的开口式互感器，与设备不直接接触，其输出线通过低压端子进入外电网质量监测箱。

2. 空气开关（熔断器）、采集单元等采集设备安装在胶木板上，与外壳绝缘（其绝缘电阻大于 25 MΩ）。

3. 外电网质量监测箱与机柜之间通过现场总线传递信息，监测主机端接口处设有光电隔离设备，使内部电路与外壳隔离（其绝缘电阻大于 25 MΩ）并阻燃。采集设备电源输入端设有隔离防护措施。

4. 配电箱内的防雷设备是第一级防护设备，如果击穿防雷设备，外电网质量监测箱中的空气开关（熔断器）进行第二级防护。空气开关采用符合标准 IEC 60898/GB 10963 的设备，分断能力：IEC 60898　6 kA。

5. 监测设备短路或开路故障对采集点都无影响，空气开关（熔断器）断开，反向隔离了对被监测设备的影响。

6. 采集设备内部防护措施：

（1）外壳材料为阻燃 ABS，阻燃等级 V0 级。

（2）总线保护：可承受 400 W 的瞬时脉冲电压自动热关断和 ESD 保护等功能。

（3）所有对外接口全部采用电磁隔离或者光电隔离。隔离耐压要求：

①输入与输出之间 DC 2 500 V，1 min；

②电源与输入之间 DC 2 500 V，1 min。

（4）IO 端口的保护，用 TVS 等抗电磁兼容措施，保证输入端口指标达到脉冲群：2 kV；静电：8 kV。

（5）串行通信芯片采用抗雷击串行收发器，芯片内置 4 个瞬时高压保护管，可承受高达 600 W 的 TVS，并外加保护器件，确保抗干扰能力。

（6）电源输入侧，采用全隔离方式确保浪涌的可靠保护。极间绝缘电阻大于 2 MΩ，其他绝缘电阻大于 5 MΩ。

（7）外电网质量监测箱配件耐热能力：960 ℃不燃烧。

第三节　电源屏采集设备

智能电源屏自带采集终端，CSM 与该终端通过 RS-485 接口获取 709 号文规定的各种信息。

对于非智能电源屏，使用采集器 C0 组合进行监测，电源屏电压采集原理如图 4—3 所示。

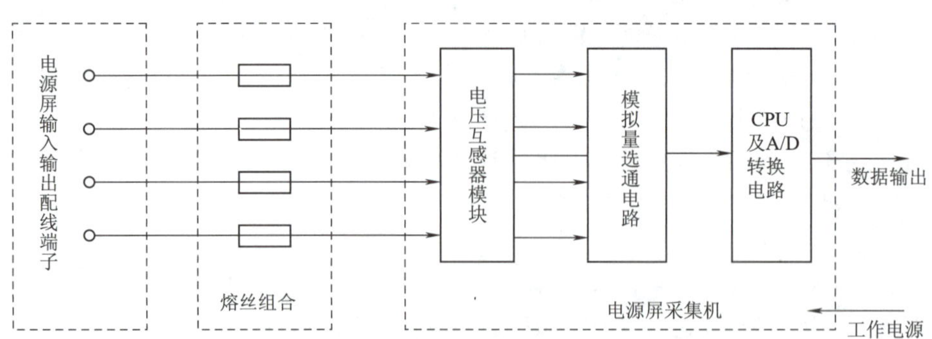

图 4—3　非智能电源屏电压采集原理图

电源屏电压采集输入一、二路电源和电源屏的各类输出电压。输入电源采集配线点在电源的输入断路器外侧端子，输出电源的采集配线点在输出空开外侧相应的配线端子上。

电压采样路径：电源屏配线端子→熔丝组合→CSM 采集机。

在组合架上安装熔丝组合，被采集的电压信号经过组合架上熔丝组合后，进入电源屏电压采集设备。熔丝组合配置 0.3 A 速断熔丝，主要用于防护采集单元故障或配线原因造成的短路情况，同时在漏流接地测试时用于防护电流太大对信号设备造成的影响。

电源屏电压采集设备采用电压互感器模块进行信号的隔离转换，将转换后的低压信号接入后续模拟采集电路。

电流采样路径：电源屏输出线→电流互感器→CSM 采集机。

电流采用非接触式的开口式互感器，与设备不直接接触，其输出线通过低压端子进入电源屏电流采集设备，如图 4—4 所示。开口式电流互感器便于安装以及更换。

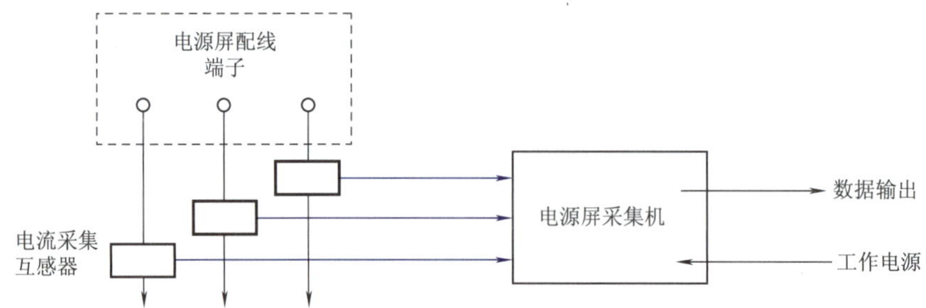

图 4—4　非智能电源屏电流采集原理图

电源屏电压、电流采样周期为 250 ms。

第四节　轨道电路采集设备

一、25 Hz 相敏轨道电路

25 Hz 相敏轨道电路使用轨道电路采集板(器)进行监测，采集从分线盘送回到轨道继电器线圈两端的电压。实际采集配线点通常在轨道测试盘侧面，当没有轨道测试盘时可采集 GJ 组合侧面端子。如图 4—5 所示。

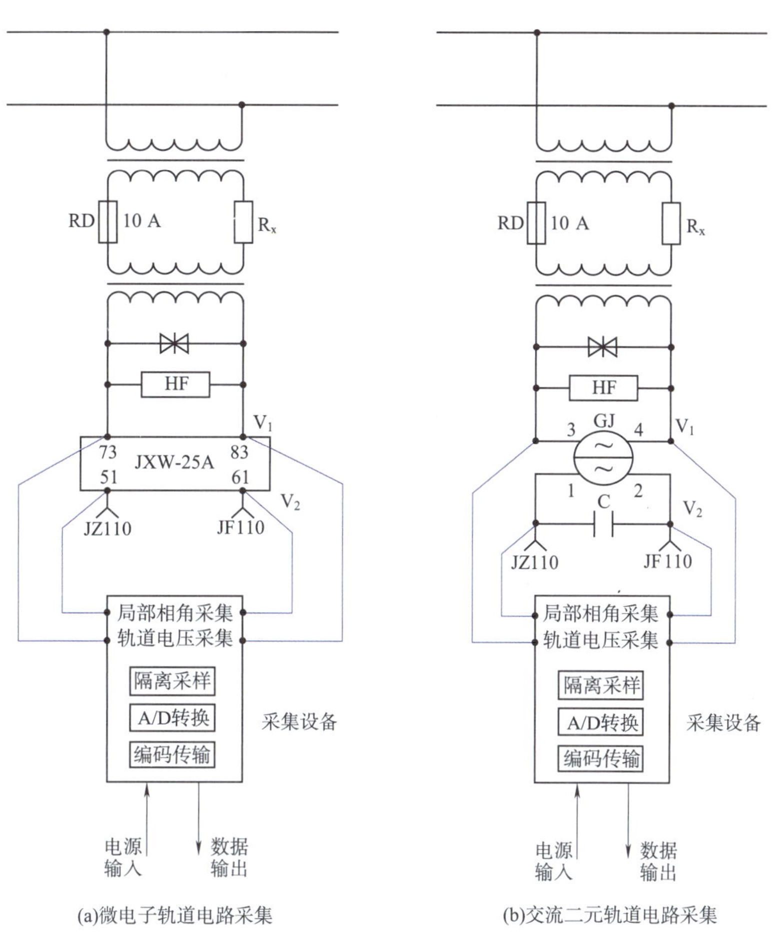

(a)微电子轨道电路采集　(b)交流二元轨道电路采集

图 4—5　25 Hz 相敏轨道电路电压测试原理图

采样径路：室外电缆→防雷分线盘→轨道组合侧面端子→防护盒、防雷硒堆→轨道继电器组合架→轨道测试盘侧面端子→CSM 采集设备。

如图 4—6 所示，CSM 采集采用高阻隔离和电压互感器隔离的方式，将采样后的信号调理成 CPU 能直接采集的信号，对采样后数据进行处理运算，得到每路轨道信号电压有效值和相位角，然后将轨道电源电压相位角与局部电源电压相位角进行比较得到相位差。

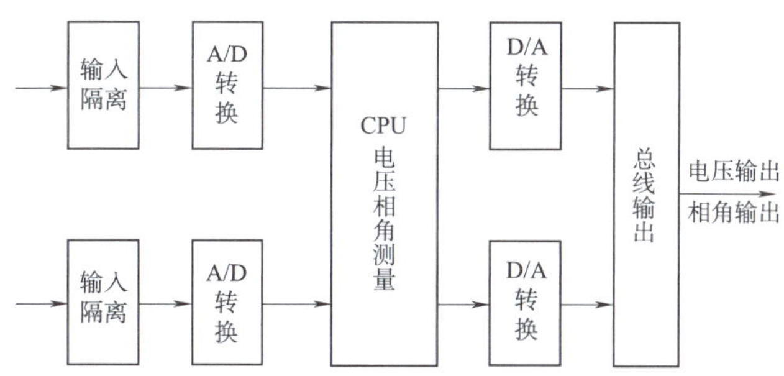

图 4—6　25 Hz 相敏轨道电路电压测试结构图

25 Hz 相敏轨道采样周期为 500 ms。

二、JZXC-480 型轨道电路

JZXC-480 型轨道电路使用轨道电路采集板(器)进行监测,JZXC-480 型轨道电压交流部分采集 GJ 线圈 7、8 两端电压,直流部分采集 GJ 线圈的 3、2 两端电压,3 为正,2 为负。实际实施时采集配线点通常在轨道测试盘上。JZXC-480 型轨道电路电压测试原理图如图 4—7所示。

采样径路:室外电缆→分线盘→组合架轨道测试盘侧面端子→CSM 采集设备。

CSM 采集设备采用高阻隔离和电压互感器隔离的方式,分别将采样后的直流、交流信号调理成低压模拟输出信号,采集设备将模拟信号高速采样后进行数据处理运算,得到每路轨道电路的交流电压和直流电压。

同时,CSM 的轨道采集设备增加了 GJ 状态的采集,每个轨道电压对应一个 GJ 状态。采集 GJ,可用于轨道分路不良区段的判断,减少开关量、模拟量分别采集带来的时序差造成的误报警。电压采集速率每秒钟采集 2 个点以上。

采集设备对轨道交流电压进行采集后,结果直接转换成数字信息送往站机。这种模式可以保证采集受到的干扰最小,大大提高轨道电压的采集精度,最重要的是可以增加采集数据的稳定性。

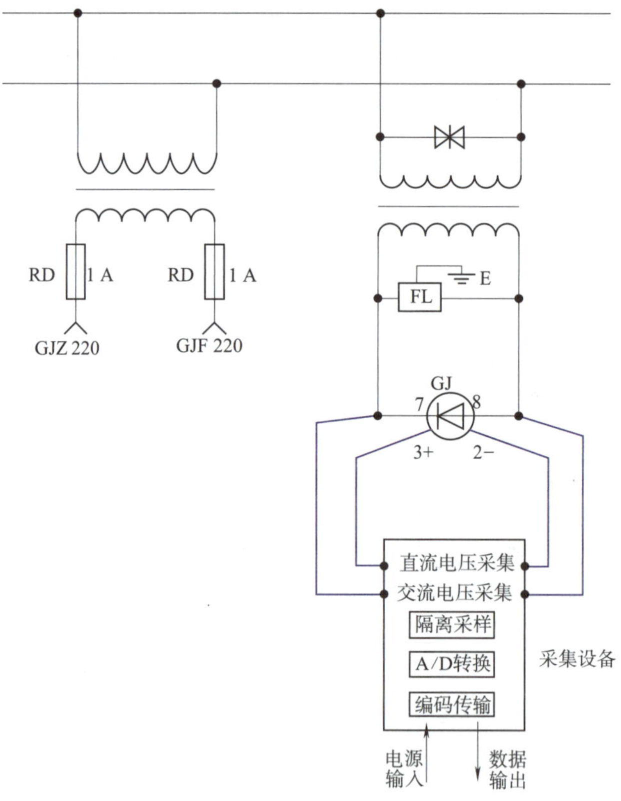

图 4—7 JZXC-480 型轨道电路电压测试原理图

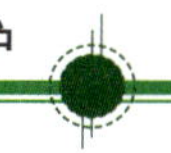

JZXC-480 型轨道电路 GJ 开关量的测试原理如图 4—8 所示。

JZXC-480 型轨道电路采样周期为 250 ms。

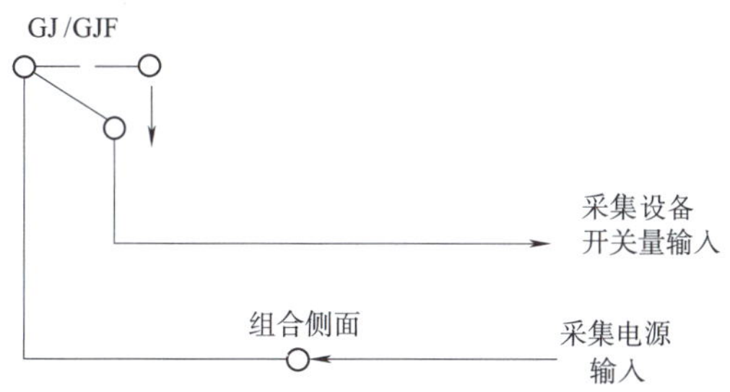

图 4—8　JZXC-480 型轨道电路 GJ 采集原理图

第五节　转辙机采集设备

一、交流转辙机动作功率、电流监测

交流转辙机的监测使用三相道岔采集单元(板)进行监测,监测内容包含电压、电流、功率、1DQJ 状态、定反位表示状态。三相交流转辙机采集原理如图 4—9 所示。

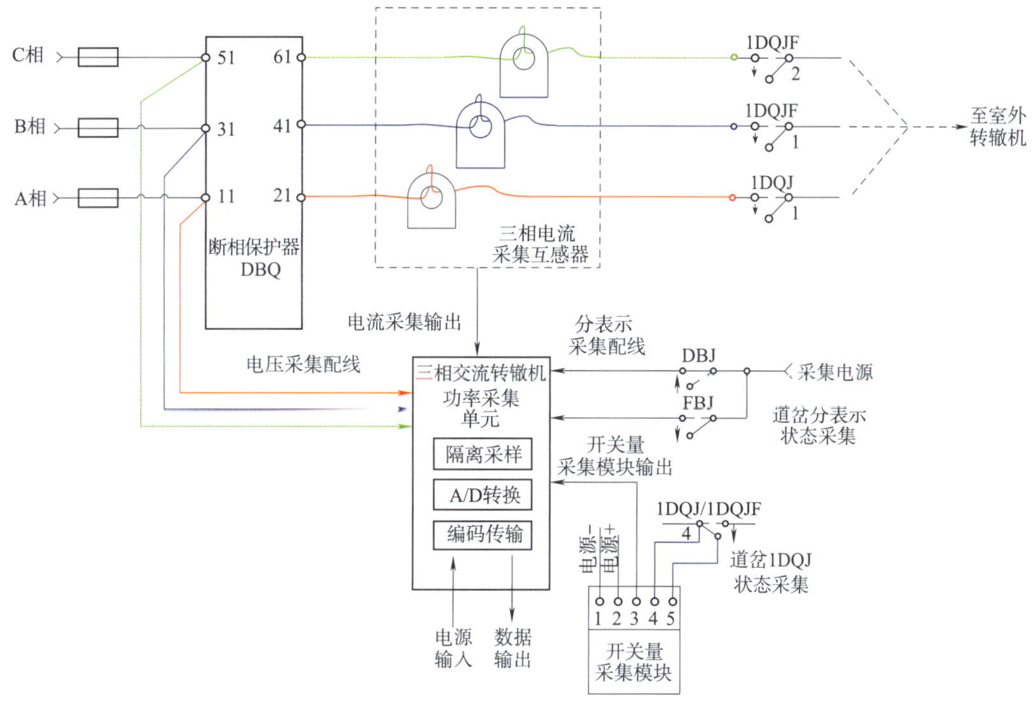

图 4—9　三相交流转辙机采集原理图

三相交流转辙机功率采集单元设置在组合架附近,一个采集单元采集一组转辙机的三

相电压、电流、1DQJ 和定反表示开关量。电压的采集点 U_a、U_b、U_c 平时在不扳动道岔时不直接与外线相接，经由 1DQJ 和 1DQJF 接点断开外线，只有在道岔扳动时，1DQJ 吸起过程中，该采集点与外线接通。

三相电压采集配线位置在断相保护器（DBQ）前级端子 11、31、51 点上。

三相电流采集配线位置为 DBQ 输出与 1DQJ 之间。采用互感器方式，穿芯采集。

1DQJ 的状态采样，需采集 1DQJ 继电器的一组空接点。但 1DQJ 继电器通常没有空接点，因此需要使用开关量采集器隔离采集 1DQJ 或 1DQJF 的一组低压半空接点的中接点和后接点。目前常用的采集位置在 1DQJ/1DQJF 的第 4 组接点上。

道岔定反位分表示状态采集通常采对应 DBJ 和 FBJ 上的一组空接点。将采集电源送至对应的中接点上，从前接点配线至采集单元。

电压电流采样路径：道岔组合输入空开→断相保护器前级（电压采集）→断相保护器后级（电流采集）→CSM 采集单元。

1DQJ 采样路径：1DQJ 半空接点→开关量采集模块→CSM 采集单元。

定反表示采样路径：DBJ/FBJ 空接点→CSM 采集单元。

当 1DQJ 动作时，会产生开关量状态的变化，开关量变化启动互感器采集电机动作时的电压值和电流值，在互感器内部进行隔离转换，每 40 ms 计算出有功功率，并顺次记录下来。等待一条完整动作结束（以 1DQJ 落下为标志，单条曲线最长可采集 40 s），以总线通信方式将电压、电流实时值（40 ms 一个点）、电流曲线以及有功功率曲线（40 ms 一个点）、1DQJ 以及 DBJ/FBJ 状态送往站机进行显示及处理。

二、直流转辙机动作电流监测

直流转辙机的监测使用直流道岔采集板及直流道岔电流模块，监测内容包含电流、1DQJ 状态、定反位表示状态。四线制直流转辙机电流采集原理如图 4—10 所示，六线制直流转辙机电流采集原理如图 4—11 所示。

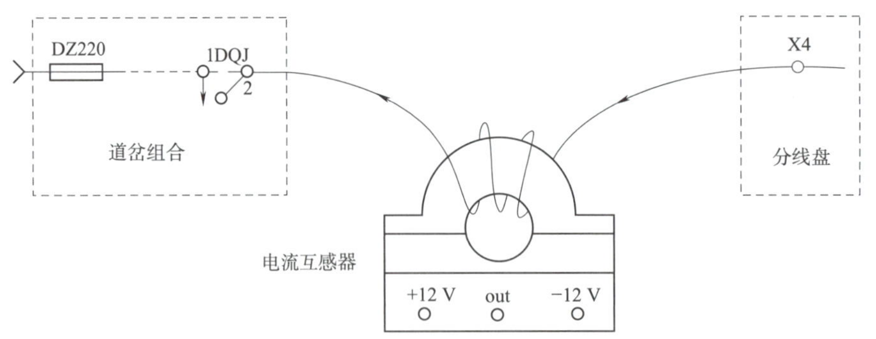

图 4—10 四线制直流转辙机电流采集原理图

四线制道岔电流在分线盘选取动作电流回线采集，可使用电流互感器穿芯方式，采集从分线盘 X4（驼峰 ZD7 系列快动转辙机的电流回线通常为 X3）到道岔组合侧面的电缆。

采样路径：分线盘电路回线→电流互感器线圈穿芯→CSM 采集单元。

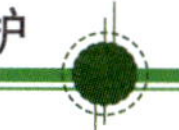

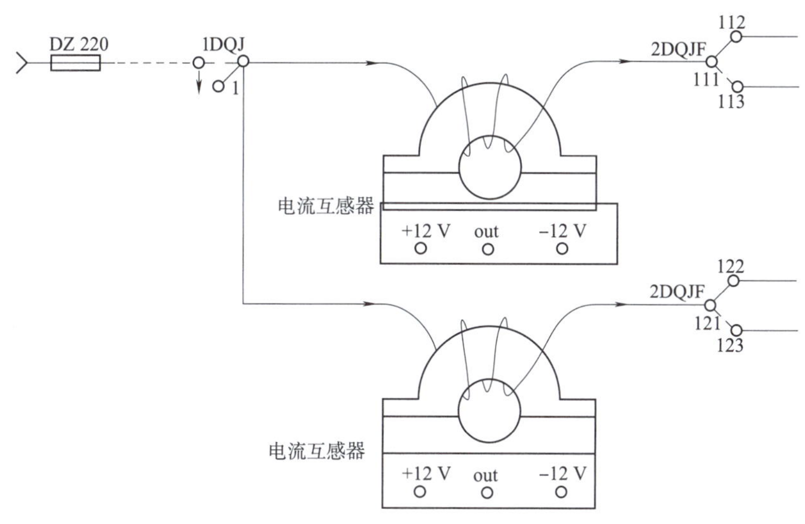

图 4—11　六线制直流转辙机电流采集原理图

电流采集单元可集中安装在分线盘的空位,或一层空的组合架位置上。

直流六线制 ZD6-E、J 型转辙机采集动作电路里的去线,使用两个电流互感器分别采集 1DQJ 至 2DQJF 的 111 和 121 之间的两根电流去线。电流采集单元分散安装于转辙机组合内部。

1DQJ 状态采集以及道岔定反位表示状态的采集与交流转辙机相关采集方式相同。

转辙机监测安全隔离分析如下:

1. 电流互感器均采用可开口式互感器,彻底与道岔动作电流回路隔离。交、直流电流测试量程 0 ~ 10 A。

2. 每一组道岔动作电流回路对应一个互感器。需要注意的是直流电机动作回路的采样线在电流互感器穿过时是有方向要求的,电流反向流过穿线孔时,传感器输出为负,经滤波电路后输出为零,具体的穿线方向见互感器标识。

3. 电流互感器是根据霍尔原理制成的,既可以检测交流,也可以检测直流。霍尔组件工作原理如图 4—12所示。

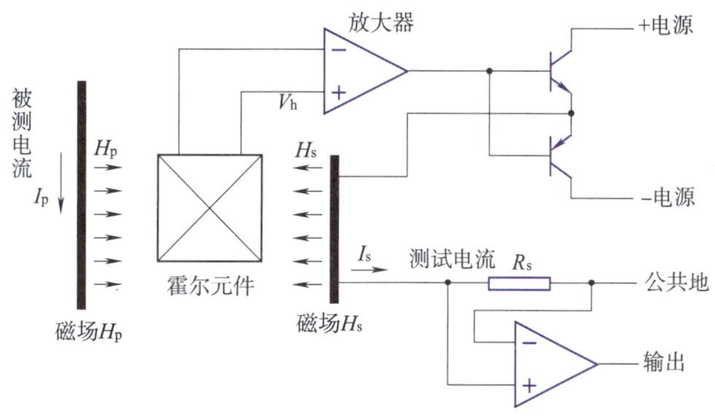

图 4—12　霍尔组件工作原理图

电流互感器特点：

(1)可测量任意波形的电流。如直流、交流和脉冲波形等，也可以对瞬态峰值进行测量，副边电路可以反映原边电流的波形。

(2)精度高。互感器模块在工作区域内的精度优于1%，该精度适合于任何波形的测量。

(3)线性度优于0.1%。

(4)动态性能好。互感器的动态响应时间小于1 μs，跟踪速度 di/dt 高于50 A/μs。

(5)工作频带宽。可在0～100 kHz频率范围内正常工作。

(6)可靠性高。平均无故障时间大于50 000 h。

4. 同时将电流采集和开关量采集集中到同一个采集单元上，可以增加1DQJ开关量、DBJ、FBJ(定反表开关量)与电流曲线模拟量之间的联动关系。避免道岔电流曲线在站机显示时，出现转动方向不符合的情况。

5. 直流转辙机道岔电流曲线的采样周期为40 ms。驼峰ZD7系列快动转辙机道岔电流曲线的采样周期为10 ms。

第六节　道岔表示电压采集设备

道岔表示电压监测采用道岔表示电压采集器，监测内容为道岔表示交、直流电压。

三相交流转辙机表示电压采样位置为：

定表电压采集分线盘X2、X4。X4为正，X2为负。

反表电压采集分线盘X3、X5。X3为正，X5为负。

直流转辙机道岔表示电压采样位置为：

定表电压采集分线盘X1、X3。X1为正，X3为负。

反表电压采集分线盘X2、X3。X3为正，X2为负。

采样路径：分线盘接点→CSM采集器。

新建站设计时应统一就近分线盘增加监测采集组合(道岔表示零散定型组合)，以便集中安装道岔表示采集器。道岔表示零散定型组合工艺标准如下：

1. 道岔表示零散定型组合工艺标准参见TB/T 1281—1978《组合、组合架及综合架》。

2. 组合底座选用中国铁路总公司指定厂家的继电器底座。

3. 提高焊线工艺，杜绝焊点过大、虚焊等现象，出厂时严格检验。

4. 选用防脱、耐压性能良好的套管保护焊点。

道岔表示电压采集的四根线引入道岔表示零散定型组合侧面，经继电器底座后进入继电器内部，经过隔离防范后进入采集器主板。

出于对道岔表示采集设备耐压能力的要求，直流和交流转辙机的道岔表示采集器底座配线均有明确要求。

直流转辙机道岔表示电压采集原理如图4—13所示，一个采集器采集4组直流转辙机道岔表示电压。

交流转辙机道岔表示电压采集原理如图4—14所示，一个采集器采集2组交流转辙机道岔表示电压。

电压输入端子的排列，要求同一组道岔可能产生高压的端子隔开排列，不同组转辙机表示线的输入端子之间空出二排端子 。

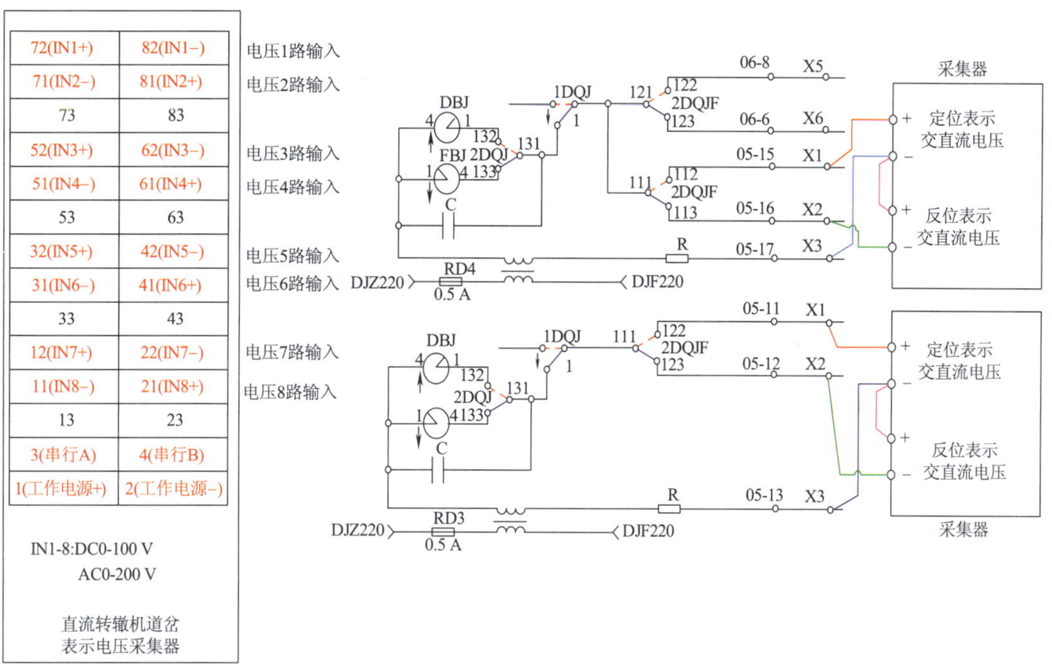

图 4—13　直流转辙机道岔表示电压采集原理图

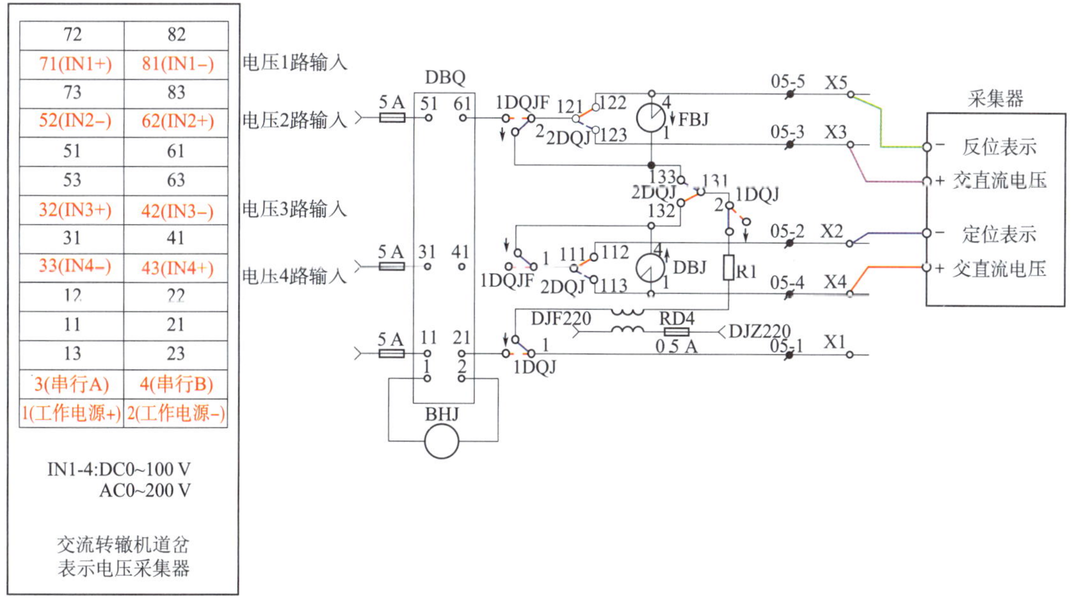

图 4—14　交流转辙机道岔表示电压采集原理图

经过隔离转换后，采用现场总线方式通过光电隔离后进入接口通信分机。接口通信分机位于监测机柜上，它的主要作用是将采集器采集的信息处理后送至 CSM 站机。

采集器的工作电源经过熔断器防护后，配线到道岔表示采集零散定型组合。

道岔表示电压的采样周期为 500 ms。

第七节　电缆绝缘采集设备

道岔电缆绝缘使用绝缘测试组合及开关量输出板等进行监测，室外电缆绝缘的采集配线点通常在分线盘处。

电缆绝缘测试流程如图 4—15 所示。

在 CSM 中，道岔、轨道电路、信号机等绝缘测试电缆都是经过防雷后引入绝缘测试组合 A、B、C 和 D 的侧面端子 01 ~04 列上，当人工启动电缆绝缘测试中，利用继电器接点网络的逻辑切换，逐一将需要测试的电缆接入绝缘测试的采集电路，因此在人工启动电缆绝缘测试之前，测试电缆与绝缘测试采集设备（如开出板、CPU 板）之间是完全隔离的。图 4—15 中，E 组合是控制组合，控制组合 A、B、C、D。A、B、C、D 是被测电缆引入组合，每一个组合可以采集 64 根电缆。

采样路径：分线盘配线端子→绝缘测试选通网络→CSM 绝缘测试表→绝缘接口板。

综合采集机通过开关量输出板驱动安全型继电器，由继电器接点组成的多级选路网络将所选的电缆芯线接入绝缘转换单元。选路网络具有互切特性，保证同一时刻只有一条电缆芯线被选通，不会发生混线现象。

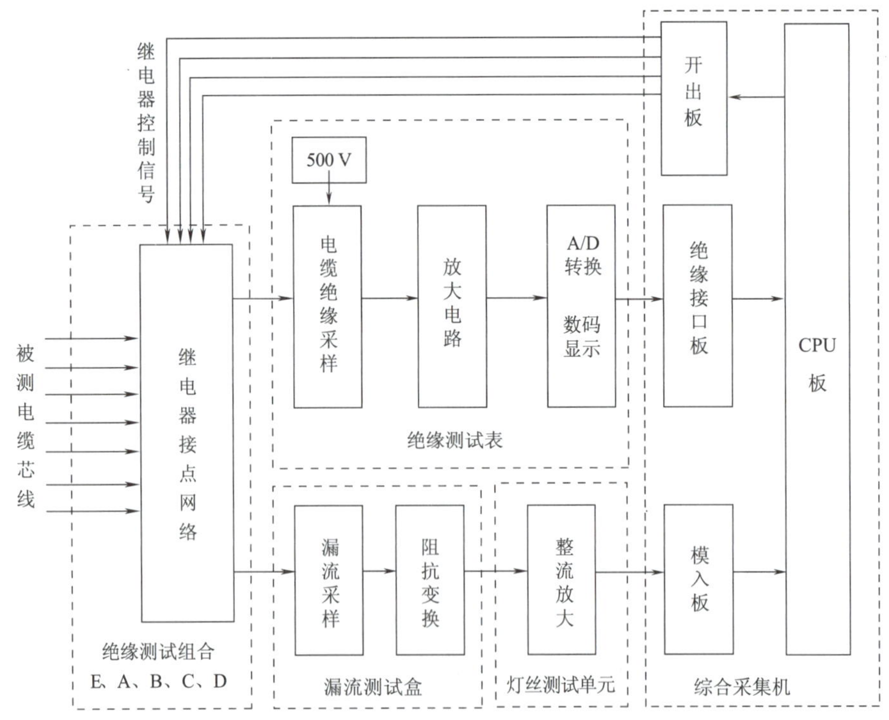

图 4—15　电缆绝缘测试流程图

绝缘转换单元采用 500 V 直流高压在线测试方法，如图 4—16 所示。将 500 V 直流高压加至电缆芯线，把电缆芯线全程对地绝缘电阻 R_x 接入测试回路，R_x 和回路内取样电阻串联，从取样电阻上获得取样电压。R_x 的大小决定回路电流的大小，亦即决定取样电压的大小。再将取样电压量化转换成脉冲信号后送入综合采集机，经选通送至 CPU 进行 A/D 转换和数据处理。

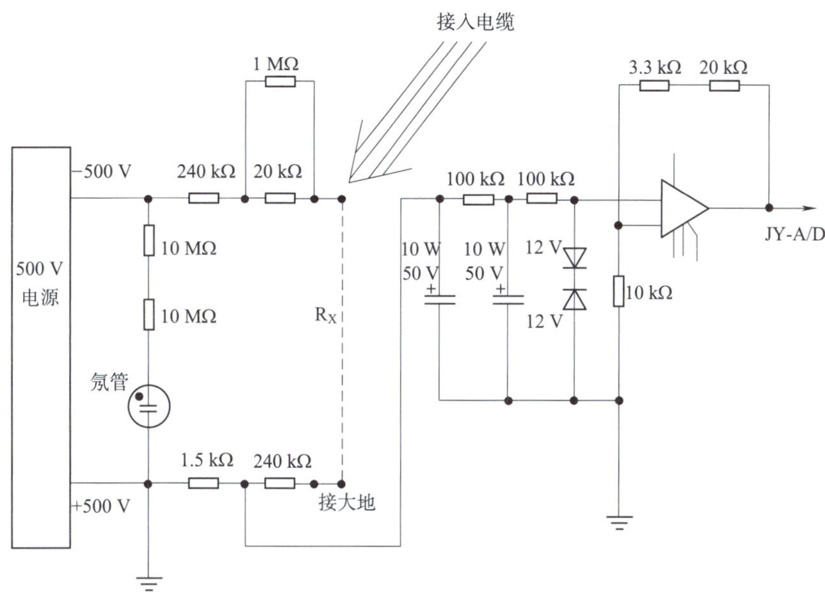

图 4—16　绝缘测试原理图

第八节　电源对地漏泄电流采集设备

电源对地漏泄电流使用绝缘漏流测试组合、开关量输出板及熔断器组合，监测内容为电源屏输出对地漏泄电流。

电源对地漏泄电流测试原理如图 4—17 所示，电源屏电源通过继电器接点网络引入漏流测试盒。

漏流测试盒内的测试电路中串入了保护电阻（1 kΩ）和保护熔丝。

电源屏输出电源有交、直流之分，为了提高测试精度，加装两个继电器，对于不同的电源切换到不同的电路：

- 测交流电源漏流时 JA0 吸起、J90 落下，在 50 Ω 电阻上取样；
- 测直流电源漏流时 JA0 吸起、J90 吸起，在 1 kΩ 电阻上取样。

将取样电压信号量化转换成标准模拟电平，经综合采集机模拟量输入板送至 CPU 进行 A/D 转换和数据处理。

采样路径（如图 4—15）：电源屏输出端子→继电器接点网络→漏流测试盒→灯丝测试单元→模入板。

电源屏输出电源对地漏流的测试电路与电缆绝缘测试共享一套测试继电器组合，只是在电缆绝缘测试继电器组合的基本层（E层），增加两个漏流测试继电器。JA0作为测试电缆绝缘和测试电源漏流的区分条件，J90作为测试交流漏流和直流漏流的区分条件。

漏流测试通常检测电源屏隔离输出的电源电缆，包括信号机电源、轨道电源、道岔动作电源、道岔表示电源、闭塞电源、联锁电源、列控电源、TDCS/CTC电源、CSM电源、电码化电源、稳压备用电源等交直流电源。电源屏输入和不稳压备用为非隔离电源，不测漏流。

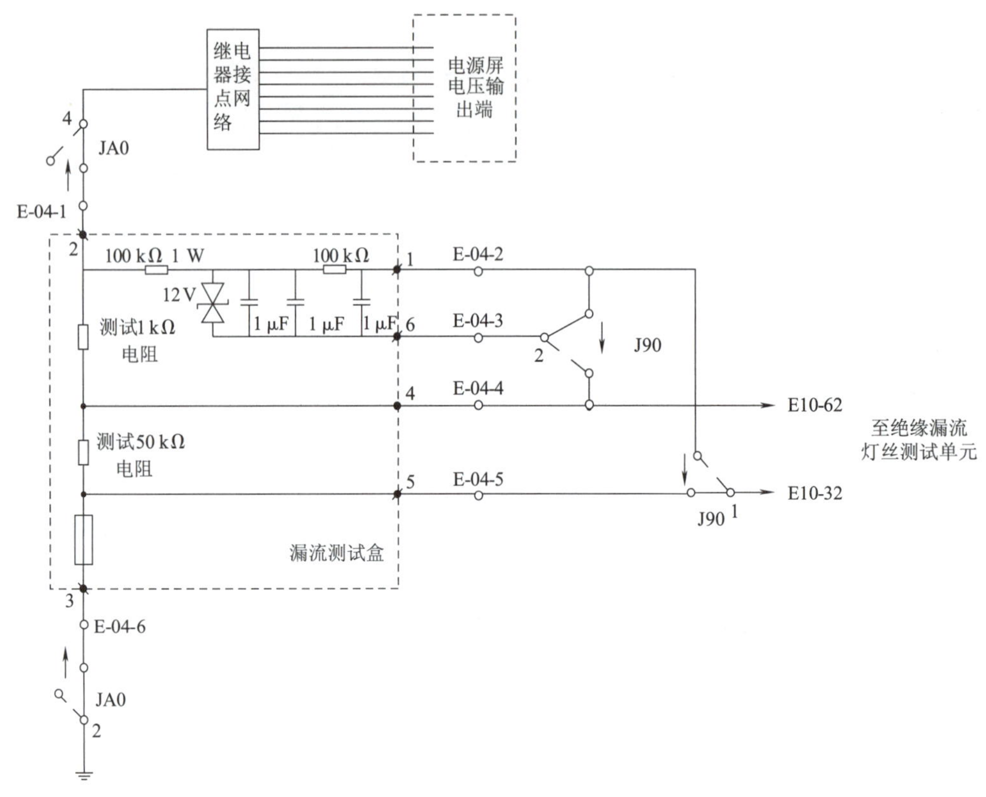

图4—17　电源对地漏泄电流测试原理图

第九节　列车信号机点灯回路电流采集设备

列车信号机点灯回路电流监测使用信号机点灯电流互感器和信号机电流采集单元（机）监测。

CSM采用电流互感器测试点灯回路电流的方案，将DJ的点灯去线穿过电流互感器，在互感器输出两端产生感应电压，采集单元通过测试感应电压得出回路中的电流值。如图4—18所示。

站内及区间信号机电流采集信号点灯电路始端电流，通常选择熔丝至DJ之间点灯回路

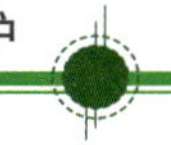

的线缆，或 DJ 输出至后级回路的线缆，通过电流互感器穿芯采集。

采样路径：DJ 电流传输线→信号机电流互感器→CSM 采集单元。

信号机电流采样周期为 500 ms。

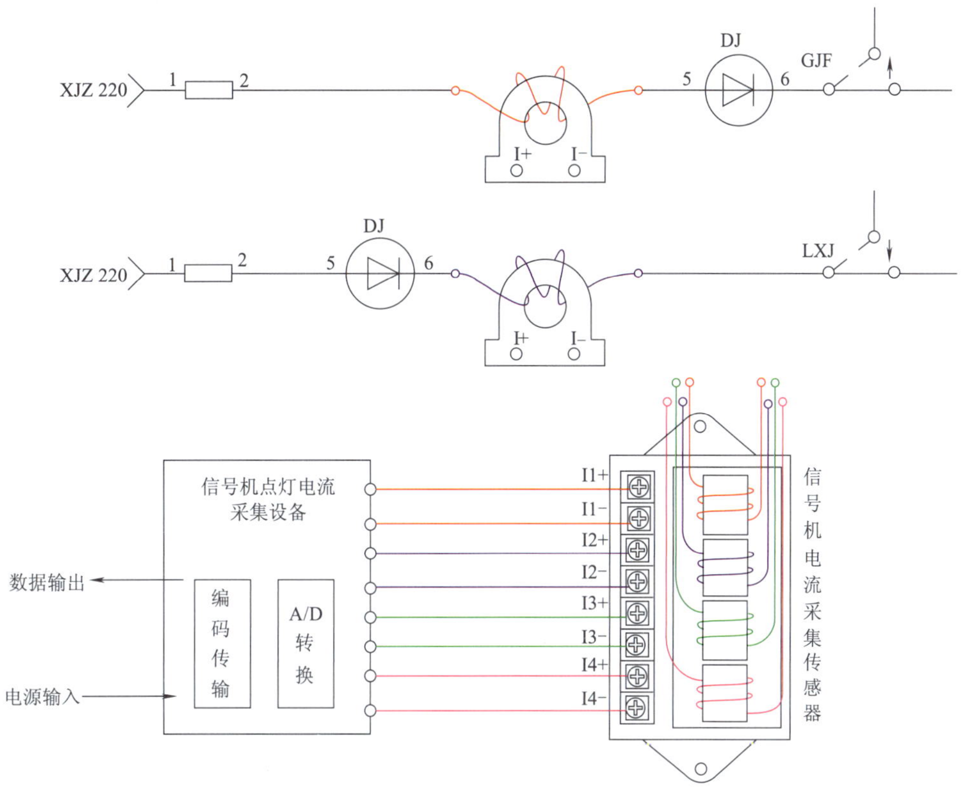

图 4—18 列车信号机点灯回路电流采集原理图

第十节 环境状态采集设备

一、烟雾和明火监测

采用烟雾及明火监测传感器及开入板进行监测。烟雾及火光监测的基本原理是将各烟雾和火光报警器安装在信号设备房的顶部，当检测到有烟雾和火光时，报警器连通内部的报警接点，将报警电源经接点送回 CSM 开关量采集设备，CSM 采样周期为 1 s。

烟雾和明火监测传感器原理分别如图 4—19、图 4—20 所示。

烟雾和明火监测传感器安装在机械室房屋的顶部，如图 4—21 所示，布线用 PVC 管防护，烟雾和明火监测传感器要安装在一起。

烟雾和明火监测传感器电源同是 DC24 V，每处安装位置只需要放一对电源线。两个模块各有一根输出线出来进监测机柜。

对于机械室不是吊顶的情况，也可采用图 4—22 中在组合架上面安装支架的方式，支架是中空的，解决了传感器模块很难在屋顶安装的问题，而且容易走线，但要注意其高度需满足验收的要求。

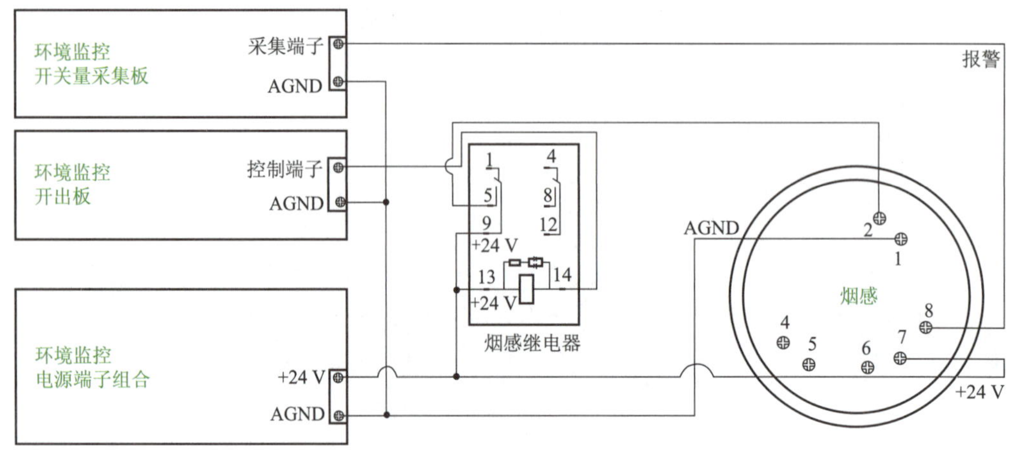

图 4—19　烟雾监测传感器原理图

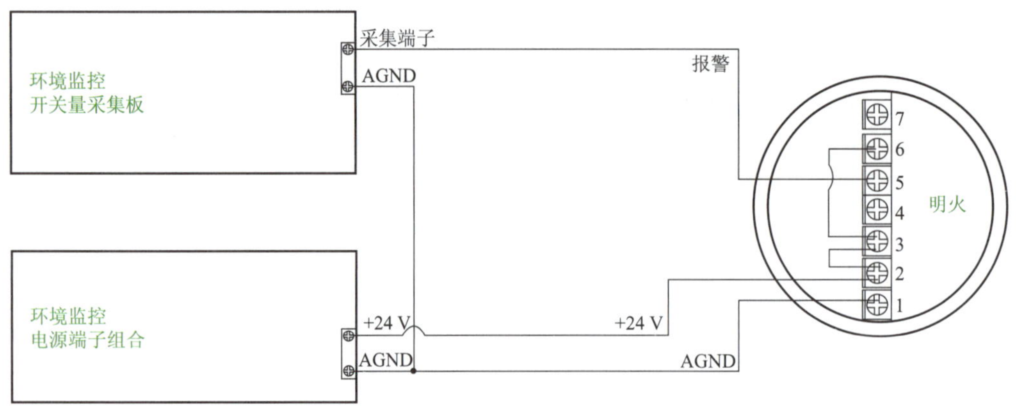

图 4—20　明火监测传感器原理图

图 4—21　烟雾和明火监测传感器安装示意图

图 4—22　烟雾和明火监测传感器支架安装示意图

二、门禁监测

门禁监测采用红外传感器及模入板，在设备机房入口处安装红外门禁传感器，当有人在门禁传感器的感应范围内经过时，传感器上的报警接点连通，将报警电源经接点送回 CSM 开关量采集设备，用于记录报警状态。采样周期为 1 s。红外双鉴传感器原理如图 4—23 所示。

门禁红外传感器没有随带的安装装置，并且底座没有安装孔，现场安装时需要找固定的装置并现场钻孔。

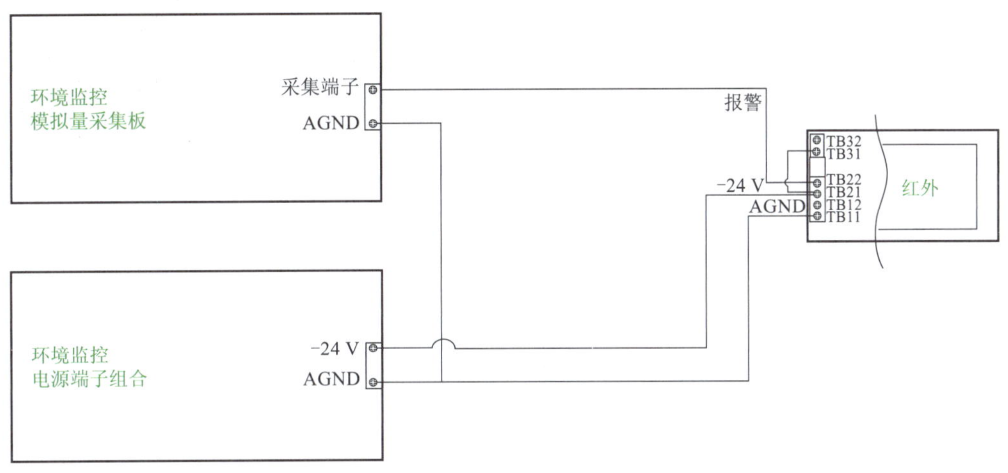

图 4—23　红外双鉴传感器原理图

一般红外探头是安装在进机械室门口的墙上，高度是 2 m 左右。安装在墙上的红外探头布线应进行防护。

如果机械室墙体很难钻孔，并且信号组合架离机械室门口很近，也可以按图 4—24 所示安装固定在正对机械室门的组合架的走线槽上。安装在走线槽上一是方便走线，二是安装固定相对容易。

图 4—24　门禁红外传感器安装示意图

三、温湿度监测

温湿度监测采用温湿度传感器和模入板进行监测。

基于金属导体的电阻值随温度的增加而增加这一特性，温度探头采用热电阻进行温度测量。温度传感器热电阻大都由纯金属材料制成，目前应用最多的是铂和铜。

湿度传感器分为电阻式和电容式两种，产品的基本形式都是在基片涂覆感湿材料形成感湿膜。空气中的水蒸气吸附于感湿材料后，元件的阻抗、介质常数发生变化，从而制成湿敏元件。

CSM 温湿度的监测原理就在温度和湿度探头后部加装采集传感器，将温湿度探头的电阻变化转换成电压模拟量，并送至 CSM 采集模入板上，采样周期为 1 s。

温湿度传感器一个站一般有 2 ~ 3 套，其中信号机械室安装 1 套或 2 套，计算机联锁车站的微机室安装 1 套。

安装时要注意传感器的探头和传感器紧挨着安装，一是探头上的输出线很短，方便接线；二是尽量减少输出线的电阻，提高采集精度。为了准确反应室内的温度和湿度，安装的地点不要靠近发热源。如图 4—25 所示。

图 4—25　温湿度传感器安装示意图

温湿度传感器的工作电源是集中监测机柜综合层隔离电源供出的直流 +12 V、-12 V 和 GND，传感器工作电源线和输出到机柜的采集线可以用 23 × ϕ0. 15 mm 的阻燃塑料软线。

第十一节　防灾异物侵限采集设备

防灾异物侵限监测使用防灾监测采集板，监测内容为防灾异物侵限继电器电压。

防灾异物侵限继电器电压采集室外送回到室内列控 YWJ14 线圈上的电压，通常采集配线点在分线盘对应的端子上。防灾异物侵限继电器电压测试原理如图 4—26 所示。

采样路径：分线盘配线端子→CSM 采集单元。

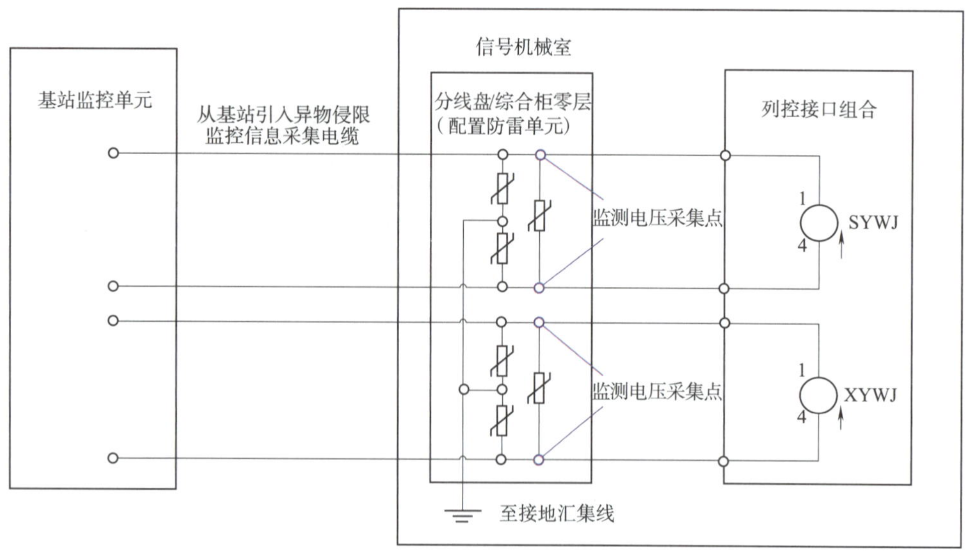

图 4—26　防灾异物侵限继电器电压测试原理图

采用高阻加光电隔离传感器进行隔离采样，采样信号经过调理后变为 CPU 能采集的输入范围，经过处理后通过现场总线上送给站机显示。如图 4—27 所示。

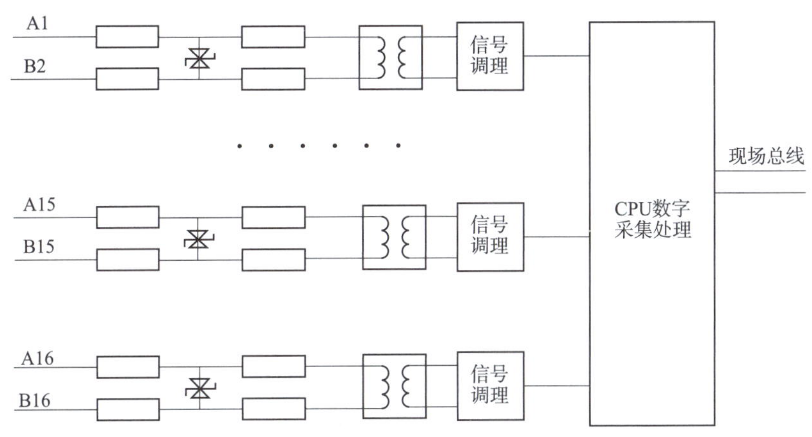

图 4—27　防灾异物侵限继电器电压隔离采样示意图

防灾异物侵限继电器电压的采样周期为 250 ms。

第十二节　采集设备维护及常见故障处理

一、采集机电源

采集机电源有普通开关电源和大功率开关电源。KDYA-103HH04-2.2 为普通开关电源，如图 4—28 所示。KDYA-150HH04-1.2 为大功率开关电源，较 KDYA-103HH04-2.2 普通开关电源宽，主要用于提速道岔采集。

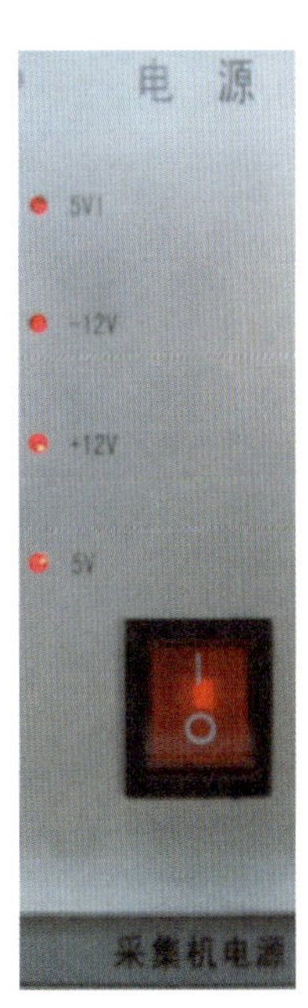

图 4—28　采集机电源（普通开关电源）

可通过电源侧面的标签来判断其型号。

（一）日常维护

正常情况下，12 V 电源的 5 VI、－12 V、＋12 V、5 V 四个灯均亮灯，面板温度接近室内温度。

如果面板突然变得非常热，则可能是该采集机电源故障或将要发生故障；也可能是该采集机输出电源正负极短路造成的，应立即关闭该采集机电源查找原因。

如果采集机电源发生异常，则应更换采集机电源。

（二）案　　例

1. 5 VI 或 5 V 灯不亮，则可能存在以下两种情况：

采集机电源故障：此时，使用该电源供电的所有分机（每块采集板均为一个分机）所监测的内容均显示未知，即不通信。

采集机电源指示灯故障（但电源其他功能工作正常）：此时，使用该电源供电的所有分机（每块采集板均为一个分机）所监测的内容均正常,不影响正常使用。

2. 如果 -7.5 V(-12 V)、+7.5 V(+12 V)灯不亮,则可能存在以下两种情况:

采集机电源故障:此时,使用该电源供电的采集模块所监测的内容均监测不到;

采集机电源指示灯故障(但电源其他功能工作正常):此时,使用该电源供电的所有分机(每块采集板均为一个分机)所监测的内容均正常,不影响正常使用。

3. 如果采集机电源所有灯均灭灯,则检查采集机电源的供电电源是否正常。若正常,则采集机电源坏,需更换。若不正常,则根据配线图纸检查配线。

二、模拟量输入板(图 4—29)

图 4—29　模拟量输入板

正常情况下,面板上的电源灯常亮,工作灯秒闪,主/备灯和故障灯灭灯,收灯、发灯闪烁。每块模入板可监测 48 路模拟量。

电源灯灭灯时,首先查看该采集板所在组合相应的采集机电源是否正常。若采集机电源工作正常,如果其他灯均正常,则是该灯故障,不影响正常使用;如果其他灯灭灯或常亮,则为该采集板故障,需更换。

更换新板卡时请确认:下位机程序已经正确写入该板卡;板卡各短路块跳线与先前跳线一致,即跳为工作模式。

模入板监测内容及对应板卡面膜、板卡名称见表 4—1。

表 4—1　模入板监测内容及对应面膜、板卡名称对应表

监测内容	面膜名称	板卡名称
列车信号机点灯电流	信号机电流	06 模入板 V2.0 /06MRBV2.0

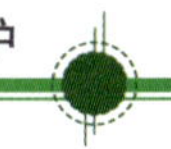

三、绝缘、漏流、灯丝采集板（图 4—30）

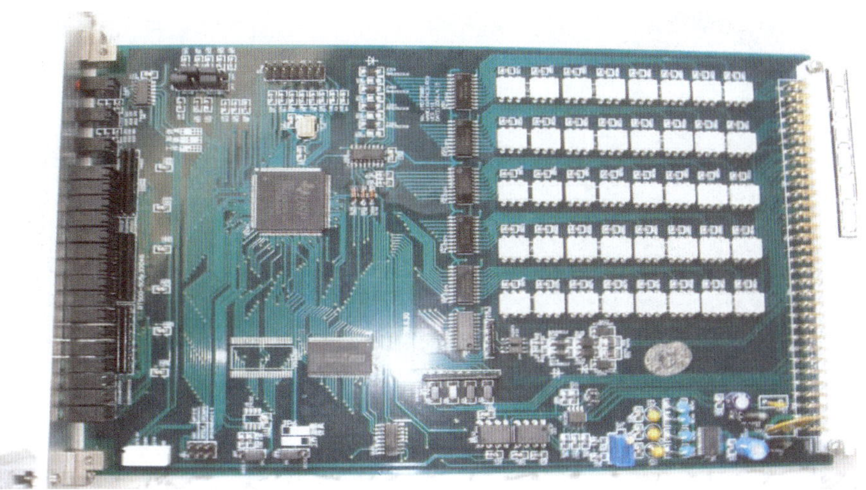

图 4—30　绝缘、漏流、灯丝采集板

正常情况下，面板上的电源灯常亮，工作灯秒闪，主/备灯和故障灯灭灯，收灯、发灯闪烁。修改面板指示灯对应位置：1－16 对应 C1－C16；17－32 对应 A1－A16；14 与 29 位指示灯不显示，为模拟量对应位。指示灯 33－48 未用。

铁路信号集中监测系统中开关量输出板（简称开出板）分为主机与副机两部分。其中主机包括：26 路开出（A 层 9 个继电器、B 层 8 个继电器、E 层 9 个继电器）、1 路模入和 3 路开入量采集（SDSJ、XDSJ、预留）。

每两块开出板可监测 256 路电缆对地绝缘。开出板监测内容及对应板卡面膜、板卡名称见表 4—2。

电源灯灭灯时，首先查看该采集板所在组合相应的采集机电源是否正常。若采集机电源工作正常，如果其他灯均正常，则是该灯故障，不影响正常使用；如果其他灯灭灯或常亮，则为该采集板故障，需更换。

更换新板卡时请确认：下位机程序已经正确写入该板卡；板卡各短路块跳线与先前跳线一致，即跳为工作模式。

表 4—2　开出板监测内容及对应面膜、板卡名称表

监测内容	面膜名称	板卡名称
电缆对地绝缘、电源对地漏泄电流、主灯丝断丝报警	绝缘漏流灯丝	CSM 开出板 V1.0

四、开关量采集板（图 4—31）

正常情况下，面板上的电源灯常亮，工作灯秒闪，主/备灯和故障灯灭灯，收灯、发灯闪烁。1－16 对应于 C1-C16；33－48 对应于 A1-A16 ；17－32 未用。每块开入板可监测 32 路开关量信息。

图 4—31　开关量采集板

电源灯灭灯时,首先查看该采集板所在组合相应的采集机电源是否正常。若采集机电源工作正常,如果其他灯均正常,则是该灯故障,不影响正常使用;如果其他灯灭灯或常亮,则为该采集板故障,需更换。

更换新板卡时请确认:下位机程序已经正确写入该板卡;板卡各短路块跳线与先前跳线一致,即跳为工作模式。

该板监测内容及对应面膜、板卡名称见表 4—3。

表 4—3　开关量板监测内容及对应面膜、板卡名称表

监测内容	面膜名称	板卡名称
熔丝报警开关量	开关量	06 正开入板 V2.0/06KRBV2.0
轨道继电器状态		
站场信息开关量		
其他开关量		

五、普通道岔采集板(图 4—32)

正常情况下,面板上的电源灯常亮,工作灯秒闪,主/备灯和故障灯灭灯,收灯、发灯闪烁。1 ~ 12 灯亮代表相应道岔 1DQJ 状态采集正常(扳动道岔时灭灯),13 ~ 24 灯亮代表相应道岔定位表示灯采集正常,25 ~ 36 灯亮代表相应道岔反位表示灯采集正常。每块直流道岔采集板可监测 16 组普通道岔电机的电流及 16 组道岔的定、反位表示灯信息。

电源灯灭灯时,首先查看该采集板所在组合相应的采集机电源是否正常。若采集机电源工作正常,如果其他灯均正常,则是该灯故障,不影响正常使用;如果其他灯灭灯或常亮,则为该采集板故障,需更换。

更换新板卡时请确认:下位机程序已经正确写入该板卡;板卡各短路块跳线与先前跳线一致,即跳为工作模式。

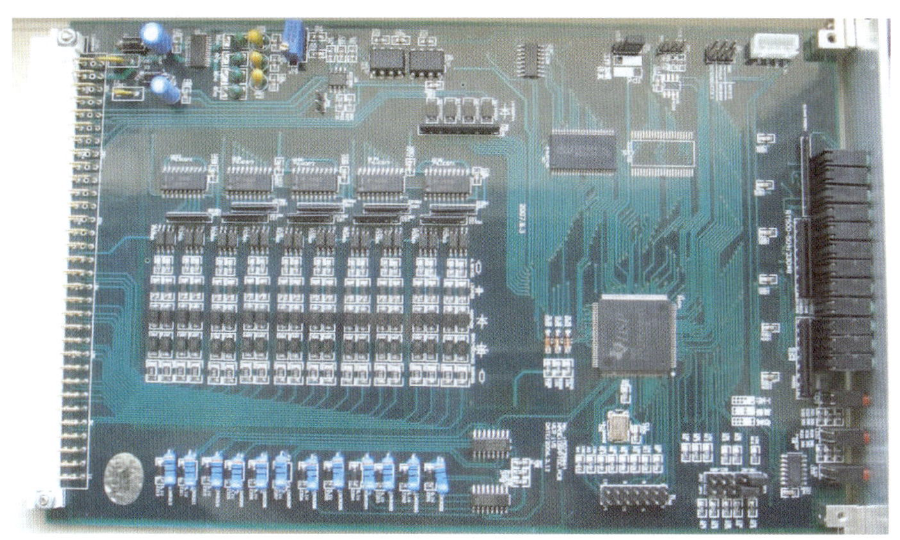

图 4—32 普通道岔采集板

该板监测内容及对应面膜、板卡名称见表 4—4。

表 4—4 普通道岔采集板监测内容及对应面膜、板卡名称表

监测内容	面膜名称	板卡名称
普通道岔的电流曲线、1DQJ 状态、定反位表示状态	普通道岔	06 普通道岔板 V2.0 /06PTDCBV2.0

六、提速道岔采集板(图 4—33)

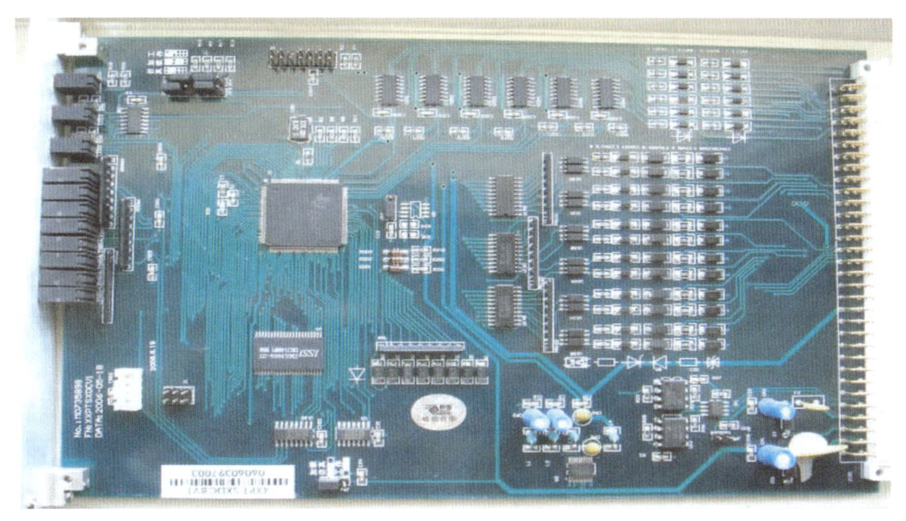

图 4—33 提速道岔采集板

正常情况下，面板上的电源灯常亮，工作灯秒闪，主/备灯和故障灯灭灯，收灯、发灯闪烁。1～4 灯亮代表相应道岔 1DQJ 状态采集正常（扳动道岔时灭灯），9～12 灯亮代表相应道岔定位表示灯采集正常，17～20 灯亮代表相应道岔反位表示灯采集正常。

每块提速道岔采集板可监测 4 组提速道岔电机及 4 组道岔的定、反位表示灯信息。

电源灯灭灯时，首先查看该采集板所在组合相应的采集机电源是否正常。若采集机电源工作正常，如果其他灯均正常，则是该灯故障，不影响正常使用；如果其他灯灭灯或常亮，则为该采集板故障，需更换。

更换新板卡时请确认：下位机程序已经正确写入该板卡；板卡各短路块跳线与先前跳线一致，跳为工作模式。

该板监测内容及对应面膜、板卡名称见表 4—5。

表 4—5　提速道岔采集板监测内容及对应面膜、板卡名称表

监测内容	面膜名称	板卡名称
三相道岔的电流曲线、功率曲线、1DQJ 状态、定反位表示状态	三相道岔	06 交流转辙机电流 V2.0/06JLZZJDLV2.0

七、轨道电压采集板（图 4—34）

图 4—34　轨道电压采集板

正常情况下，面板上的电源灯常亮，工作灯秒闪，主/备灯和故障灯灭灯，收灯、发灯闪烁。每块轨道互感器板可监测 7 路轨道电路电压。

电源灯灭灯时，首先查看该采集板所在组合相应的采集机电源是否正常。若采集机电源工作正常，如果其他灯均正常，则是该灯故障，不影响正常使用；如果其他灯灭灯或常亮，则为该采集板故障，需更换。

更换新板卡时请确认：下位机程序已经正确写入该板卡；板卡各短路块跳线与先前跳线一致，跳为工作模式。

该板板卡面膜为轨道电压，板卡名称为 CSM 轨道互感器板 V1.0。

八、道岔表示电压采集器

道岔表示电压采集器 V1.0，采用继电器封装。

正常情况下，面板上的电源灯常亮，工作灯秒闪，主/备灯和故障灯灭灯，收灯、发灯闪烁。每块道岔表示电压采集器可采集 2 组道岔的 4 路表示电压。

电源灯灭灯时，首先查看该采集器所在组合相应的采集机电源是否正常。若采集机电源工作正常，如果其他灯均正常，则是该灯故障，不影响正常使用；如果其他灯灭灯或常亮，则为该采集板故障，需更换。

更换新采集器时请确认：下位机程序已经正确写入该采集器；采集器各短路块跳线与先前跳线一致，跳为工作模式。

九、采集模块

（一）接点状态采集器（图 4—35）

(a) 实物图

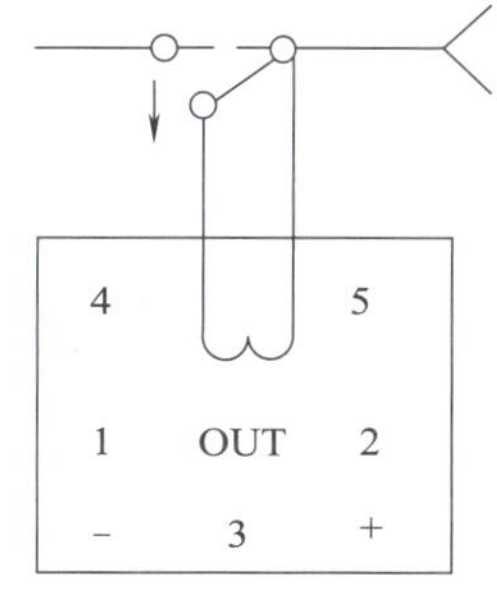

(b) 接线原理图

图 4—35　接点状态采集器

其电源“+”接 +24 V，电源“-”接 12 V 电源的 -24 V，输出 OUT 接至采集板，4 号、5 号端子接至继电器的半组空接点的后接点及中接点。

（二）12 V 开关量状态采集器（图 4—36）

(a) 实物图

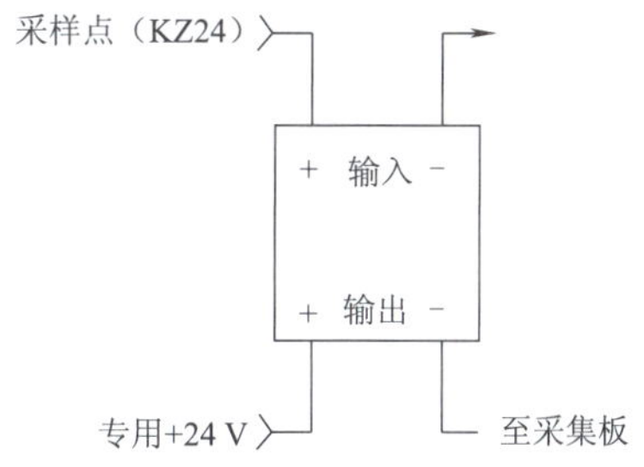

(b) 接线原理图

图 4—36　12 V 开关量状态采集器

其输入“+”接采样点 KZ24，输入“-”接 KF24 环线，输出“+”接监测专用+24 V，输出“-”接至采集板。

(三)普通道岔电流采集模块(图 4—37)

其中+12 V、-12 V 接该道岔采集机所在组合的采集机电源输出的±12 V 电源，OUT 接至采集板相应位置。平时不扳动道岔时，OUT 对该采集机电源的 AGND 无直流电压。当道岔扳动过程中，OUT 对该采集机电源的 AGND 有 0~2 V 直流电压。

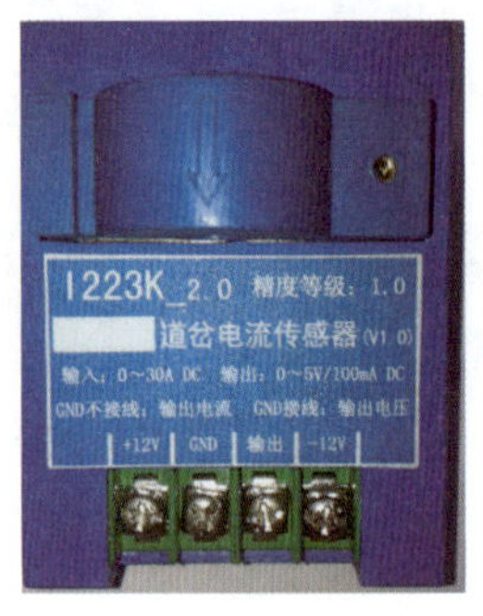

(a) 实物图

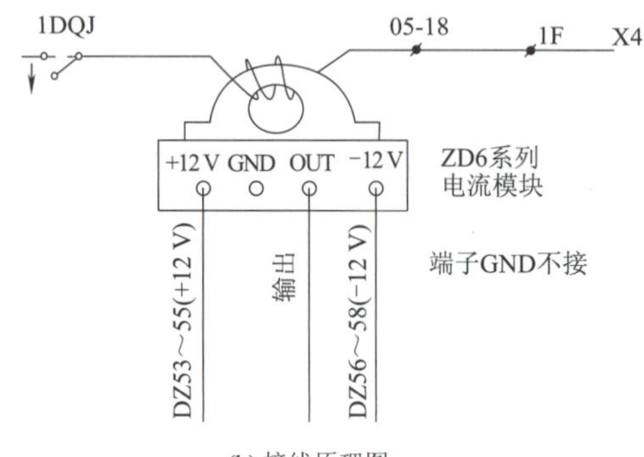

(b) 接线原理图

图 4—37　普通道岔电流采集模块

(四)提速道岔电流采集模块(图 4—38)

(a) 实物图

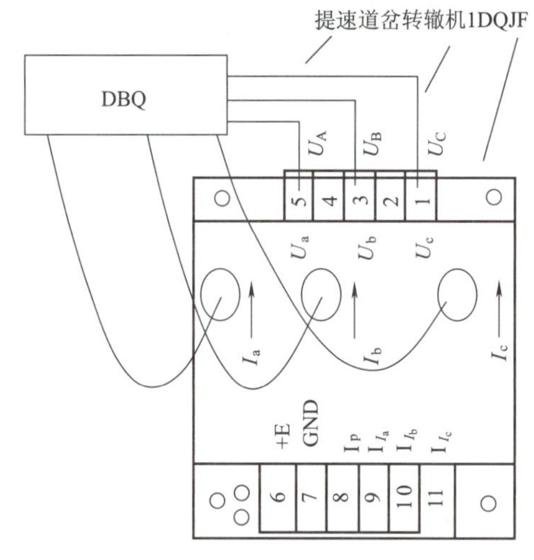

(b) 接线原理图

图 4—38　提速道岔电流采集模块

其中+E、GND 分别接该道岔采集机所在组合的采集机电源输出的+12 V、AGND 电源，1、3、5 分别接该组道岔动作电源的 C 相、B 相、A 相，三个电流穿孔分别对应相应电源的 C 相、B 相、A 相，8、9、10、11 为模块输出，接至采集板相应位置。

(五)灯丝电流采集模块(图 4—39、图 4—40)

其中+12 V、-12 V、AGND 均使用该采集机所在组合的采集机电源的输出电源，a、b 为

模块输出，接至采集板。

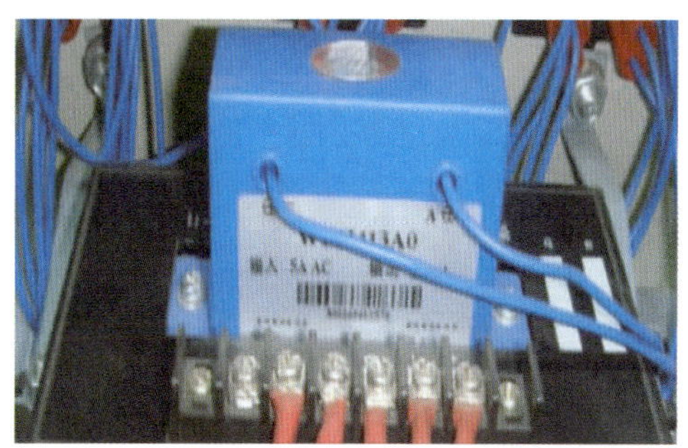

(a) 2X模块实物图

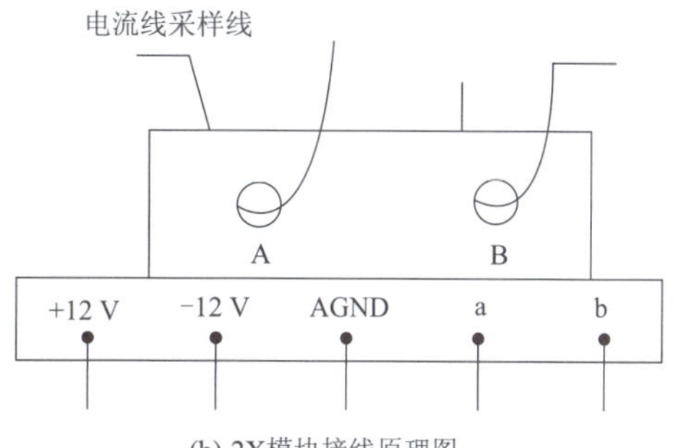

(b) 2X模块接线原理图

图 4—39　灯丝电流采集模块(2X 模块)

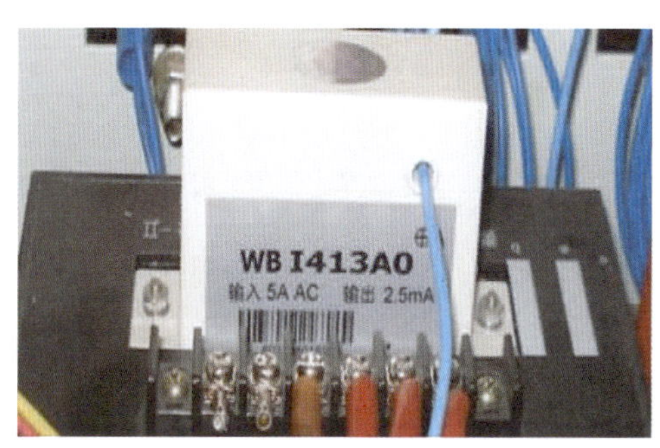

(a) 单孔2X模块实物图

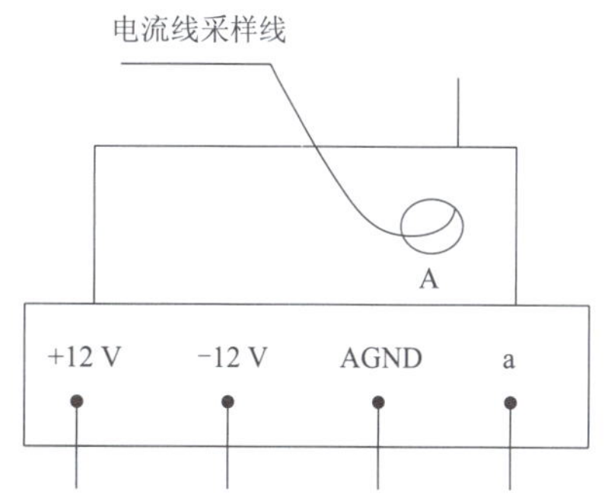

(b) 单孔2X模块接线原理图

图 4—40　灯丝电流采集模块(单孔 2X 模块)

(六)外电网电流采集模块(图 4—41)

对于交流电源电流采集模块，I_g 为输出，接至采集板端子，G 接该采集机电源的地线；模块采集线穿线都有方向性，电流方向与模块上标注的箭头方向一致。

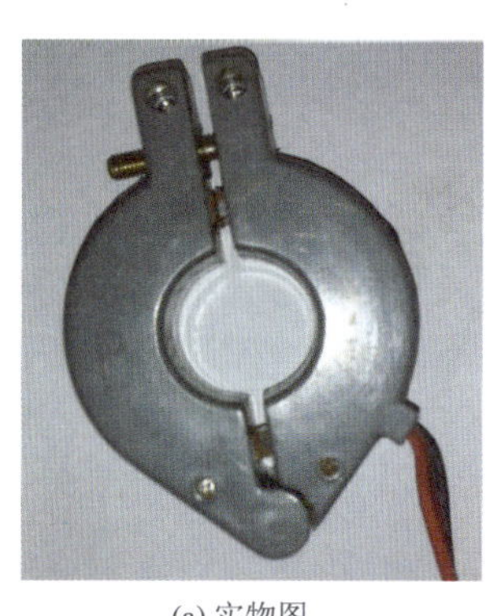

(a) 实物图

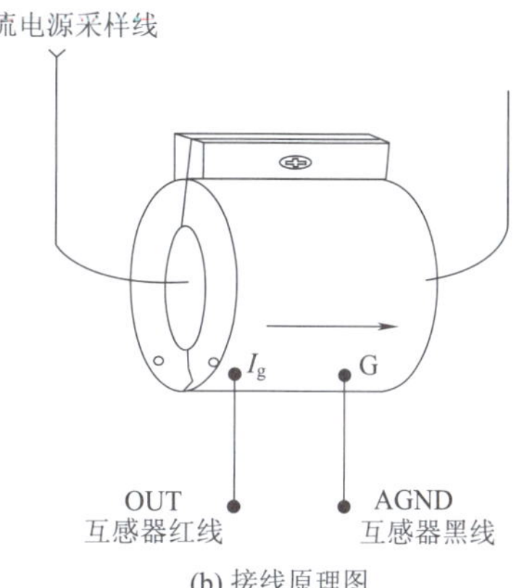

(b) 接线原理图

图 4—41　外电网电流采集模块

十、采集单元

(一)绝缘、漏流、灯丝监测单元(图 4—42)

图 4—42　绝缘、漏流、灯丝监测单元

(二)非恒压 500 V 转换单元(图 4—43)

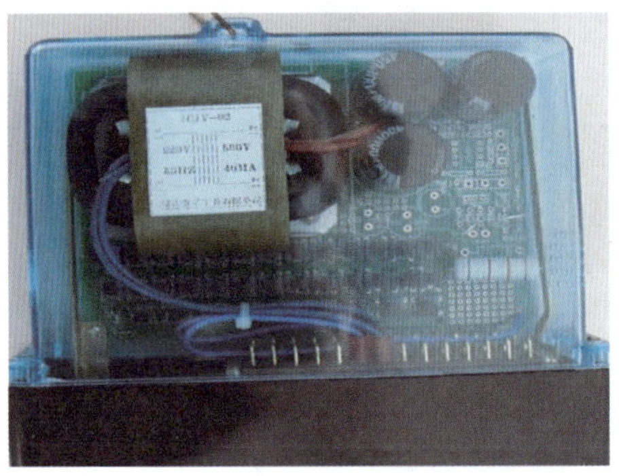

图 4—43　非恒压 500 V 转换单元

第五章　铁路信号集中监测系统与其他系统的接口及维护

CSM 的功能实现是基于车站设备运行的状态数据之上，系统所需要的状态数据除由自身的采集机提供外，还需要从其他系统获取。故 CSM 在设计之初已预留与其他系统的接口，以实现各系统间信息共享。

随着铁路提速工程和高速铁路工程的建设，新型信号设备不断上道应用，根据新型信号设备的不同特性，CSM 在实际的工程应用中扩充了诸多实用的信息接入接口，如图 5—1 所示。除了当前已接入的接口外，CSM 还预留了与 RBC、安全信息网、防灾系统、DMS、道岔融雪系统等的接口。

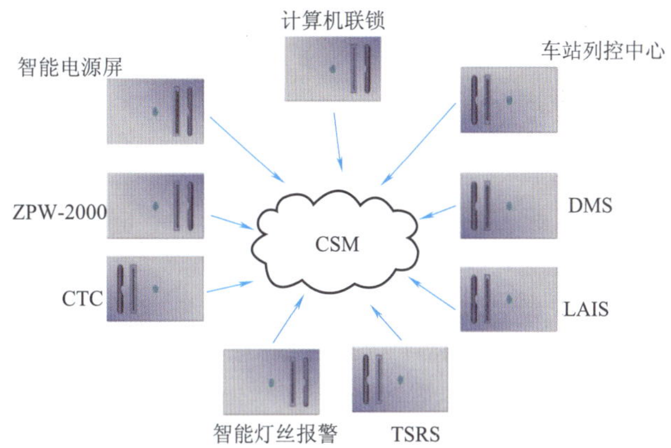

图 5—1　CSM 接口设备示意图

从图 5—1 可以看出，目前与 CSM 接口的系统有计算机联锁系统、分散自律调度集中系统、列控中心系统、ZPW-2000 监测子系统、智能电源屏及智能灯丝报警系统。各系统与 CSM 的物理连接如图 5—2所示。

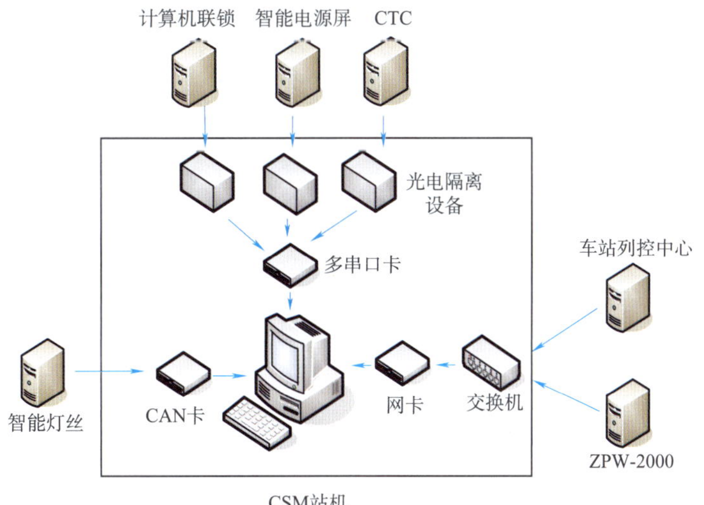

图 5—2　各系统与 CSM 的物理连接图

用户通过 CSM 站机软件可以查看各系统的接口状态,其显示界面如图 5—3 所示。

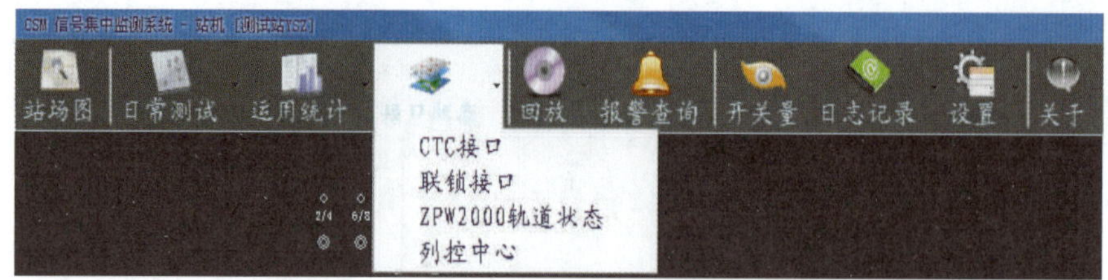

图 5—3　接口状态示意图

第一节　维护预备知识

一、网络维护常识

(一)ping 网络测试工具

ping 是测试网络联接状况以及信息包发送和接收状况非常有用的工具,是网络测试最常用的命令。ping 向目标主机(地址)发送一个回送请求数据包,要求目标主机收到请求后给予答复,从而判断网络的响应时间和本机是否与目标主机(地址)联通。

如果执行 ping 不成功,则可以预测故障可能有:网线故障,网络适配器配置不正确,IP 地址不正确。如果执行 ping 成功而网络仍无法使用,那么问题很可能出在网络系统的软件配置方面,ping 成功只能保证本机与目标主机间存在一条连通的物理路径。

打开 ping 的工作环境:开始→运行→输入“cmd”→回车,会弹出如图 5—4 所示窗口。

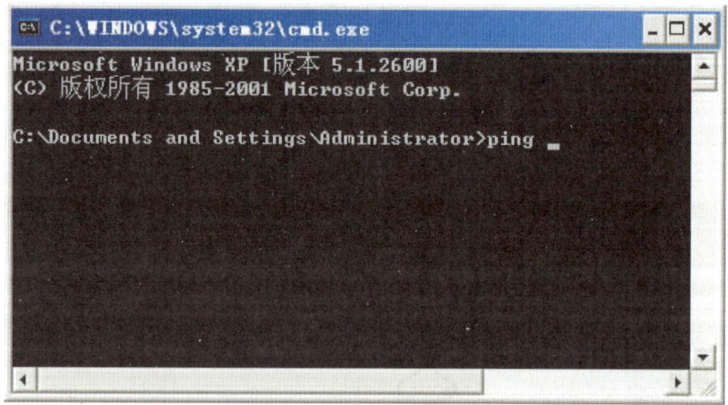

图 5—4　cmd 运行窗口

命令格式:

ping IP 地址或主机名 [-t] [-a] [-n count] [-l size]

参数含义:

-t:不停地向目标主机发送数据;

-a:以 IP 地址格式来显示目标主机的网络地址 ;

－n:count 指定要 ping 多少次,具体次数由 count 来指定 ；

－l:size 指定发送到目标主机的数据包的大小。

当机器不能访问网络,首先确认是否是本地局域网的故障。假定局域网的代理服务器 IP 地址为 202.168.0.1,可以使用 ping202.168.0.1 命令查看本机是否和代理服务器联通。又如,测试本机的网卡是否正确安装的常用命令是 ping 127.0.0.1。

(二)Tracert 网络测试工具

Tracert 命令用来显示数据包到达目标主机所经过的路径,并显示到达每个节点的时间。命令功能同 ping 类似,但它所获得的信息要比 ping 命令详细得多,它把数据包所走的全部路径、节点的 IP 以及时间都显示出来。该命令比较适用于大型网络。

命令格式:

tracert IP 地址或主机名 [－d][－h maximumhops][－j host_list] [－w timeout]

参数含义:

－d:不解析目标主机的名字;

－h:maximum_hops 指定搜索到目标地址的最大跳跃数;

－j:host_list 按照主机列表中的地址释放源路由;

－w:timeout 指定超时时间间隔,程序默认的时间单位是毫秒。

例如,了解自己的计算机与目标主机 www.cce.com.cn 之间详细的传输路径信息,可以在 MS－DOS 方式输入 tracert http://www.cce.com.cn。

如果在 Tracert 命令后面加上一些参数,还可以检测到其他更详细的信息,例如使用参数－d,可以指定程序在跟踪主机的路径信息时,同时也解析目标主机的域名。

(三)Netstat 网络测试工具

Netstat 命令可以帮助网络管理员了解网络的整体使用情况。它可以显示当前正在活动的网络连接的详细信息,例如显示网络连接、路由表和网络接口信息,可以统计目前总共有哪些网络连接正在运行。

利用命令参数,命令可以显示所有协议的使用状态,这些协议包括 TCP 协议、UDP 协议以及 IP 协议等,另外还可以选择特定的协议并查看其具体信息,还能显示所有主机的端口号以及当前主机的详细路由信息。

命令格式:

netstat [－r] [－s] [－n] [－a]

参数含义:

－r:显示本机路由表的内容;

－s:显示每个协议的使用状态(包括 TCP 协议、UDP 协议、IP 协议);

－n:以数字表格形式显示地址和端口;

－a:显示所有主机的端口号。

二、CAN 维护常识

(一)CAN 通信介绍

CAN(Controller Area Network)是控制器局域网的简称,是德国 Bosch 公司在 1986 年为

解决现代汽车中众多测量控制部件之间的数据交换而开发的一种串行数据通信总线，现已被列入 ISO 国际标准 ISO11898。最初为汽车测控数据通信而设计的 CAN，现已被广泛用于航天、电力、石化、冶金、纺织、造纸、仓储等行业，用于火车、轮船、机器人、楼宇自控、医疗器械、数控机床、智能传感器、过程自动化仪表等的通信。

（二）CAN 特性

（1）CAN 网络上的节点不分主从，任一节点均可在任意时刻主动地向网络上其他节点发送信息，通信方式灵活。

（2）CAN 采用非破坏性的总线仲裁技术。CAN 网络上的节点具有不同的优先级，当多个节点同时向总线发送信息时，优先级较低的节点会主动地退出发送，而最高优先级的节点可不受影响地继续传输数据，从而节省了总线冲突的仲裁时间。

（3）可满足对实时性的不同要求，高优先级的数据可在 134 μs 内得到传输。通过报文滤波可实现点对点、一点对多点及全局广播等几种方式收发数据，无需专门的“调度”。

（4）CAN 的直接通信距离最远可达 10 km（速率 5 kbit/s 以下）；通信速率最高可达 1 Mbit/s（此时通信距离最长为 40 m）。

（5）CAN 总线上的节点数决定于总线驱动电路，一般可达 110 个。另外若 CAN 卡采用的总线收发器不同，其节点数量也不同。如：采用 82C250 支持最大节点数为 110 个，采用 SN65HVD251P 支持最大节点数为 120 个。

（6）报文标识符：CAN2.0A 为 2032 种，CAN2.0B 扩展帧的报文标识符几乎不受限制。

（7）CAN 为短帧结构，传输时间短，受干扰概率低。

（8）CAN 节点具有良好的检错功能，出错率低，节点中均有错误检测、标定和自检能力。具有发送自检、循环冗余校验、位填充、报文格式检查等功能。

（9）CAN 节点在错误严重的情况下具有自动关闭输出功能，以使总线上其他节点的操作不受影响。

（10）CAN 的通信介质可为双绞线、同轴电缆或光纤，选择灵活。

（11）CAN 器件可被置于无任何内部活动的睡眠方式，相当于未连接到总线驱动器，可降低系统功耗，其睡眠状态可借助总线激活或者系统的内部条件被唤醒。

（三）常见 CAN 通信问题处理

1. CAN 环线错误

CAN 环线正确接法：CANH 接 7，CANL 接 2；其余接法均为错误接法。如图 5—5 所示。

2. CAN 通信时通时断

（1）CAN 通信线过长，未使用双绞线；使用屏蔽线时未单端接地。

（2）CAN 驱动与站机程序不匹配。

（3）CAN 节点过多。

（4）CAN 环线网络结构为并联型，CAN 总线电阻不匹配。

（5）其他 CAN 通信设备干扰，如：灯丝断丝、道岔缺口采集机。

（6）采集板短路块没有全部去掉。

3. CAN 通信异常

（1）工控机问题影响 CAN 通信：某新站调试时发现 CAN 不通信，通过更换设备排除下

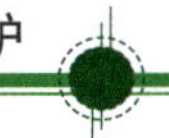

位机、CAN 卡、主板等，最终确定工控机底板存在问题，更换后 CAN 通信正常。

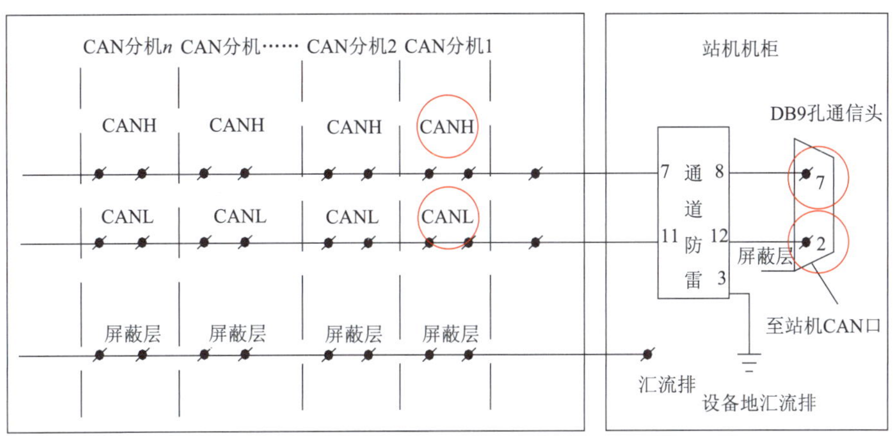

图 5—5　CAN 网环线示意图

(2)疑似 CAN 卡与工控机接触问题影响 CAN 通信：某站原本 CAN 通信正常，却突然出现只有博瑞特灯丝报警主机通信，其余 CAN 节点通信全部中断的问题。最后通过插拔 CAN 卡解决。

(3)道岔表示采集器通信异常：某新建站点，已调试完毕，在联调联试期间发现大部分道岔表示采集器通信中断，经到站上查看发现施工人员在更换道岔表示采集器底座上的直拉簧时把道岔表示采集器全部拔掉，恢复时未按照原先顺序安装到位导致。

(4)外电网通信异常：某中继站外电网出现通信中断，仅通过开关外电网电源开关后通信恢复。

(5)某站安装周立功 CAN 卡，其中一 CAN 口环接各采集板卡和外电网监测单元，另一 CAN 口仅环接道岔表示采集器。站点调试时出现问题：当三鼎灯丝报警主机环接至外电网监测单元时此口所有 CAN 节点通信中断，环接至道岔表示采集器时各 CAN 节点通信正常。

(6)部分采集机通信正常，部分采集机不通信，组合内部 CAN 高、CAN 低互相交叉，采集机电源 5 V 未供到总线板。

(7)板卡 JP5 短路块未拔掉导致 CAN 通信异常。对于已经开通一段时间的站点，若电务段反应某站 CAN 通信时通时断，可首先询问是否更换板卡，因为电务段容易忘记将板卡 JP5 短路块拔掉。

三、串口维护常识

串口即串行接口，现在的 PC 机一般有两个串行口 COM 1 和 COM 2 。串行口不同于并行口之处在于它的数据和控制信息是一位接一位地传送出去的。虽然这样速度会慢一些，但传送距离较并行口更长，因此若要进行较长距离的通信时，应使用串行口。通常 COM 1 使用的是 D 型 9 针连接器，也称之为 RS-232 接口，而 COM 2 有的使用的是老式的 DB25 针连接器，也称之为 RS-422 接口，不过目前已经很少使用。如图 5—6 所示。

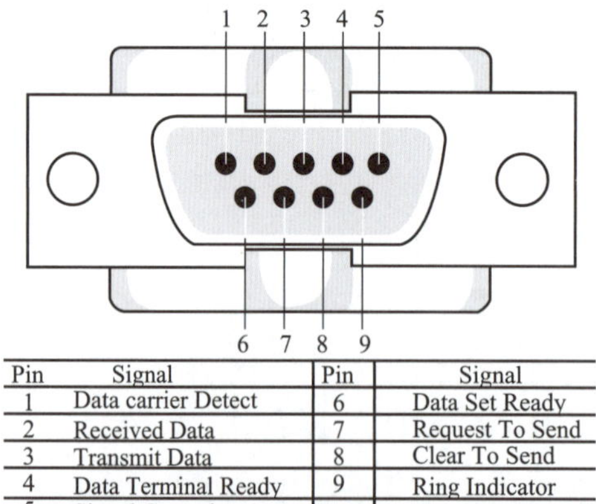

Pin	Signal	Pin	Signal
1	Data carrier Detect	6	Data Set Ready
2	Received Data	7	Request To Send
3	Transmit Data	8	Clear To Send
4	Data Terminal Ready	9	Ring Indicator
5	Signal Ground		

(a) D型9针连接器

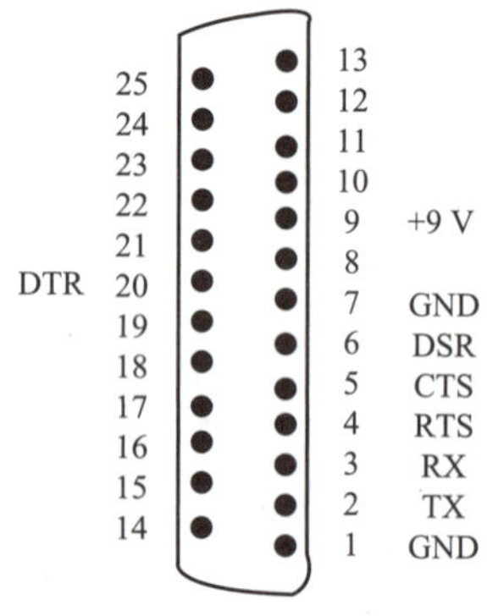

(b) DB25针连接器(即RS-422)

图 5—6 RS-232 连接器示意图

串行端口(Serial port),或称串列埠、序列埠、串口,主要用于串列式逐位元数据传输。常见的为一般电脑应用的 RS-232(使用 25 针或 9 针连接器),工业电脑应用的半双工 RS-485 与全双工 RS-422。

串口按电气标准及协议来分包括 RS-232-C、RS-422、RS-485、USB 等。RS-232-C、RS-422 与 RS-485 标准只对接口的电气特性作出规定,不涉及接外挂程式、电缆或协议。USB 是近几年发展起来的新型接口标准,主要应用于高速数据传输领域。

RS-232-C:也称标准串口,是目前最常用的一种串行通信接口。在 1970 年由美国电子工业协会(EIA)联合贝尔系统、调制解调器厂家及计算机终端生产厂家共同制定的用于串行通信的标准。它的全名是“数据终端设备(DTE)和数据通信设备(DCE)之间串行二进制数据交换接口技术标准”。传统的 RS-232-C 接口标准有 22 根线,采用标准 25 芯 D 型插头座。后来的 PC 上使用简化的 9 芯 D 型插座。现在应用中 25 芯插头座已很少采用。

RS-422:为改进 RS-232 通信距离短、速率低的缺点,RS-422 定义了一种平衡通信接口,将传输速率提高到 10 Mbit/s,传输距离延长到约 1 219 m(速率低于 100 kbit/s 时),并允许在一条平衡总线上连接最多 10 个接收器。RS-422 是一种单机发送、多机接收的单向、平衡传输规范,被命名为 TIA/EIA-422-A 标准。

RS-485:为扩展应用范围,EIA 又于 1983 年在 RS-422 基础上制定了 RS-485 标准,增加了多点、双向通信能力,即允许多个发送器连接到同一条总线上,同时增加了发送器的驱动能力和冲突保护特性,扩展了总线共模范围,后命名为 TIA/EIA-485-A 标准。

四、系统维护注意事项

对信号设备进行维护时,必须遵守相关的规章制度,对有可能影响行车安全的维护必须在天窗点内进行,设备维护完毕后,必须保证被维护设备能够正常工作,并且其他相关联的设备也必须能正常工作。

对信号设备的软件部分进行维护时,需要做好相应的备份,以备需要时恢复到原来的状态。

第二节　与计算机联锁系统的接口

计算机联锁系统是以信号机、转辙机和轨道电路作为室外三大基础设备，以电子设备实现联锁运算功能，采取集中控制方式对信号机和道岔进行控制的系统。

一、接口原理

(一)接口方式

计算机联锁系统与 CSM 的接口是通过计算机联锁系统的电务维修机与 CSM 站机交互实现的。两者之间采用 RS-422 或者 RS-485 串口通信，通信的双方均增加光电隔离及防病毒措施，设备连接如图 5—7 所示。由电务维修机定时向 CSM 站机发送联锁设备状态数据，CSM 单向接收数据。

(二)数据传输内容

电务维修机的数据采样周期不大于 150 ms，当站场开关量信息发生变化时电务维修机会自动存储变化的信息并及时向 CSM 发送，与 CSM 的通信周期不大于 1 s。CSM 将接收的数据处理后复示显示。

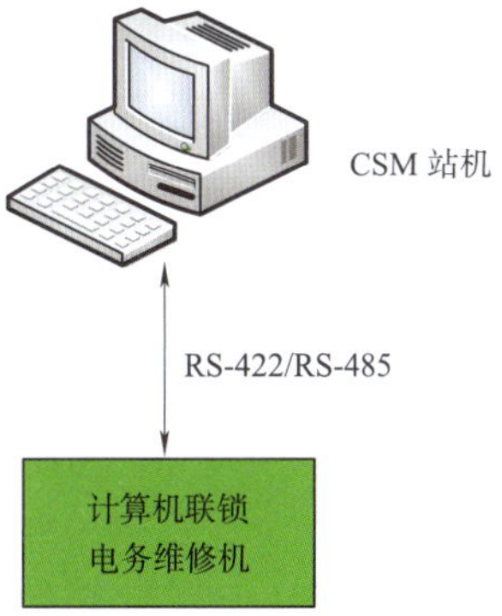

CSM 可从计算机联锁系统的电务维修终端获取含轨道区段、道岔、信号机、其他按钮、报警信息、其他表示灯及设备状态等信息。

图 5—7　与计算机联锁系统的接口方式

1. 轨道区段信息：包括轨道区段占用状态、轨道区段锁闭状态和轨道区段空闲状态。

2. 道岔信息：包括道岔定位和反位表示，道岔总定位、总反位状态，道岔引导总锁闭状态，道岔单解、单操、单封状态，以及道岔心轨和尖轨单操状态。

3. 信号机信息：各种信号显示，包括绿灯、红灯、黄灯、引导白灯、双绿灯、绿黄灯、双黄灯、黄闪黄以及灭灯显示；调车信号机的白灯、蓝灯、白闪、红闪、黄闪、绿闪及断丝闪灯的显示。

4. 其他按钮状态信息：控制台上总人解按钮、总取消按钮、事故解锁按钮、按钮单封(戴帽)状态、故障通知按钮的状态信息；列车按钮，调车按钮、灭灯按钮的状态信息以及接车辅助、发车辅助、总辅助、允许改方(或允许反向)等按钮的状态信息。

5. 报警信息：

(1)站场信息报警：包括轨道停电报警、挤岔报警、主灯丝断丝报警、熔丝报警及移频报警。

(2)计算机联锁系统自身故障报警：包括计算机联锁系统控显机故障报警、输入板故障报警、CPU 板故障报警、输出板故障报警、主机和备机故障报警。

(3)计算机联锁系统与其他系统的通信故障报警：包括计算机联锁系统与列控中心系统、TDCS/CTC 系统通信故障报警等。

6. 其他表示灯显示信息：控制台主电源灯、副电源灯；区间监督灯、接车表示灯、发车表示灯；自律模式、允许转为自控以及非常站控表示灯等。

CSM 接收到上述数据后进行实时处理，并以站场图的形式直观、及时地向电务维护人员提供准确、可靠和丰富的设备运行状态显示。

除了接收计算机联锁系统传输的信号设备基础数据，CSM 还可对计算机联锁系统自身的工作状态进行监视和记录，其显示界面如图 5—8 所示。

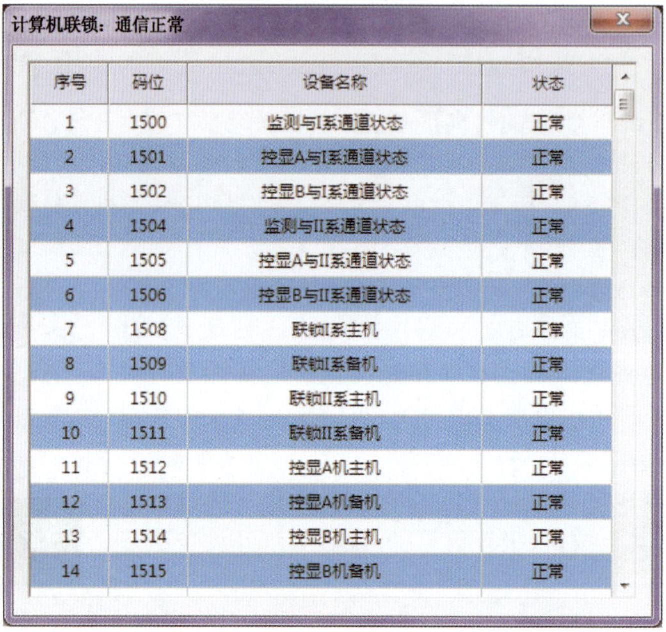

计算机联锁：通信正常

序号	码位	设备名称	状态
1	1500	监测与I系通道状态	正常
2	1501	控显A与I系通道状态	正常
3	1502	控显B与I系通道状态	正常
4	1504	监测与II系通道状态	正常
5	1505	控显A与II系通道状态	正常
6	1506	控显B与II系通道状态	正常
7	1508	联锁I系主机	正常
8	1509	联锁I系备机	正常
9	1510	联锁II系主机	正常
10	1511	联锁II系备机	正常
11	1512	控显A机主机	正常
12	1513	控显A机备机	正常
13	1514	控显B机主机	正常
14	1515	控显B机备机	正常

图 5—8　联锁设备接口状态图

可从对话框中查看计算机联锁系统自身设备的工作状态，包括计算机联锁系统自身硬件板卡的状态、计算机联锁系统 A/B 机状态、计算机联锁系统主备机同步状态，以及计算机联锁系统与 CSM 的通信状态、计算机联锁系统与列控中心系统的通信状态、计算机联锁系统与 CTC 系统的通信状态等。

(三)数据通信

由计算机联锁系统的电务维修机单向发送，CSM 接收。CSM 站机将接收到的计算机联锁系统维护终端传送的信息，进行实时处理，真实反映计算机联锁系统获取的车站设备状态及计算机联锁设备的报警信息，并显示计算机联锁系统与其他系统连接状态，发现故障及时以声光报警方式提醒用户。

二、接口维护

计算机联锁系统接口常见故障及维护方法如下：

1. 故障现象：出现计算机联锁系统维护报警。

维护方法：查看计算机联锁系统维护机是否也出现了此报警，如果有则按照计算机联锁系统的维护方法对计算机联锁系统进行维护；如果没有则核对计算机联锁系统和集中监测

的码位表是否一致。如果不一致,则需更改码位表使其一致;如果一致,请联系监测厂家,由厂家协助处理。

2. 故障现象:

(1)界面中站内信息出现大面积无状态,关键状态丢信息或信息滞后。

(2)联锁系统连接中断。

(3)联锁系统故障时,监测系统没有进行报警。

(4)出现联锁接口通信报警。

原因分析:正常情况下,工程调试人员将计算机联锁接口调试正常后才交付现场使用,在设备正常运用过程中出现故障,可能性比较大的原因是软件出现异常或者设置的更改引起的问题,最后才是物理连接问题。

处理步骤:

(1)确认是否有人动过设备。如果有人更改过网络配置、接口配置或者硬件设备,先恢复原状,观察故障是否排除,否则进入下一步。

(2)检查计算机联锁维护终端是否正常。是否出现死机、弹框等异常现象,如果出现这些现象,根据相关制度和说明重新启动计算机联锁维护终端后,观察故障是否排除,否则进入下一步。

(3)重启 CSM 程序。观察故障是否排除,否则进入下一步。

(4)检查物理通道是否正常。

①检查接线是否松脱或接触不良,如果接线松脱需要重新固定焊接。

②检查接线是否中断,如果接线中断,需要重新更换接线。

③如果传输距离过长(接近或超过 100 m),检查两端 120 Ω 匹配电阻是否正常。

④检查光电隔离设备是否正常:在联锁电务维修机、物理通道都正常后,可更换光电隔离设备,看信息是否正常。

通道确认无故障后,观察故障是否排除,否则进入下一步。

(5)经过上面的步骤,故障还是无法排除请联系监测厂家,由厂家协助处理。

第三节 与车站列控中心系统的接口

车站列控中心系统是确保行车安全的信号系统。该系统车载设备利用地面提供的线路信息、前车(目标)距离和进路状态,自动生成列车允许速度控制模式曲线,并根据模式曲线进行控车。

一、接口原理

(一)接口方式

车站列控中心系统与 CSM 的接口是通过列控中心维护终端与 CSM 站机交互实现的。维护终端与 CSM 站机之间数据传输采用 TCP 协议。定义列控中心维护终端为服务端,CSM 站机为客户端。维护终端与 CSM 站机间按 500 ~ 1000 ms 固定周期交互数据。双方的 IP 地址设定按照 CSM 网络分配原则统一分配,TCP 连接端口号设置为 5555。列控中心维护终端与 CSM 站机之间采用 RJ45 通信,连接电缆采用超五类网线。列控中心维护终端接入 CSM

网络的结构如图 5—9 所示。

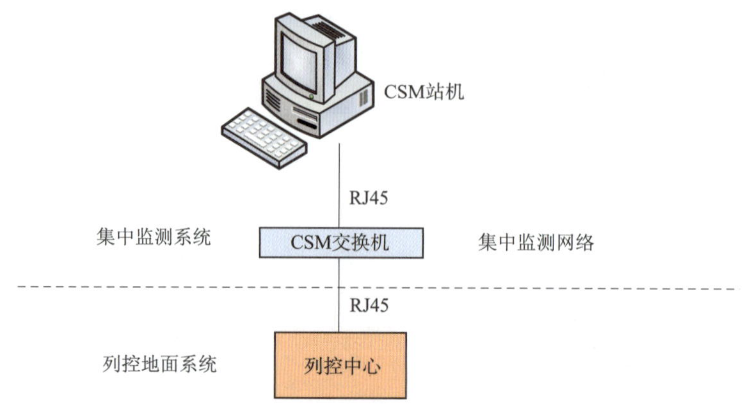

图 5—9　与车站列控中心系统的接口方式

(二)数据传输内容

车站列控中心维护终端与 CSM 站机间数据通信采用统一的数据帧格式。列控中心的维护终端向 CSM 站机提供全体列控地面子系统设备监测数据服务，一方面为 CSM 提供列控中心系统的维护信息，另一方面在客运专线监测中为 CSM 提供区间状态信息（区间信号状态、区间区段状态）。

用户可以在 CSM 站机软件中观察车站设备的编码信息，对列控中心自身工作状态进行监视和记录。

1. 列控平台设备工作状态和系统通信接口状态

此类状态包括各类硬件板卡的工作状态、TCC 与各子系统（比如联锁系统、CTC、TSRS 系统、邻站 TCC）之间通信的接口状态，其显示界面如图 5—10 所示。

主机硬件状态

类型　主机硬件状态

序号	类型	设备名称	A机(主机)	B机(备机)
1	主板状态	电源板IPU6	正常	正常
2	主板状态	CPU板IF486-4	正常	正常
3	主板状态	CPU板DID	正常	正常
4	主板状态	通信扩展板FSIO(1)	正常	正常
5	主板状态	通信扩展板FIO7	正常	正常
6	主板状态	通信扩展板FSIO(2)	正常	正常
7	主板状态	通信扩展板EXTF FIO7	正常	正常
8	主板状态	CAN扩展板CANIF	正常	正常
9	主板状态	CAN扩展板CANIO	正常	正常
10	主板状态	LAN扩展板VHSC6(1)	正常	正常
11	主板状态	LAN扩展板HSC-SUB6_1	正常	正常
12	主板状态	LAN扩展板VHSC6(2)	正常	正常
13	主板状态	LAN扩展板HSC-SUB6_2	正常	正常
14	周边故障状态	MM-NET周边故障状态	正常	正常
15	周边故障状态	ET回线5周边故障状态	正常	正常
16	周边故障状态	ET回线4周边故障状态	正常	正常
17	周边故障状态	ET回线3周边故障状态	正常	正常
18	周边故障状态	ET回线2周边故障状态	正常	正常
19	周边故障状态	ET回线1周边故障状态	正常	正常
20	周边故障状态	系间传送周边故障状态	正常	正常
21	周边故障状态	125M LAN周边故障状态	正常	正常

导出　打印　关闭

图 5—10　车站列控中心主机硬件状态接口图

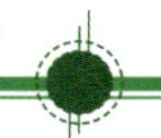

2. 车站列控中心业务数据流信息

此类信息包括联锁系统传输的进路信息、改变方向以及信号降级信息，其显示界面如图 5—11所示。还包括 CTC/TSRS 接口临时限速信息、邻站 TCC 边界设置信息、改变方向的信息，其显示界面如图 5—12 所示。还包括车站区间区段空闲和区段占用的码位信息，区间线路方向状态、车站内区段方向状态以及灾害防护继电器状态的显示信息，区间信号机红灯、绿灯、黄灯、绿黄灯及灭灯信息。

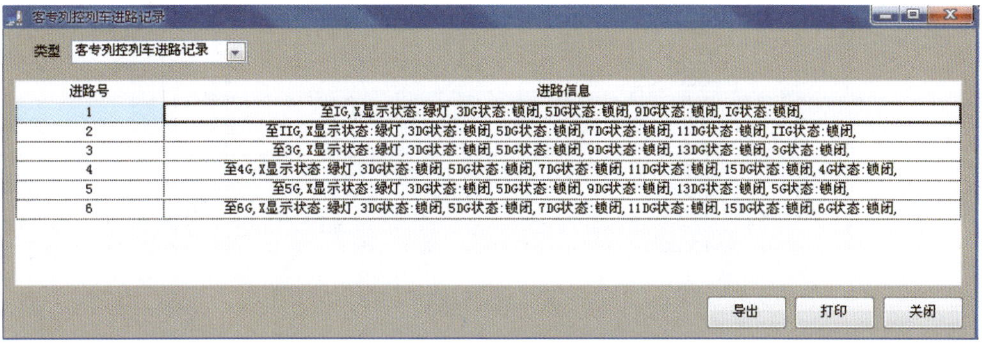

客专列控列车进路记录

类型　客专列控列车进路记录

进路号	进路信息
1	至IG,X显示状态:绿灯,3DG状态:锁闭,5DG状态:锁闭,9DG状态:锁闭,IG状态:锁闭,
2	至IIG,X显示状态:绿灯,3DG状态:锁闭,5DG状态:锁闭,7DG状态:锁闭,11DG状态:锁闭,IIG状态:锁闭,
3	至3G,X显示状态:绿灯,3DG状态:锁闭,5DG状态:锁闭,9DG状态:锁闭,13DG状态:锁闭,3G状态:锁闭,
4	至4G,X显示状态:绿灯,3DG状态:锁闭,5DG状态:锁闭,7DG状态:锁闭,11DG状态:锁闭,15DG状态:锁闭,4G状态:锁闭,
5	至5G,X显示状态:绿灯,3DG状态:锁闭,5DG状态:锁闭,9DG状态:锁闭,13DG状态:锁闭,5G状态:锁闭,
6	至6G,X显示状态:绿灯,3DG状态:锁闭,5DG状态:锁闭,7DG状态:锁闭,11DG状态:锁闭,15DG状态:锁闭,6G状态:锁闭,

导出　打印　关闭

图 5—11　车站列控中心列车进路记录显示图

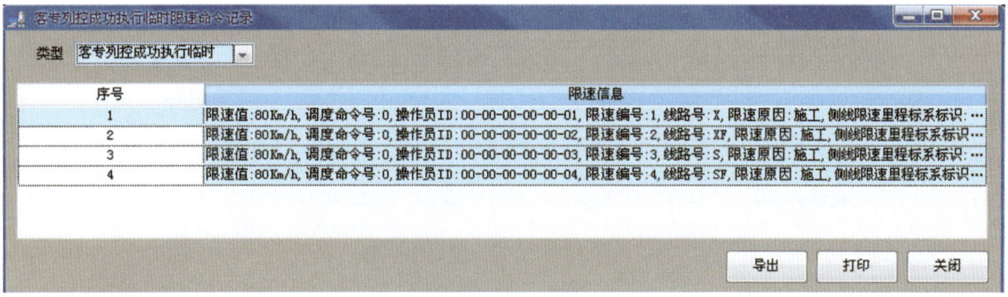

客专列控成功执行临时限速命令记录

类型　客专列控成功执行临时

序号	限速信息
1	限速值:80Km/h,调度命令号:0,操作员ID:00-00-00-00-00-01,限速编号:1,线路号:X,限速原因:施工,侧线限速里程标系标识:…
2	限速值:80Km/h,调度命令号:0,操作员ID:00-00-00-00-00-02,限速编号:2,线路号:XF,限速原因:施工,侧线限速里程标系标识…
3	限速值:80Km/h,调度命令号:0,操作员ID:00-00-00-00-00-03,限速编号:3,线路号:S,限速原因:施工,侧线限速里程标系标识:…
4	限速值:80Km/h,调度命令号:0,操作员ID:00-00-00-00-00-04,限速编号:4,线路号:SF,限速原因:施工,侧线限速里程标系标识…

导出　打印　关闭

图 5—12　车站列控中心执行临时限速命令记录显示图

3. 车站列控中心系统控制输出结果的信息

此类信息包括轨道电路的编码信息、有源应答器的报文编码信息和继电器驱动输出(方向驱动、区间点灯驱动)的结果信息，其中轨道区段编码及 LEU 报文信息的显示界面如图 5—13、图 5—14 所示。

4. 车站列控中心系统维护报警信息

报警信息主要有硬件平台各类板卡的故障报警、车站列控中心系统 A/B 机工作异常的报警、A/B 机主备状态及同步状态、与计算机联锁系统的接口报警、与 TDCS/CTC 系统接口的报警、与邻站列控中心接口的报警、与 ZPW-2000 监测子系统接口的报警、与 LEU 接口报警以及有源应答器异常报警。

二、数据通信

由车站列控中心维护终端建立服务端，CSM 站机作为客户端连接该服务端，从而建立

TCP 连接,开始数据交互。通信数据流如图 5—15 所示。

轨道区段编码

类型 轨道区段编码

序号	设备名称	主轨道载频(HZ)	小轨道载频(HZ)	主轨道低频(HZ)	小轨道低频(HZ)
1	23393BG	1701.4	1701.4	29.0	29.0
2	23393AG	1701.4	1701.4	29.0	29.0
3	23409BG	1701.4	1701.4	29.0	29.0
4	23409AG	1701.4	1701.4	29.0	29.0
5	23470AG	1701.4	1701.4	29.0	29.0
6	23470BG	1701.4	1701.4	29.0	29.0
7	23457BG	1701.4	1701.4	29.0	29.0
8	23470CG	1701.4	1701.4	29.0	29.0
9	23457AG	1701.4	1701.4	29.0	29.0
10	23486AG	1701.4	1701.4	29.0	29.0
11	23473BG	1701.4	1701.4	29.0	29.0
12	23486BG	1701.4	1701.4	29.0	29.0
13	23473AG	1701.4	1701.4	29.0	29.0
14	23506AG	1701.4	1701.4	29.0	29.0
15	23491BG	1701.4	1701.4	29.0	29.0
16	23506BG	1701.4	1701.4	29.0	29.0
17	23491AG	1701.4	1701.4	29.0	29.0
18	23506CG	1701.4	1701.4	29.0	29.0
19	23507CG	1701.4	1701.4	29.0	29.0
20	23524AG	1701.4	1701.4	29.0	29.0
21	23507BG	1701.4	1701.4	29.0	29.0

导出 打印 关闭

图 5—13　车站列控中心轨道区段编码信息显示图

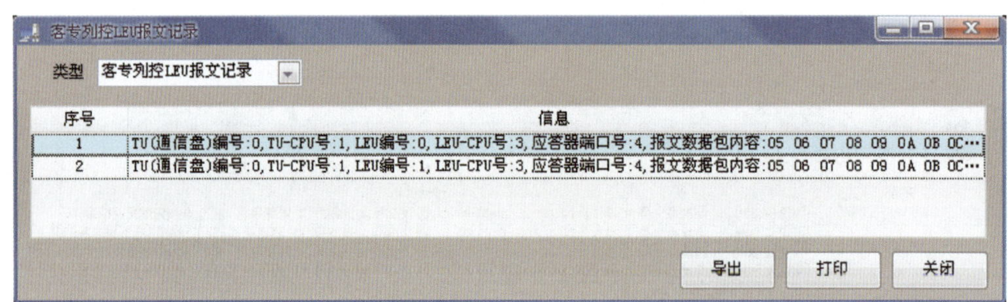

客专列控LEU报文记录

类型 客专列控LEU报文记录

序号	信息
1	TU(通信盘)编号:0,TU-CPU号:1,LEU编号:0,LEU-CPU号:3,应答器端口号:4,报文数据包内容:05 06 07 08 09 0A 0B 0C···
2	TU(通信盘)编号:0,TU-CPU号:1,LEU编号:1,LEU-CPU号:3,应答器端口号:4,报文数据包内容:05 06 07 08 09 0A 0B 0C···

导出 打印 关闭

图 5—14　车站列控中心 LEU 报文信息显示图

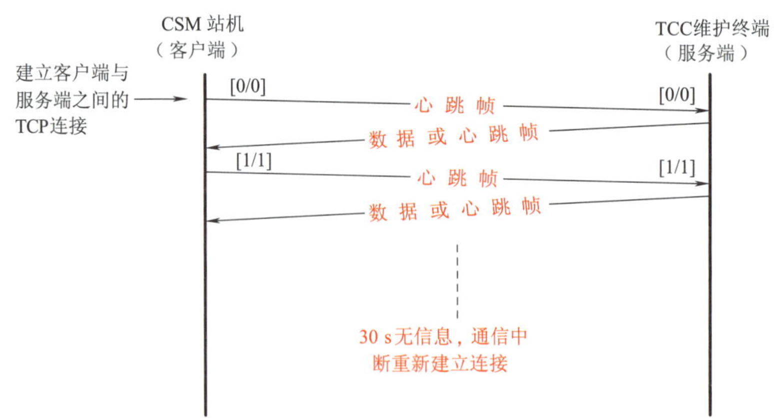

图 5—15　与车站列控中心通信数据流示意图

车站列控中心维护终端(服务端)在与 CSM 站机(客户端)的连接建立后,会自主发送心跳帧和数据帧信息给 CSM 站机(客户端)。

CSM 站机每 1 s 向车站列控中心维护终端发送心跳帧,同时接收车站列控中心维护终端发送的心跳帧和数据帧的信息。超过 30 s 没有接收到任何信息时,CSM 站机则判断连接中断,主动断开 TCP 连接并进行重新连接。

三、接口维护

车站列控中心系统接口常见故障及维护方法如下:

1. 故障现象:出现列控中心系统维护报警。

维护方法:查看列控中心系统维护机是否也出现了此报警,如果有则按照列控中心系统的维护方法对列控中心系统进行维护;如果没有则核对列控中心系统和集中监测的码位表是否一致。如果不一致,则需更改码位表使其一致;如果一致,请联系监测厂家,由厂家协助处理。

2. 故障现象:

(1)运输图区间部分光带出现大面积无状态或硬件平台状态无信息等列控中心信息的不正常。

(2)出现列控中心接口通信报警。

原因分析:正常情况下,工程调试人员会将列控接口调试正常后才交付现场使用,在设备正常运用过程中出现故障,可能性比较大的原因是软件出现异常或者网络配置的更改引起的问题,最后才是物理连接的问题。

处理步骤:

(1)确认是否有人动过设备。如果有人更改过网络配置、接口配置或者硬件设备,先恢复原状,观察故障是否排除,否则进入下一步。

(2)检查列控中心维护终端是否正常。是否出现死机、弹框等异常现象,如果出现这些现象,根据相关制度和说明重新启动列控中心维护终端后,观察故障是否排除,否则进入下一步。

(3)重启 CSM 程序。观察故障是否排除,否则进入下一步。

(4)检查物理通道是否正常。

①检查网线是否松动或接触不良。如果松动或者接触不良需要多插拔几次,使网线固定好。

②检查网线中间是否出现断线。如果出现断线则需更换网线。

③检查物理通道时,可使用 ping 等网络维护工具进行检查。如果网络的物理通道损坏,则需更换或者维修相应的网络设备。

通道确认无故障后,观察故障是否排除,否则进入下一步。

(5)经过上面的步骤,故障还是无法排除请联系监测厂家,由厂家协助处理。

第四节　与 ZPW-2000 监测子系统的接口

ZPW-2000 监测子系统是为 ZPW-2000 系列轨道电路配备的一体化监测设备。ZPW-2000 监测子系统完成既有线 ZPW-2000A 型轨道电路设备和客运专线 ZPW-2000A 型轨道电路设备相关开关量和模拟量信息的采集，根据设备状态进行维护报警，并将相关设备数据和维护报警信息转发给 CSM。

一、接口原理

(一)接口方式

ZPW-2000 监测子系统与 CSM 的接口是在 ZPW-2000 监测子系统维护终端与 CSM 站机之间实现的。轨道电路监测维护终端向 CSM 站机提供设备监测数据服务，定义轨道电路监测维护终端为服务端，CSM 站机为客户端。数据传输采用 TCP 传输协议，双方的 IP 地址设定由 CSM 统一分配，TCP 连接端口号设置为 5555，以确保系统运行稳定。两系统之间采用 RJ45 通信，连接电缆采用超五类网线，其接口方式如图 5—16 所示。

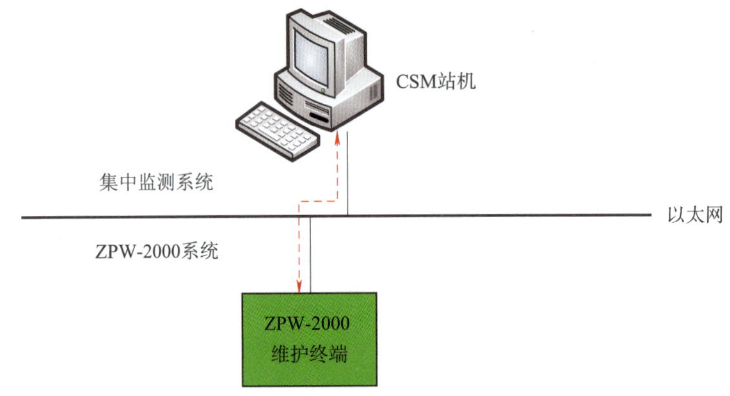

图 5—16　与 ZPW-2000 监测子系统接口方式

ZPW-2000 维护终端采用全体数据结合变化数据的方式向 CSM 站机发送信息，定时(每分钟)发送一次全体数据，其间随着数据的变化发送变化数据。对于变化数据和报警，采用即时产生、即时发送的方式。ZPW-2000 维护终端向 CSM 发送的信息分为以下三类：

1. 轨道电路设备数量及设备状态信息

此类信息包括：

轨道电路各设备数量：包括客运专线轨道电路移频柜数量、客运专线通信编码 ZPW-2000A 区段数量、既有继电编码 ZPW-2000A 区段、ZPW-2000A 分机数量、脉冲叠加轨道电路区段数量和报警数量等。

客运专线轨道电路通信盘 CI-TC 状态：包括主备通信盘的工作状态，通信盘是否故障，A、B 两通信盘 CANA、CANB、CANC、CAND、CANE 的状态信息。

客运专线编码区段设备状态，包括移频柜内的主备发送器和接收器设备的状态描述，CAND、CANE 通信状态，主备发送器及接收器的设备工作状态。

继电编码区段设备状态：包括并机轨道继电器状态、主机轨道继电器状态，XGZ、XGB、XG、XGJ、FBJ、FS-24V 等状态。

ZPW-2000 设备状态：包括衰耗器、采集发送检测器、分线采集器、新型电缆模拟网络采

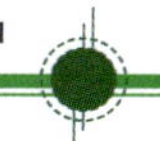

集器的状态。

客运专线编码区段接收 TCC 编码控制命令，包括主轨道和小轨道的载频、低频编码命令。

轨道电路特征量，包括主轨道状态和小轨道状态。

用户也可以利用软件菜单，从对话框中查看到上述信息的状态，其显示界面如图 5—17 所示。

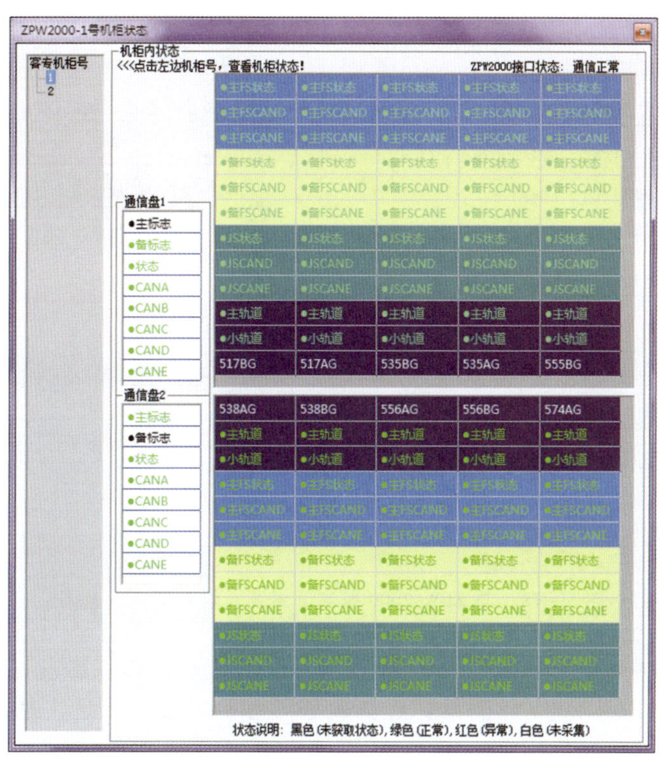

图 5—17　ZPW-2000 监测子系统轨道机柜状态显示图

2. 轨道电路模拟量

此类信息包括发送功出电压、电流、载频、低频；送端电缆模拟网络电缆侧电压、电流、载频、低频；受端电缆模拟网络电缆侧主轨道电压、载频、低频，小轨道电压、载频、低频；受端电缆模拟网络设备侧（轨入）主轨道电压、载频、低频；小轨道电压、载频、低频；接收入口（轨出）主轨道电压、载频、低频，小轨道电压、载频、低频；道床电阻。

3. 报警信息区

报警信息分成客运专线 ZPW-2000 系列轨道电路工作状态报警、采集机工作状态报警和轨道电路维护报警三类。

（二）数据通信

由 ZPW-2000 监测维护终端建立服务端，CSM 站机作为客户端连接该服务端，从而建立 TCP 连接。ZPW-2000 监测维护终端在与 CSM 站机的连接建立后，自主发送心跳帧和数据帧信息。ZPW-2000 监测子系统从底层采集到一个周期（250 ms）的数据后，将数据做了一

些逻辑处理以及报警处理,以全体包的形式将数据发给 CSM。ZPW-2000 监测子系统给 CSM 发送的监测数据周期为 250 ms(小于监测技术条件要求的最大时间 1 s)。CSM 则以每 3 s 向 ZPW-2000 监测子系统发送一次心跳包,以确定与 ZPW-2000 监测子系统的连接正常。通信数据流如图 5—18 所示。

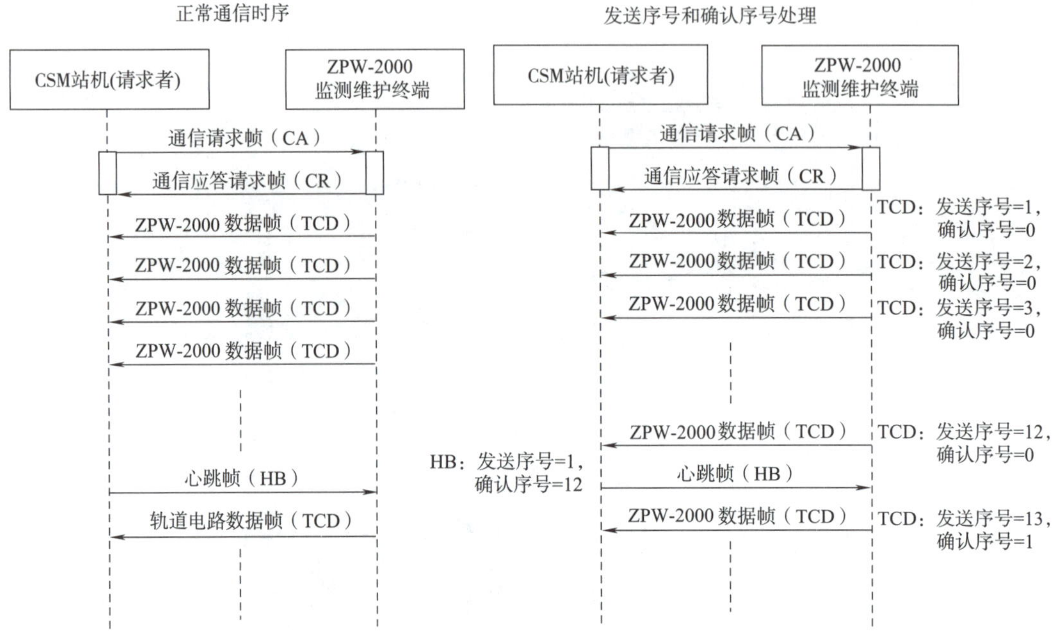

图 5—18　与 ZPW-2000 监测子系统通信数据流示意图

ZPW-2000 监测维护终端将 ZPW-2000 监测子系统采集到的数据内容分块编组,顺次放入数据区中发送。ZPW-2000 监测维护终端发送的每一帧数据都是实时的,不会因丢失或延时而补发,因此不会导致数据的延时。CSM 站机按通信协议要求对接收的数据进行识别和处理,以供用户查询。

二、接口维护

ZPW-2000 监测子系统接口常见故障及维护方法如下:

1. 故障现象:出现 ZPW-2000 监测子系统维护报警。

维护方法:查看 ZPW-2000 监测子系统维护机是否也出现了此报警,如果有则按照 ZPW-2000 监测子系统的维护方法对 ZPW-2000 监测子系统进行维护;如果没有则核对 ZPW-2000 监测子系统和集中监测的码位表是否一致。如果不一致,则需更改码位表使其一致;如果一致,请联系监测厂家,由厂家协助处理。

2. 故障现象:

(1)轨道电路通信盘、轨道电路模拟量等 ZPW-2000 信息的不正常。

(2)出现 ZPW-2000 接口通信报警。

原因分析:正常情况下,工程调试人员在 ZPW-2000 监测子系统调试正常后才交付现场

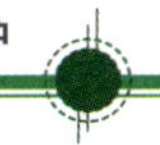

使用,在设备正常运用过程中出现故障,可能性比较大的原因是软件出现异常或者网络配置的更改引起的问题,最后才是物理连接的问题。

处理步骤:

(1)确认是否有人动过设备。如果有人更改过网络配置、接口配置或者硬件设备,先恢复原状,观察故障是否排除,否则进入下一步。

(2)检查ZPW-2000维护终端是否正常。是否出现死机、弹框等异常现象,如果出现这些现象,根据相关制度和说明重新启动ZPW-2000维护终端后,观察故障是否排除,否则进入下一步。

(3)重启CSM程序。观察故障是否排除,否则进入下一步。

(4)检查物理通道是否正常。

①检查网线是否松动或接触不良。如果松动或者接触不良需要多插拔几次,使网线固定好。

②检查网线中间是否出现断线。如果出现断线则需更换网线。

③检查物理通道时,可使用ping等网络维护工具进行检查。如果网络的物理通道损坏,则需更换或者维修相应的网络设备。

通道确认无故障后,观察故障是否排除,否则进入下一步。

(5)经过上面的步骤,故障还是无法排除请联系监测厂家,由厂家协助处理。

第五节　与CTC系统的接口

CTC系统是铁路运输指挥的核心系统,是CTC中心(调度员)对某一调度区段的信号设备进行集中控制,对列车运行直接指挥、管理的技术装备。CTC系统作为核心的信息来源,可与列控、运营、客服、统计分析等外部信息系统共享信息,协同工作。

一、接口原理

(一)接口方式

CTC系统与CSM之间的通信是通过CTC系统的电务维护终端与CSM站机互联实现的。CSM站机与CTC系统的电务维护终端之间采用带光电隔离的RS-422串口连接,接口方式如图5—19所示。

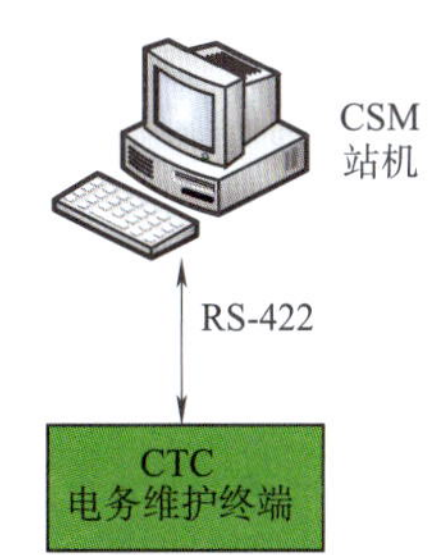

图5—19　与CTC系统的接口方式图

(二)数据传输内容

CSM可以从CTC系统获取CTC系统的工作状态及与其他系统连接的通信状态、CTC系统的报警信息。数据传送内容主要包含:

1. CTC系统的工作状态

CTC系统的工作状态包括CTC系统自律机主备机状态;自律机采集板状态;自律机与联锁机通信状态;自律机与列控机的通信状态;自律机与外部系统通信状态;自律机网络状态等。其显示界面如图5—20所示。

2. CTC 系统的报警信息

(1)报警级别。可分为系统紧急报警、一般系统报警和一般系统通告信息。

(2)报警种类。可分为一般系统告警、系统错误告警、网络故障告警、自律机与计算机联锁通信故障告警、自律机采集设备故障告警、自律机与列控系统通信故障告警以及其他串口设备故障告警。

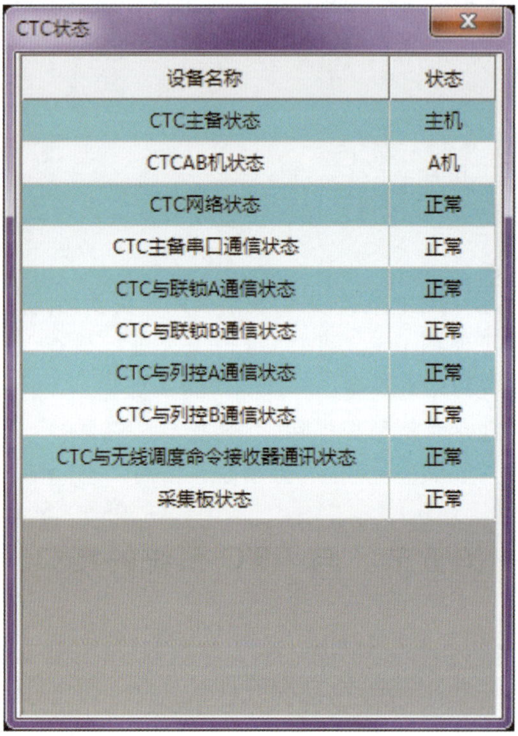

CTC状态

设备名称	状态
CTC主备状态	主机
CTCAB机状态	A机
CTC网络状态	正常
CTC主备串口通信状态	正常
CTC与联锁A通信状态	正常
CTC与联锁B通信状态	正常
CTC与列控A通信状态	正常
CTC与列控B通信状态	正常
CTC与无线调度命令接收器通讯状态	正常
采集板状态	正常

图 5—20　CTC 系统信息接口图

(三)数据通信

由 CTC 系统的电务维护终端定时向 CSM 站机发送数据,由 CSM 单向接收数据。CSM 站机每隔 1 min 向电务维护终端请求站场表示信息(可选),电务维护终端则把全部站场表示信息传输给 CSM 站机。两次请求之间,若站场表示信息变化,电务维护终端则自主发送变化的站场表示信息给 CSM 站机。正常通信中,CTC 系统每隔 2 s 主动向 CSM 站机发送状态报告帧。当 CSM 站机通信模块发现通信中断时,可自动复位并重新连接。

二、接口维护

CTC 系统接口常见故障及维护方法如下:

1. 故障现象:出现 CTC 系统维护报警。

维护方法:查看 CTC 系统维护机是否也出现了此报警,如果有则按照 CTC 系统的维护方法对 CTC 系统进行维护;如果没有则核对 CTC 系统和集中监测的码位表是否一致。如果

不一致，则需更改码位表使其一致；如果一致，请联系监测厂家，由厂家协助处理。

2. 故障现象：

(1) CTC 系统状态开关量信息无状态。

(2) CTC 系统连接中断。

(3) CTC 系统故障时，监测系统没有进行报警。

(4) 出现 CTC 系统接口通信报警。

原因分析：正常情况下，工程调试人员将 CTC 系统接口调试正常后才交付现场使用，在设备正常运用过程中出现故障，可能性比较大的原因是软件出现异常或者设置的更改引起的问题，最后才是物理连接的问题。

处理步骤：

(1) 确认是否有人动过设备。如果有人更改过网络配置、接口配置或者硬件设备，先恢复原状，观察故障是否排除，否则进入下一步。

(2) 检查 CTC 系统维护终端是否正常。是否出现死机、弹框等异常现象，如果出现这些现象，根据相关制度和说明重新启动 CTC 系统维护终端后，观察故障是否排除，否则进入下一步。

(3) 重启 CSM 程序。观察故障是否排除，否则进入下一步。

(4) 检查物理通道是否正常。

①检查接线是否松脱或接触不良，如果接线松脱需要重新固定焊接。

②检查接线是否中断，如果接线中断，需要重新更换接线。

③如果传输距离过长（接近或超过 100 m），检查两端 120 Ω 匹配电阻是否正常。

④检查光电隔离设备是否正常：在 CTC 系统维护终端、物理通道都正常后，可更换光电隔离设备，看信息是否正常。

通道确认无故障后，观察故障是否排除，否则进入下一步。

(5) 经过上面的步骤，故障还是无法排除请联系监测厂家，由厂家协助处理。

第六节　与智能电源屏的接口

智能电源屏是高可靠、高稳定、安全的信号电源系统，其监测单元是对电源屏运行状态及参数进行实时监测、显示、记录、存储故障报警的设备，周期性地采集屏内的各类信息，并向 CSM 传送信息。CSM 通过接口获取智能电源屏的各种信息，监视监测单元的工作状态。

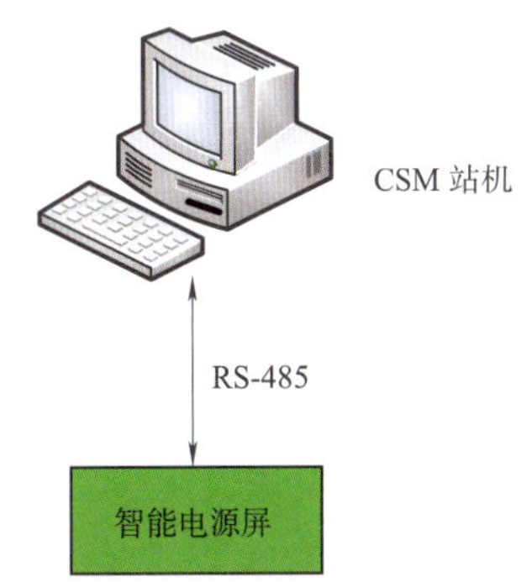

图 5—21　与智能电源屏的接口方式图

一、接口原理

（一）接口方式

智能电源屏与 CSM 站机之间采用 RS-485 串口通信，通信的双方均增加光电隔离及防病毒措施。接口方式如图 5—21 所示。

（二）数据传输内容

CSM 从智能电源屏获取车站智能电源屏信息和车站 UPS 信

息。其中智能电源屏的监测信息包括智能电源屏模块状态信息、模拟量监测内容和智能电源屏报警信息;UPS 信息则包括模拟量信息和 UPS 报警信息。

1. 智能电源屏的监测信息

智能电源屏模块状态信息:各个模块的工作、保护、故障状态,交流接触器状态。

模拟量监测内容:各电源屏输入电压、电流;电源屏各路输出电压、电流;25 Hz 电源输出电压、频率、相位角;

智能电源屏报警信息:交流输入停电、系统输入停电、电源输出支路断电、各个模块故障。

2. UPS 电源相关信息

模拟量信息:UPS 输入相电压、电流、频率、功率;UPS 电池组电压、旁路相电压;UPS 后备时间或后备容量;UPS 输出电压、频率、功率、峰值比。

报警信息:交流输入停电、系统输入停电、UPS 输出断电故障、UPS 故障、UPS 告警。

3. 数据通信

智能电源屏系统的监测单元定时主动向 CSM 站机发送车站的全部模拟量和开关量的最新信息。各数据由智能电源屏的监测单元单向发送,CSM 接收。CSM 站机接收数据及时处理后复示显示,如有报警亦复示报警。

二、接口维护

智能电源屏系统接口常见故障及维护方法如下:

1. 故障现象:出现智能电源屏系统维护报警。

维护方法:查看智能电源屏系统维护机是否也出现了此报警,如果有则按照智能电源屏系统的维护方法对智能电源屏系统进行维护;如果没有则核对智能电源屏系统和集中监测的码位表是否一致。如果不一致,则需更改码位表使其一致;如果一致,请联系监测厂家,由厂家协助处理。

2. 故障现象:

(1)智能电源屏输入、输出,UPS 输入、输出模拟量实时值信息中断。

(2)智能电源屏模拟量在日曲线上不连续,出现中断现象。

(3)监测系统中电源屏模块状态信息显示中断。

(4)智能电源屏系统连接中断。

(5)电源屏、UPS 系统故障时,监测系统没有进行报警。

(6)出现智能电源屏系统接口通信报警。

原因分析:正常情况下,工程调试人员将智能电源屏接口调试正常后才交付现场使用,在设备正常运用过程中出现故障,可能性比较大的原因是软件出现异常或者设置的更改引起的问题,最后才是物理连接的问题。

处理步骤:

(1)确认是否有人动过设备。如果有人更改过网络配置、接口配置或者硬件设备,先恢复原状,观察故障是否排除,否则进入下一步。

(2)检查智能电源屏维护终端是否正常。是否出现死机、弹框等异常现象,如果出现这

些现象,根据相关制度和说明重新启动智能电源屏维护终端后,观察故障是否排除,否则进入下一步。

(3)重启 CSM 程序。观察故障是否排除,否则进入下一步。

(4)检查物理通道是否正常。

①检查接线是否松脱或接触不良,如果接线松脱需要重新固定焊接。

②检查接线是否中断,如果接线中断,需要重新更换接线。

③如果传输距离过长(接近或超过 100 m),检查两端 120 Ω 匹配电阻是否正常。

④检查光电隔离设备是否正常:在智能电源屏电务维修机、物理通道都正常后,可更换光电隔离设备,看信息是否正常。

通道确认无故障后,观察故障是否排除,否则进入下一步。

(5)经过上面的步骤,故障还是无法排除请联系监测厂家,由厂家协助处理。

第七节　与智能灯丝报警单元的接口

智能灯丝报警单元是实时监控信号机主灯丝是否断丝的设备,它通过是否启用了信号机的副灯丝,间接判断其主灯丝的完好性。当主灯丝断丝转而启用副灯丝时,该单元可立即给出报警信号,并定位报警信号机。

一、接口原理

(一)接口方式

智能灯丝报警单元与 CSM 之间采用 CAN 通信,通信的双方均采用光电隔离措施,接口方式如图 5—22 所示。

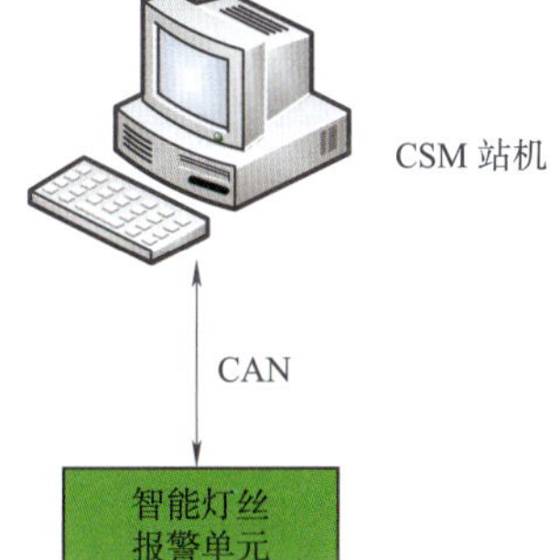

图 5—22　与智能灯丝报警单元的接口方式图

(二)数据传输内容

CSM 从智能灯丝报警单元获取列车信号机主灯丝断丝报警信息,CSM 接收到智能灯丝报警单元传送的各个信号机的各个灯位的灯丝状态信息,进行实时处理,实现对信号机灯位级别的断丝报警。若列车信号机主灯丝完好,CSM 则正常显示,一旦列车信号机主灯丝出现断丝,CSM 便立即将断丝信号机的报警信息以声光报警方式复示,提醒用户前往现场处理。

(三)数据通信

智能灯丝报警单元每 1s 向 CSM 站机发送心跳帧,当车站的列车信号机主灯丝出现断丝时,智能灯丝报警单元将报警信息及时发送给 CSM。信息由智能灯丝报警单元单向发送,CSM 接收。

二、接口维护

智能灯丝报警单元接口常见故障及维护方法如下:

1. 故障现象:主灯丝断丝时,没有进行报警。

维护方法:检查智能灯丝报警单元和 CSM 的码位是否一致,如果不一致,则需更改码位表使其一致;如果一致,请联系监测厂家,由厂家协助处理。

2. 故障现象:

(1)CAN 通信时通时断;

(2)出现智能灯丝报警单元接口通信报警。

原因分析:正常情况下,工程调试人员将灯丝报警单元接口调试正常后才交付现场使用,在设备正常运用过程中出现故障,可能性比较大的原因是软件出现异常或者更换板卡引起的问题,最后才是物理 CAN 网的问题。

先重启 CSM 程序后观察 CSM 的 CAN 通信和灯丝报警接口是否正常。

如果 CSM 数据还是无法恢复正常,先确定是否有人更换板卡,更换板卡时是否将 JP5 短路块拔掉。

经过上面的步骤,CSM 的灯丝报警通信还是无法恢复正常,请联系监测厂家,由厂家协助处理。

处理步骤:

(1)确认是否有人动过设备。如果有人更改过网络配置、接口配置或者硬件设备,先恢复原状,观察故障是否排除,否则进入下一步。

(2)重启 CSM 程序。观察故障是否排除,否则进入下一步。

(3)确定是否有人更换板卡,更换板卡时是否将 JP5 短路块拔掉。如果未拔掉,拔掉 JP5 短路块。观察故障是否排除,否则进入下一步。

(4)经过上面的步骤,故障还是无法排除请联系监测厂家,由厂家协助处理。

第八节　与 DMS 的接口

DMS 由车载信息采集装置、地面数据中心及查询终端三部分组成。车载信息采集装置安装在动车组相应机柜内,在运行中完成列控车载设备运用状态、应答器位置及报文、轨道电路传输特性等信息的采集,其数据通过 GPRS 网传回地面数据中心,经处理、分析、统计后,通过互联网或铁路安全生产网传给各查询终端,配以地面网络传输管理分析设备,从而达到动车组运用过程中,对涉及行车安全的列控车载设备、应答器、轨道电路、补偿电容等内容的监测,实现列控设备和地面设备的检测、分析。与 CSM 联网,实现信息共享,总体做到列控设备日检测,达到利用车载动态设备检测地面静态设备的目的。

一、接口原理

(一)接口方式

DMS 与 CSM 的接口,通过 DMS 浏览终端与 CSM 电务段子系统的接口服务器交互实现,DMS 浏览终端与 CSM 接口服务器之间的数据传输采用 TCP/IP 协议。定义 DMS 浏览终端为服务端,CSM 接口服务器为客户端。两系统之间采用 RJ45 通信,连接电缆采用超五类网线。接口方式如图 5—23 所示。

(二)数据传输内容

CSM 可以从 DMS 获取机车实时信息、应答器实时和报警信息、区段实时信息、ATP 实时

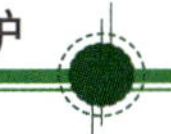

和报警信息、非正常停车报警信息、轨道电路报警信息等。

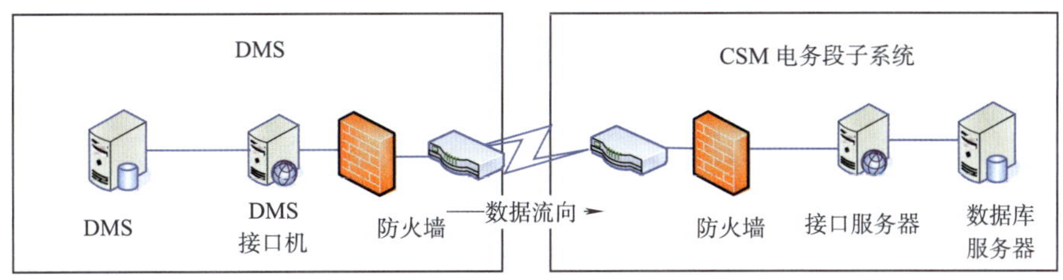

图 5—23　与 DMS 的接口方式图

数据传送内容主要包含：

1. 机车实时信息

该类信息包括机车号、机车类型、服务器时间、交路号、公里标、机车速度、信号机灯位、车次号等。

2. 应答器实时信息

该类信息包括机车号、机车类型、服务器时间、交路号、公里标、机车速度、信号机灯位、车次号、是否在线、应答器编号、应答器检测结果、应答器报文等。

3. 应答器报警信息

该类信息包括机车号、机车类型、服务器时间、交路号、公里标、机车速度、信号机灯位、车次号、应答器编号、应答器故障码等。

4. 区段实时信息

该类信息包括机车号、机车类型、服务器时间、交路号、公里标、机车速度、信号机灯位、车次号、是否在线、区段名称、区段入口及出口电压、载频、低频、实有电容、应有电容、电容是否失效等。

5. ATP 实时信息

该类信息包括机车号、机车类型、服务器时间、交路号、公里标、机车速度、信号机灯位、车次号、是否在线、载频、低频、运行状态码等。

6. ATP 报警信息

该类信息包括机车号、机车类型、服务器时间、交路号、公里标、机车速度、信号机灯位、ATP 报警状态、车次号、报警时间、控制模式编码、运行模式编码、故障码等。

7. 非正常停车报警信息

该类信息包括机车号、机车类型、服务器时间、交路号、公里标、机车速度、信号机灯位、停车/开车、车次号、停车时间等。

8. 轨道电路报警信息

该类信息包括机车号、机车类型、服务器时间、交路号、公里标、机车速度、信号机灯位、车次号、区段名称、载频、低频、轨道电路故障码等。

(三)数据通信

DMS 通过接口机监听 CSM 接口服务器发起的连接请求，验证确认通过后，将 DMS 数据发给 CSM 接口服务器。通信数据流如图 5—24 所示。

在系统运行过程中,客户端间隔 5 s 向服务端发送心跳帧,服务端收到心跳帧后,不向客户端回复。如果服务端 15 s 内没有收到心跳帧,则认为与客户端之间的网络连接有问题,即主动断开此次连接。客户端需要重新向服务端注册。

服务端必须间隔 5 s 向客户端发送心跳帧,如果客户端 15 s 内没有收到心跳帧或数据帧,则认为与服务端之间的网络连接有问题,重新连接服务端。

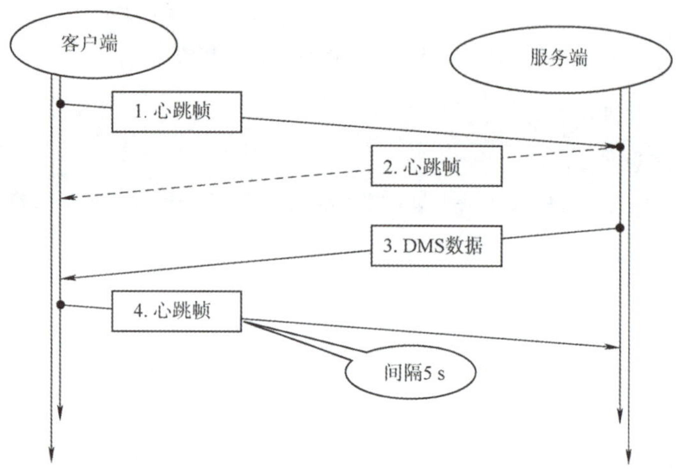

图 5—24　与 DMS 通信数据流示意图

二、接口维护

DMS 系统接口常见故障及维护方法如下:

1. 故障现象:出现 DMS 系统维护报警。

维护方法:查看 DMS 系统维护机是否也出现了此报警,如果有则按照 DMS 系统的维护方法对 DMS 系统进行维护;如果没有则核对 DMS 系统和集中监测的码位表是否一致。如果不一致,则需更改码位表使其一致;如果一致,请联系监测厂家,由厂家协助处理。

2. 故障现象:

(1)机车信息、应答器信息、区段信息、ATP 信息等 DMS 信息的不正常。

(2)出现 DMS 接口通信报警。

原因分析:正常情况下,工程调试人员将 DMS 接口调试正常后才交付现场使用,在设备正常运用过程中出现故障,可能性比较大的原因是软件出现异常或者网络配置的更改引起的问题,最后才是物理连接的问题。

处理步骤:

(1)确认是否有人动过设备。如果有人更改过网络配置、接口配置或者硬件设备,先恢复原状,观察故障是否排除,否则进入下一步。

(2)检查 DMS 维护终端是否正常。是否出现死机、弹框等异常现象,如果出现这些现象,根据相关制度和说明重新启动 DMS 维护终端后,观察故障是否排除,否则进入下

一步。

(3)重启 CSM 程序。观察故障是否排除,否则进入下一步。

(4)检查物理通道是否正常。

①检查网线是否松动或接触不良。如果松动或者接触不良需要多插拔几次,使网线固定好。

②检查网线中间是否出现断线。如果出现断线则需更换网线。

③检查物理通道时,可使用 ping 等网络维护工具进行检查。如果网络的物理通道损坏,则需更换或者维修相应的网络设备。

通道确认无故障后,观察故障是否排除,否则进入下一步。

(5)经过上面的步骤,故障还是无法排除请联系监测厂家,由厂家协助处理。

第九节　与普速线路系统的对外接口

一、与 LAIS 的接口

LAIS(列车运行状态信息系统)是整个铁路机务行车安全监控系统的重要组成部分,该系统通过机车车载信息平台、无线和有线数据传输通信网络、铁路局数据处理中心、机务段数据处理中心和铁路总公司、铁路局、站段三级应用服务平台,构成"地对车、车对地、地对地"安全监控体系的三维立体数字化通信网络,实现机车运行安全监测信息的集中监控、预警、提供安全信息综合分析及决策支持,构成完整的机车运行安全保障体系。

(一)接口原理

1. 接口方式

LAIS 与 CSM 的接口,通过 LAIS 接口机与 CSM 电务段子系统的接口服务器交互实现,LAIS 接口机与 CSM 接口服务器之间的数据传输采用 TCP/IP 协议。定义 LAIS 接口机为服务端,CSM 接口服务器为客户端。两系统之间采用 RJ45 通信,连接电缆采用超五类网线。接口方式如图 5—25 所示。

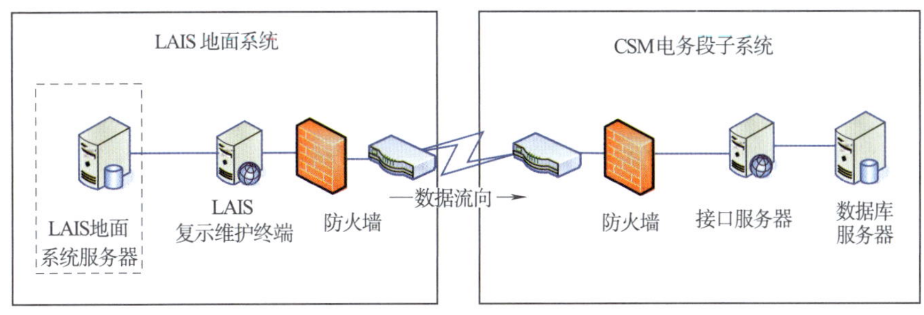

图 5—25　与 LAIS 的接口方式图

2. 数据传输内容

CSM 可以从 LAIS 获取监控的实时和报警信息、TAX2 的实时和报警信息及晃车仪报警信息等。数据传送内容主要包含:

(1)监控实时信息

该类信息包括机车号、机车型号、司机号、车次、车次扩充、本补客货、输入交路号、实际交路号、机车总重、计长、辆数、机车的实速、限速及柴速/原边电流、列车管压力、闸缸压力、机车工况、制动输出、机车信号、标准线路号标志、公里标、信号机种类制式、累计位移、监控状态、本分区及前方分区支线或侧线等。

(2)监控报警信息

该类信息包括与监控通信故障、机车途中超速、途中卸载、途中常用、途中紧急、途中柴油机停机、途中柴油机超速、途中管压为零、机车区间停车等。

(3)TAX2 实时信息

该类信息包括机车号、机车型号、车次、车次扩充、本补客货、时、分、秒、机车的实速、限速及柴速、公里标、距离、信号机编号、TAX 信息等。

(4)TAX2 报警信息

该类信息包括时、分、秒、机车的实速、限速及柴速、公里标、距离、信号机编号、TAX 报警设备号、报警信息等。

(5)晃车仪报警信息

该类信息包括年、月、日、时、分、秒、机车号、机车型号、司机号、车次、车次扩充、本补客货、输入交路号、实际交路号、机车总重、计长、辆数、晃车信息、横向平稳性、垂向平稳性、横向归一化加速度、垂向归一化加速度等。

3. 数据通信

LAIS 通过接口机监听 CSM 接口服务器发起的连接请求,验证确认通过后,将 LAIS 数据发给 CSM 接口服务器。通信数据流如图 5—26 所示。

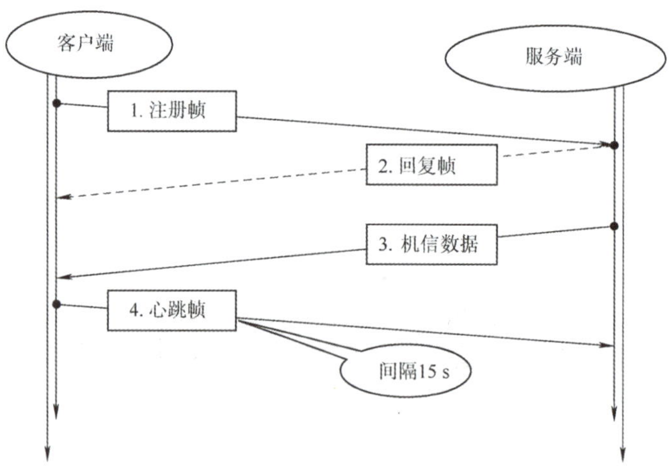

图 5—26　与 LAIS 通信数据流示意图

在系统运行过程中,客户端间隔 15 s 向服务端发送心跳帧,服务端收到心跳帧后,不向客户端回复。如果服务端没有收到心跳帧,则认为与客户端之间的网络连接有问题,即主动断开此次连接。客户端需要重新向服务端注册。

(二)接口维护

LAIS 系统接口常见故障及维护方法如下:

1. 故障现象:出现 LAIS 系统维护报警。

维护方法:查看 LAIS 系统维护机是否也出现了此报警,如果有则按照 LAIS 系统的维护方法对 LAIS 系统进行维护;如果没有则核对 LAIS 系统和集中监测的码位表是否一致。如果不一致,则需更改码位表使其一致;如果一致,请联系监测厂家,由厂家协助处理。

2. 故障现象:

(1)机车号、机车型号、司机号、车次、公里标等 LAIS 信息的不正常。

(2)出现 LAIS 接口通信报警。

原因分析:正常情况下,工程调试人员将 LAIS 接口调试正常后才交付现场使用,在设备正常运用过程中出现故障,可能性比较大的原因是软件出现异常或者网络配置更改引起的问题,最后才是物理连接的问题。

处理步骤:

(1)确认是否有人动过设备。如果有人更改过网络配置、接口配置或者硬件设备,先恢复原状,观察故障是否排除,否则进入下一步。

(2)检查 LAIS 维护终端是否正常。是否出现死机、弹框等异常现象,如果出现这些现象,根据相关制度和说明重新启动 LAIS 维护终端后,观察故障是否排除,否则进入下一步。

(3)重启 CSM 程序。观察故障是否排除,否则进入下一步。

(4)检查物理通道是否正常。

①检查网线是否松动或接触不良。如果松动或者接触不良需要多插拔几次,使网线固定好。

②检查网线中间是否出现断线。如果出现断线则需更换网线。

检查物理通道时,可使用 ping 等网络维护工具进行检查。如果网络的物理通道损坏,则需更换或者维修相应的网络设备。

通道确认无故障后,观察故障是否排除,否则进入下一步。

(5)经过上面的步骤,故障还是无法排除请联系监测厂家,由厂家协助处理。

二、与 BME 的接口

BME(有源应答器监测装置)对有源应答器工作状态及临时限速命令设置进行闭环监测,为电务现场列控设备的维护提供了必要的监测手段。

(一)接口原理

BME 与 CSM 的接口采用 RS-422 串行异步通信,每 5 s 向监测系统发送一帧"监测状态"数据。如图 5—27 所示。

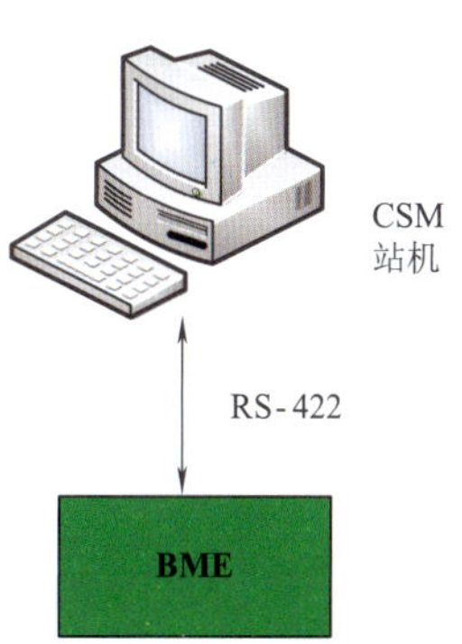

图 5—27　与 BME 的接口方式图

CSM 可从 BME 获取有源应答器状态信息、故障信息、限速状态等信息。

(二)接口维护

BME 接口常见故障及维护方法如下:

1. 故障现象:出现 BME 维护报警。

维护方法:查看 BME 维护机是否也出现了此报警,如果有则按照 BME 的维护方法对 BME 进行维护;如果没有则核对 BME 和集中监测的码位表是否一致。如果不一致,则需更改码位表使其一致;如果一致,请联系监测厂家,由厂家协助处理。

2. 故障现象:

(1)有源应答器监测状态无信息。

(2)有源应答器监测故障无信息。

(3)有源应答器监测反馈的限速状态无信息。

(4)出现有源应答器监测接口通信报警。

原因分析:正常情况下,工程调试人员将 BME 接口调试正常后才交付现场使用,在设备正常运用过程中出现故障,可能性比较大的原因是软件出现异常或者设置的更改引起的问题,最后才是物理连接的问题。

处理步骤:

(1)确认是否有人动过设备。如果有人更改过网络配置、接口配置或者硬件设备,先恢复原状,观察故障是否排除,否则进入下一步。

(2)检查 BME 维护终端是否正常。是否出现死机、弹框等异常现象,如果出现这些现象,根据相关制度和说明重新启动 BME 维护终端后,观察故障是否排除,否则进入下一步。

(3)重启 CSM 程序。观察故障是否排除,否则进入下一步。

(4)检查物理通道是否正常。

①检查接线是否松脱或接触不良,如果接线松脱需要重新固定焊接。

②检查接线是否中断,如果接线中断,需要重新更换接线。

③如果传输距离过长(接近或超过 100 m),检查两端 120 Ω 匹配电阻是否正常。

④检查光电隔离设备是否正常:在 BME 电务维修机、物理通道都正常后,可更换光电隔离设备,看信息是否正常。

通道确认无故障后,观察故障是否排除,否则进入下一步。

(5)经过上面的步骤,故障还是无法排除请联系监测厂家,由厂家协助处理。

第六章　铁路信号集中监测系统网络设备及维护

本章主要介绍铁路信号集中监测系统的网络设备维护相关内容。网络设备包括路由器、交换机、网络防火墙、防入侵设备、漏洞扫描设备、光通信设备等。

路由器是连接因特网中各局域网、广域网的设备，它根据信道的情况自动选择和设定路由，以最佳路径，按前后顺序发送信号的设备。

交换机是一种用于电信号转发的网络设备。它可以为接入任意两个网络节点提供独享的电信号通路。最常见的交换机是以太网交换机。其他常见的还有电话语音交换机、光纤交换机等。

网络防火墙是一个位于计算机和它所连接的网络之间的软件。该计算机流入、流出的所有网络通信均要经过此防火墙。

防入侵设备是对防火墙有益的补充，入侵检测系统被认为是防火墙之后的第二道安全闸门，对网络进行检测，提供对内部攻击、外部攻击和误操作的实时监控，提供动态保护大大提高了网络的安全性。

漏洞扫描设备是指基于漏洞数据库，通过扫描等手段对指定的远程或者本地计算机系统的安全脆弱性进行检测，发现可利用的漏洞的一种安全检测（渗透攻击）行为。

第一节　路由器

一、基础知识

所谓“路由”是指把 IP 数据从一个网络传送到另一个网络的行为和动作，而路由器正是执行信息数据路径选路发送动作的电子设备。如图 6—1 所示。

图 6—1　路由器

路由器在信息系统中的作用可以形象化地认为是一个交通调度中心，将众多的人员（数据包）流量导引至不同的最佳出行路径（数据流路径）上，这些出行方式可以是乡间小道（2 M 广域网传输通道）、城市主干道（100 M 以太网）、城市轨道交通（155 M 广域网通道）、高速公路(1 000 M 以太网)、铁路运输(5 G 及以上广域网光网络)等等。一般数据包的远程传输都会经历多种不同的出行路径,其传输基本原则就是路径最佳化。

不同的通道类型都对应着不同的交通工具,而这些工具就是各种各样的传输协议和接口板卡等设备。每一种交通工具都根据自身独特的应用环境设计,承载着对人员(数据包)流量的运输任务,最终使人员(数据包)到达各自的目的地。

路由器提供了将本地局域网与长途传输广域网这些不同架构以及传输方式的网络通信设备互相协作的工作机制,这是路由器与一般交换机在运行作用上的最大区别(运营商级别的模块化高级交换机也能承担部分异构网络数据的互联互通,但这个级别的高级路由器又有着更多专业功能上的特长优势)。

二、设备简介

目前全国各铁路局电务部门的监测系统主要采用的是思科(Cisco)公司的网络产品,其设备性能和可靠性均较好,在全国各铁路局范围内,有思科路由器在车站环境下连续使用近8 年还在正常工作的案例。同时,思科公司的产品资料和技术书籍在国内起步最早,种类较多,中文资料较丰富,铁路信号集中监测系统现场维护人员获取相关中文资料比较方便,因此本书主要以思科公司的产品为例进行介绍。

铁路信号集中监测系统的路由器从大的层面看,完整投资的铁路信号集中监测系统主要分为中心机房核心层面和下辖车站环网接入层面两部分。一些铁路局由于种种原因不能将新建中心一步投资到位时,会在核心层与接入层之间增加一级汇聚层路由设备,待中心建立后将汇聚层融合入监测系统内。

通常汇聚层设备与接入层设备在产品构架上具有一致性,汇聚层可以兼容接入层的各种业务板卡,并具有更高的异构网络接入能力和信息处理性能。而核心层设备面对的网络应用复杂度更高,需要处理的信息量更大,对设备安全运行的要求也越高,因此一般都采用支持冗余的独立控制引擎,通过独立系统背板的多槽位可扩展机箱接入各种不同功能的业务板卡,从而提供各种各样的通信接口和高性能扩展卡支持。

接入层设备如图 6—2 所示,汇聚层设备如图 6—3 所示。

图 6—2　接入层设备

图 6—3　汇聚层设备

三、设备维护

(一)接口编号含义

维护路由器设备首先要了解其接口编号的含义,路由器设备的接口编号主要分为广域

网接口和本地网络接口。

连接广域网 E1 通道的串口卡编号模式为“接口卡类型/插槽/子插槽/端口”,例如车站级环网路由器设备的第一个广域网接口,在其设备内部编号通常为“Serial 0/0/0”,其中Serial表示广域网串行卡类型,第一个 0 代表插槽位置,第二个 0 代表子插槽位置,第三个 0 代表端口编号。

网络模块的本地接口编号模式为“插槽/端口”,即“Fa0/0”代表设备第一个以太网接口。

(二)常用设备面板及接口信息

1. Cisco 1841 路由器

1841 路由器后面板如图 6—4 所示,组件名称见表 6—1,接口编号见表 6—2。

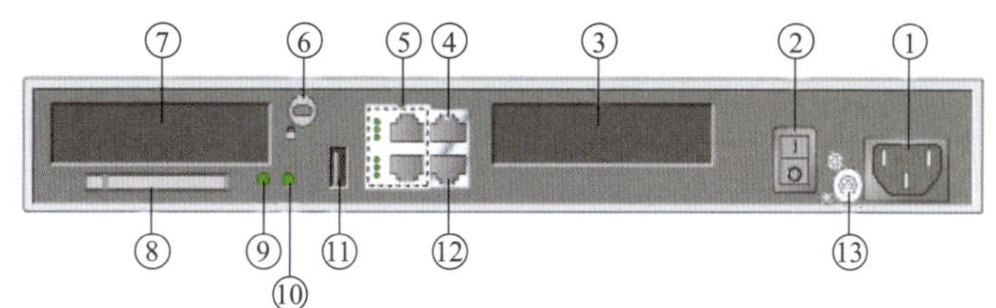

图 6—4 Cisco 1841 路由器后面板名称表

表 6—1 Cisco 1841 路由器组件名称表

序号	组件名称	序号	组件名称
①	输入电源连接	⑧	Compact Flash 闪存卡插槽
②	电源开关	⑨	Compact Flash (CF) LED
③	插槽 0(WIC、VWIC—纯数据或 HWIC)	⑩	AIM LED
④	控制台端口	⑪	USB 端口
⑤	快速以太网端口和 LED	⑫	AUX 端口
⑥	安全 solt	⑬	机箱接地线
⑦	插槽 1(WIC、VWIC — 仅限数据或 HWIC)		

表 6—2 Cisco 1841 路由器的接口编号

插槽号	插槽类型	插槽编号范围	示例
板载端口	快速以太网	0/0 和 0/1	interface fastethernet 0/0
插槽 0	HWIC/WIC	0/0/0 到 0/0/3	interface serial 0/0/0
插槽 1	HWIC/WIC	0/1/0 到 0/1/3	interface serial 0/1/0

2. Cisco 2801 路由器

2801 路由器前面板如图 6—5 所示,组件名称见表 6—3,接口编号见表 6—4。

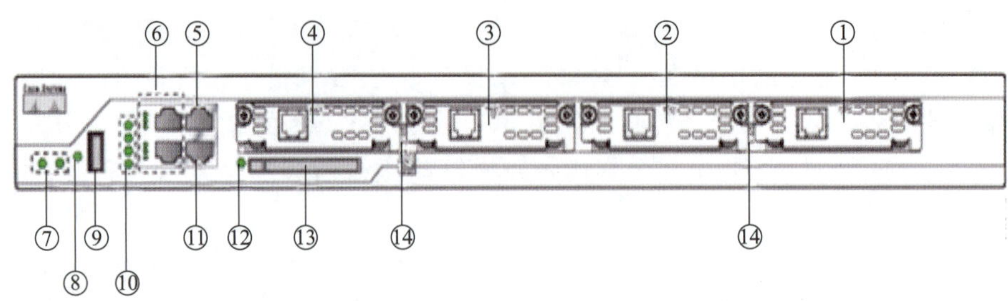

图 6—5　Cisco 2801 路由器的前面板

表 6—3　Cisco 2801 路由器组件名称表

序号	组件名称	序号	组件名称
①	插槽 0(VIC 或 VWIC,仅用于语音)	⑧	辅助电源（AUX/PWR）LED
②	插槽 1(WIC、VIC、VWIC 或 HWIC)	⑨	通用串行总线（USB）端口
③	插槽 2(WIC、VIC 或 VWIC)	⑩	AIM/PVDM LED
④	插槽 3(WIC、VIC、VWIC 或 HWIC)	⑪	辅助端口
⑤	控制台端口	⑫	微型闪存（CF）LED
⑥	快速以太网端口和 LED	⑬	外部 Compact Flash 内存卡插槽
⑦	系统 LED	⑭	可移动中央卡导轨,用于安装倍宽HWIC-D

表 6—4　Cisco 2801 路由器的接口编号

插槽号	插槽类型	接口编号范围
板载端口	快速以太网	0/0 和 0/1
0	VIC/VWIC（仅语音）2	0/0/0 到 0/0/3
1	HWIC/WIC	0/1/0 到 0/1/3(单宽 HWIC)0/1/0 到 0/1/7(倍宽 HWIC)
2	WIC	0/2/0 到 0/2/3
3	HWIC/WIC	0/3/0 到 0/3/3(单宽 HWIC)0/3/0 到 0/3/7(倍宽 HWIC)

3. Cisco 2811 路由器

2811 路由器后面板如图 6—6 所示,组件名称见表 6—5,接口编号见表 6—6。

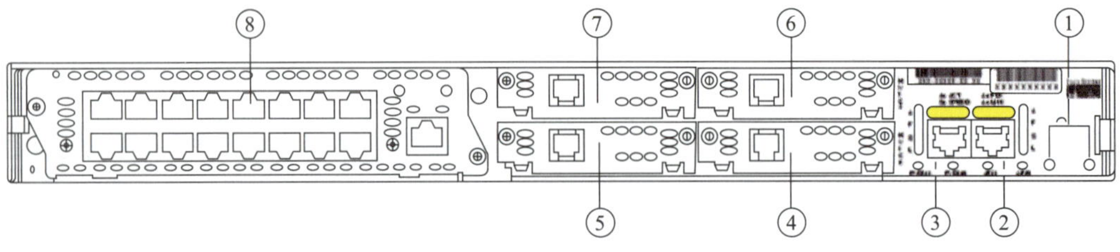

图 6—6　Cisco 2811 路由器的后面板

表 6—5　Cisco 2811 路由器组件名称表

序号	组件名称	序号	组件名称
①	接地片的螺丝孔	⑤	高速广域网接口卡插槽 1
②	快速以太网端口 0/0	⑥	高速广域网接口卡插槽 2
③	快速以太网端口 0/1	⑦	高速广域网接口卡插槽 3
④	高速广域网接口卡插槽 0	⑧	NME slot1

表 6—6　Cisco 2811 路由器的接口编号

端口位置	接口编号方案	Examples1,2
内置在机箱后面板中	接口类型 0 /端口	interface fa 0/x interface gi 0/x
在直接插入机箱的 HWIC 插槽的接口卡(HWIC、HWIC-D、WIC、VWIC、VIC)中	Interface-type 0/interface-card-slot3/端口 注意：机箱内置接口卡插槽在 Cisco 2800 系列路由器上是标记的 HWIC 插槽号。	interface serial 0/x/y interface async 0/x/y line 0/x/y interface fa 0/x/y voice-port 0/x/y 请参阅 footnote4

(三)常见端口故障检查

如果端口的链路指示灯不亮，可按表 6—7 对端口故障进行检查。

表 6—7　路由器常见端口故障检查

可能原因	纠正措施
没有连接电缆	使用电缆将交换机连接到已知正常的设备
端口错误	确保将线缆两端插入正确的端口
设备未接电源	确保两端的设备都连接电源
线缆类型错误	验证所选择的线缆是否符合使用类型
线缆损坏	使用已知正常的线缆替换可能有问题的电缆；查找连接器的引脚是否损坏或丢失
连接松动	拔下线缆，然后重新插入插孔，检查连接是否松动

第二节　交 换 机

一、基础知识

本节中的交换机主要服务于本地局域网络，其覆盖范围较小，且网络中所用协议通常较为单一(通常均为以太网协议簇)，这是其与路由器所服务的多种异构网络多种协议的最大不同点。

交换机提供了许多网络互联功能，将网络分成小的冲突网域，为每个工作站提供更高的带宽。利用专门设计的集成电路可使交换机以线路速率在所有的端口并行转发信息，提供了较高的性能。目前车站节点所用交换机大多为非网管型,对各个车站监测站机及终端工作站是透明的,简化了网络节点的增加、移动和网络变化的操作。

二、设备维护

(一)以太网铜缆类型

用户应确保所使用的铜缆与建立的连接类型相对应。3 类铜缆可用于 10 Mbit/s 非屏蔽双绞线(UTP)连接,但不能用于 10/100 Mbit/s 或 10/100/1000 Mbit/s UTP 连接。对于 10/100 Mbit/s 或 10/100/1000 Mbit/s 连接,请始终使用 5 类、5e 类或 6 类 UTP。

1. 以太网的最大传输距离(表 6—8)

表 6—8 网线的最大传输距离

收发器速度	电缆类型	双工模式	站点间最大距离
10 Mbit/s	3 类 UTP	全双工和半双工	328 英尺(100 m)
10 Mbit/s	MMF	全双工和半双工	1.2 英里(2 km)
100 Mbit/s	5 类和 5e 类 UTP	全双工和半双工	328 英尺(100 m)
100 Mbit/s	6 类 UTP	全双工和半双工	328 英尺(100 m)

2. 以太网铜缆水晶头线序

所有线序的参考方向均为面向 RJ45 接头金手指方向,最左边的线序为 1 线。

直连网线线序如图 6—7 所示,交叉网线线序如图 6—8 所示。

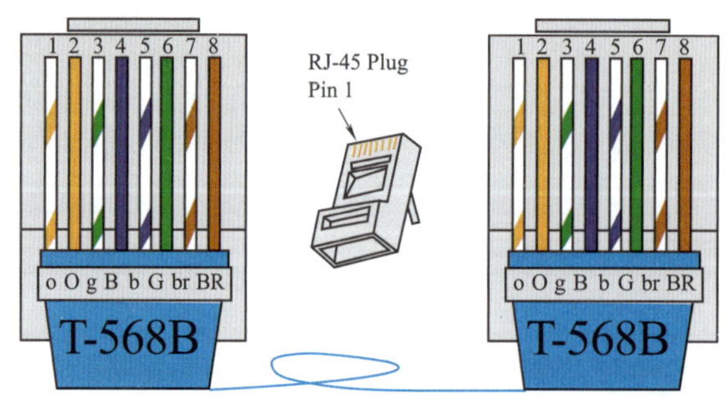

图 6—7 直连网线线序

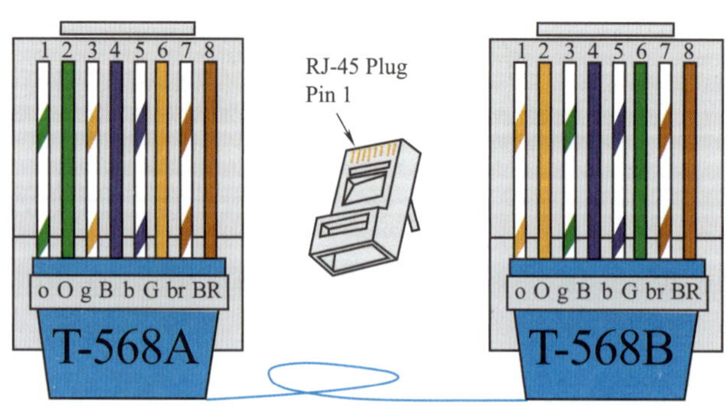

图 6—8 交叉网线线序

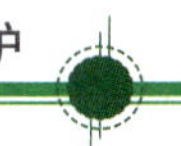

3. 注意事项

5e 类和 6 类铜缆由于制造中使用了绝缘材料，在强电磁环境中可能存储大量静电（两段紧密导体中间的绝缘层经电磁耦合后相当于电容）。所以在恶劣环境下将铜缆连接到模块之前，请务必将铜缆适当放电（尤其在使用新电缆时）。

（二）常见端口故障检查

常见端口故障与路由器端口类似，当设备端口不正常时，做如下处理：

1. 检查连接是否松动。有时电缆好像已插入插孔，但其实并没有。
2. 请尝试拔下线缆，然后重新插入插孔。
3. 使用已知正常的线缆替换可能有问题的电缆。
4. 查找 RJ45 网线水晶头连接器的引脚是否损坏或缺失。

第三节 网络防火墙

一、基础知识

防火墙作为内部网与外部网之间的一种访问控制设备，常常安装在内部网和外部网交界点上。

防火墙具有很好的网络安全保护作用。入侵者必须首先穿越防火墙的安全防线，才能接触目标计算机。针对不同安全保护程度的应用，可以将防火墙配置成许多不同保护级别，高级别的保护可能只允许指定的服务通过防火墙对外通信。

防火墙的主要作用：

（1）防火墙可以防止非授权网络上的危险（病毒、资源盗用）传播到网络内部。

（2）能强化安全策略。

（3）可限制暴露用户点。

（4）安全策略检查。

二、设备简介

监测系统中所采用思科公司的 ASA 5500 系列硬件防火墙，除了提供较好的服务灵活性、模块化可扩展性、特性可延伸性和更低的部署和运营成本。监测系统可以利用 ASA 防火墙将自身网络划分为多个区域以提高安全性，随监测系统的网络安全需求变化而调整，从而提供卓越的投资保护和服务可扩展性。如图 6—9 所示。

图 6—9 思科 ASA 5500 系列硬件防火墙

三、设备维护

（一）设备接口

思科 ASA 5500 系列硬件防火墙背面接口示意如图 6—10 所示，组件名称见表 6—9。

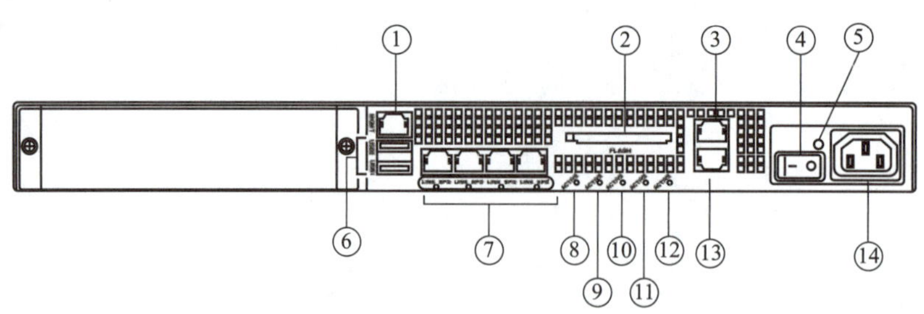

图 6—10　思科 ASA 5500 系列硬件防火墙背面接口示意图

表 6—9　思科 ASA 5500 系列硬件防火墙组件名称表

序号	组件名称	序号	组件名称	序号	组件名称
①	管理端口	⑥	USB 插槽	⑪	VPN 指示灯
②	FLASH 卡插槽	⑦	网络接口	⑫	FLASH 指示灯
③	控制口	⑧	电源指示灯	⑬	AUX 接口
④	电源开关	⑨	状态指示灯	⑭	电源线
⑤	电源指示灯	⑩	激活指示灯		

(二)状态灯含义

思科 ASA 5500 系列硬件防火墙正面 LED 示意如图 6—11 所示，指示灯含义见表 6—10。

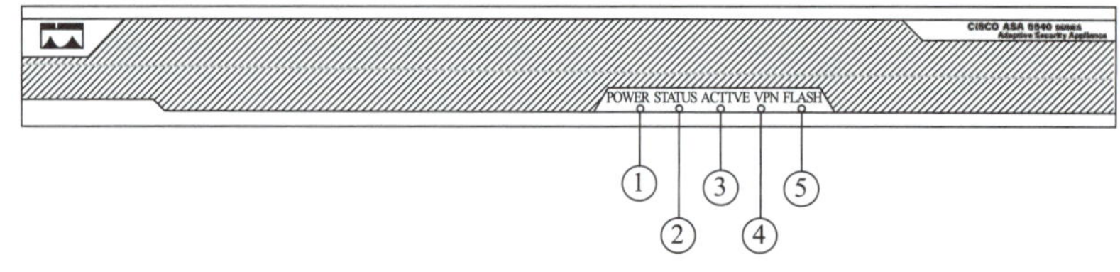

图 6—11　思科 ASA 5500 系列硬件防火墙正面 LED 示意图

表 6—10　思科 ASA 5500 系列硬件防火墙的指示灯含义

序号	LED 灯	颜色	状态	含义
①	电源 POWER	绿色	常亮	系统上电
②	状态 STATUS	绿色	闪烁	启动自检
		琥珀色	常亮	通过自检
			常亮	设备故障自检失败
③	激活 ACTIVE	绿色	常亮	设备运行在双机模式的主用状态
		琥珀色	常亮	设备运行在单机模式
④	VPN	绿色	常亮	VPN 隧道被建立
⑤	FLASH	绿色	常亮	设备的 FLASH 存储卡正被程序访问

日常工作中，当正常使用的防火墙设备出现电源指示灯熄灭时，请检查电源供应情况，

若外部电源正常，则需更换线缆尝试连接情况，若设备依旧故障，请联系监测系统厂商技术人员处理。

状态指示灯呈琥珀色时代表防火墙设备内部故障，请直接联系监测系统厂商现场技术人员处理。

因网络防火墙的专业性较强，且与各项重要业务联系紧密，不建议一般电务人员进入设备配置模式进行操作维护。

第四节　防入侵设备

一、基础知识

随着信息化技术的深入和互联网的迅速发展，整个世界正在迅速融为一体，计算机网络已经成为国家的经济基础和命脉。众多的企业、组织与政府部门都在组建和发展自己的网络，并连接到 Internet 上，以充分共享、利用网络的信息和资源。计算机网络在经济和生活的各个领域正在迅速普及，其地位越来越重要，整个社会对网络的依赖程度越来越大。

伴随着网络的发展，也产生了各种各样的问题，其中安全问题尤为突出。现在，网络中蠕虫、病毒及垃圾邮件肆意泛滥，木马无孔不入，DDoS 攻击越来越常见，网络资源滥用，黑客攻击行为几乎每时每刻都在发生，所有这些困扰着包括企业、组织、政府部门与机构等在内的各种网络用户。

能否及时发现网络黑客的入侵，有效地检测出网络中的异常流量，成为所有网络用户面临的一个重要问题。为了保证网络资源的安全，一般采用防火墙作为安全保障体系的第一道防线，通过访问控制，防御黑客攻击，提供静态防御。

但是随着越来越多的系统本身漏洞以及应用系统的漏洞被发现，以及攻击者的入侵方式更加隐蔽，新的攻击方式层出不穷，所以单纯地依靠防火墙已经无法完全防御不断变化的入侵攻击的发生，部署了防火墙的安全保障体系还有进一步完善的需要。

防火墙作为访问控制设备，无法检测或拦截嵌入到普通流量中的恶意攻击代码，比如针对 Web 服务的注入攻击等。

入侵检测系统（Intrusion Dctcction System）是对防火墙有益的补充，入侵检测系统被认为是防火墙之后的第二道安全闸门，对网络进行检测，提供对内部攻击、外部攻击和误操作的实时监控，提供动态保护，大大提高了网络的安全性。

入侵检测系统主要有以下特点：

1. 事前警告：入侵检测系统能够在入侵攻击对网络系统造成危害前，及时检测到入侵攻击的发生，并进行报警。

2. 事中防御：入侵攻击发生时，入侵检测系统可以通过与防火墙联动、TCP Killer 等方式进行报警及动态防御。

3. 事后取证：被入侵攻击后，入侵检测系统可以提供详细的攻击信息，便于取证分析。

综上所述，防火墙提供静态防御，而入侵检测系统提供动态防御，因此防火墙和入侵检测系统的结合，能够给网络带来全面的防御。对防火墙和入侵检测系统的关系有一个经典的比喻：防火墙相当于门卫，对于所有进出大门的人员进行检查，入侵检测系统相当于闭路监控系统，监控关键位置如财务、库房等地安全状况，仅有门卫是无法发现内部人员的非法行为，而闭路监控系统可以实时监控，发现异常情况及时报警，两者配合使用才能保证安全。

二、设备简介

铁路信号集中监测系统中所采用的网络入侵检测系统是国内一线安全厂商自主研发的，业界领先的产品。实时检测网络通信，可以精确识别传统的蠕虫、病毒、木马、间谍软件、垃圾邮件、DDoS 等黑客攻击，以及目前流行挂马 Web 威胁，对于违反安全策略的下载、即时通信等网络资源滥用行为，也能够给予及时报警，在各类攻击对系统产生严重危害前主动告警响应。

入侵检测系统设备如图 6—12 所示，入侵检测系统功能示意如图 6—13 所示。

图 6—12　入侵检测系统设备　　　　图 6—13　入侵检测系统功能示意图

关键特性和优势：

1. 卓越的多千兆(Multi-Gigabit)处理性能；
2. 智能协议分析引擎，全面识别超过 100 种应用协议；
3. 接近 100% 的检测率和几乎为零的误报率；
4. 灵活、高效的病毒监测能力；
5. 先进、可靠的 Web 威胁抵御能力；
6. 基于对象的虚拟系统，实现不同环境下的精细入侵检测；
7. 基于应用协议的流量分析，扩展企业安全管理能力；
8. 可扩展的敏感信息审计方案；
9. 最多至 8 路的入侵检测能力；
10. 多级部署、集中管理，适应各类企业需求。

作为防火墙的合理补充，入侵检测系统能够帮助管理员对付网络攻击，最大限度地减少攻击可能给企业造成的损失，进一步提高监测系统信息安全基础结构的完整性。

三、设备维护

入侵检测系统接口示意图如图 6—14 所示。

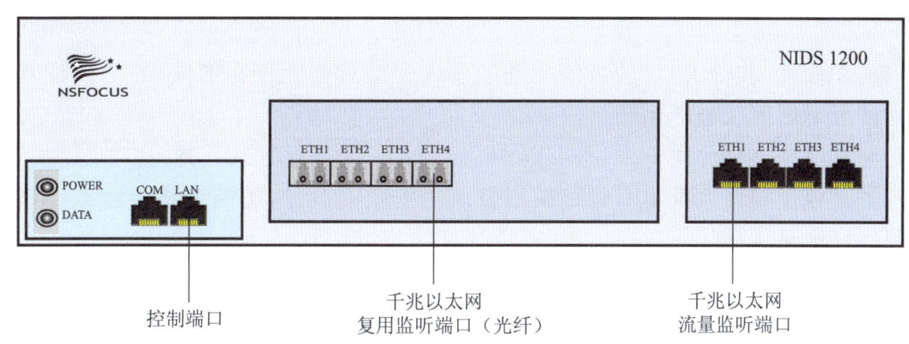

图 6—14　入侵监测系统接口示意图

POWER:电源指示;

DATA:设备运行指示;

COM:串行通信端口;

LAN:本地带外管理控制端口;

ETH1 ~ ETH4:流量监听业务端口(千兆以太网电口)。

注:ETH1 ~ ETH4 是与千兆流量监听电口互斥的复用光口,默认不含光模块。每个接口只能使用电或者光端口其中的一个运行。

已由厂商人员安装调试好的入侵检测系统,在日常工作中如果出现端口的链路指示灯不亮,可以参考表 6—11 排查故障。

表 6—11　入侵检测系统的端口故障排查

故障类型	排查方法
电缆接口松动	重新插拔线缆
端口类型错误	若有线路改动,请确保将线缆两端插入正确类型的端口(例如 COM 口不能连接以太网口)
设备电源故障	首先查看设备电源模块及风扇是否在正常运行,然后确保线缆两端的设备都连接电源并正常开机
线缆损坏	使用已知正常的线缆替换可能有问题的电缆,查找 RJ45 水晶头的引脚是否损坏或丢失

当系统出现无法登录或账号退出的情况时:

登录失败的原因有可能是:①用户名输入错误;②密码输入错误;③未区分大小写;④账户被禁用或删除。

登录系统之前,请检查浏览器是否设置了禁止弹出窗口属性或者禁止 javascript;如果是,请撤销此设置。

管理员登录后,如果不活动的时间超过 5 min,系统将超时并自动退回到登录页面,请重新登录继续使用。

第五节　漏洞扫描设备

一、基础知识

漏洞是在硬件、软件、协议的具体实现或系统安全策略上存在的缺陷，可以使攻击者在未授权的情况下访问或破坏系统。

安全漏洞有很多种分类方式，按照漏洞宿主不同，可以分为三大类：

第一类是由于操作系统本身设计缺陷带来的安全漏洞，这类漏洞将被运行在该系统上的应用程序所继承。

第二类是应用软件程序的安全漏洞。

第三类是应用服务协议的安全漏洞。

近年来，针对应用软件程序和应用服务协议安全漏洞的攻击越来越多，同时利用病毒、木马技术进行网络盗窃和诈骗的网络犯罪活动呈快速上升趋势，产生了大范围的危害，由此造成的经济损失也是越发巨大。

漏洞扫描功能示意图如图 6—15 所示。

目前大多数用户的安全意识虽然提高了，但是“冲击波”和“震荡波”等蠕虫病毒的爆发还是会造成很大的损失，病毒、特洛伊木马及恶意代码逐渐成为严重的安全问题，这说明仅仅提高用户的安全意识是完全不够的。同时由于客户端、第三方软件安全漏洞危害日益增大，传统的远程扫描已经不能满足日益变化的安全漏洞形式，需要采用主动的漏洞扫描设备自动完成整个过程，才能有效地对漏洞进行动态管理。

图 6—15　漏洞扫描功能示意图

二、设备简介

主动漏洞扫描设备如图 6—16 所示。

通过防火墙和入侵检测系统，能够被动的保护重要 IT 设备的运行，但是对于应用系统及程序的漏洞，并没有手段有效探测和发现。

铁路信号集中监测系统中所采用的绿盟远程安全评估系统（简称 RSAS），具有高效、智能的漏洞识别技术，通过管理员的任务计划，主动对网络中的资产进行细致深入的漏洞检测、分析，并给用户提供专业、有效的漏洞防护建议。对发现的网络资产的安全漏洞进行详细分析并采用权威的风险评估模型将风险量化，给出专业的解决方案，方便的资产风险管理功能，帮助安全

图 6—16　主动漏洞扫描设备

管理员全面、快速定位信息资产中的风险情况。

依托专业的 NSFOCUS 安全小组，综合运用信息重整化（NSIP）等多种领先技术，自动、高效、及时准确地发现网络资产存在的安全漏洞。

提供 Open VM（Open Vulnerability Management，开放漏洞管理）工作流程平台，将先进的漏洞管理理念贯穿整个产品实现过程中。

独立硬件平台，基于嵌入式安全操作系统，大大提高了系统的工作效率和自身安全性。系统稳定可靠，无需额外存储设备即可运行。

专业的 Web 应用扫描模块，可以自动化进行 Web 应用、Web 服务及支撑系统等多层次全方位的安全漏洞扫描，简化安全管理员发现和修复 Web 应用安全隐患的过程。

三、设备维护

主动漏洞扫描设备接口示意图如图 6—17 所示，其中：①—串口；②—管理口；③—主动漏洞扫描端口；④—链路指示灯；⑤—电源指示灯；⑥—状态指示灯。

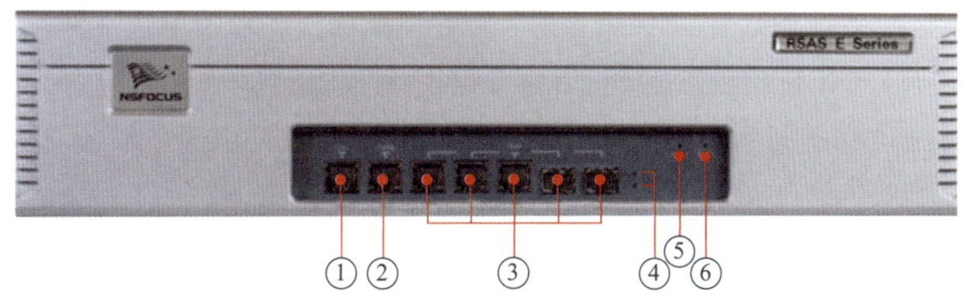

图 6—17　主动漏洞扫描设备接口示意图

注：主动漏洞扫描端口的千兆电口是和后端千兆光口互斥的，默认不含光模块。每组互斥接口只能使用电或者光端口其中的一个运行。

当远程登录不可用时，请检查以下内容：

浏览器必须支持 JavaScript、Cookie 和 Frame。建议用户最好将管理页面地址加入受信任站点中。

建议使用 IE 7.0 及以上版本的浏览器或者 Firefox 浏览器，并将屏幕分辨率设置为 1 024×768 或更高。若使用其他浏览器，可能导致页面无法正常显示。

访问 URL 应该是 https 连接，而不是 http 连接。确认 IP、网关、DNS 参数是否配置正确，网络连接是否正确。

第六节　光通信设备

一、基础知识

光纤是一种采用玻璃作为波导，以光的形式将信息从一端传送到另一端的技术。今天的低损耗光纤相对于早期发展的传输介质，几乎不受带宽限制并具有独一无二的优势，点到点的光传输系统由三个基本部分构成：产生光信号的光发送机、携带光信号的光缆和接收光信号的光接收机。

光纤具有较大的信息容量,光纤电缆对诸如无线电、电机或其他相邻电缆的电磁噪声具有较大的阻抗,使其免于受电噪声的干扰。从长远维护角度来看,光缆最终的维护成本会非常低。光纤使用光脉冲沿光线路传输信息,以替代使用电脉冲沿电缆传输信息。在系统的一端是发射机,是信息到光纤线路的起始点。发射机接收到的已编码电子脉冲信息来自于铜线电缆,然后将信息处理并转换成等效的编码光脉冲。使用发光二极管或注入式激光器产生光脉冲,同时采用透镜,将光脉冲集中到光纤介质,使光脉冲沿线路在光纤介质中传输。由内部全反射原理可知,光脉冲很容易沿光纤线路运动,光纤内部全反射原理说明了当入射角超过临界值时,光就不能从纤芯中溢出;相反,光纤会反射回纤芯内。应用这一原理制作光纤的多芯电缆,使得以光脉冲形式沿光线路传输信息成为可能。光纤传输具有衰减小、频带宽、抗干扰性强、安全性能高、体积小、重量轻等优点,所以在长距离传输和特殊环境等方面具有无法比拟的优势。传输介质是决定传输损耗的重要因素,决定了传输信号所需中继的距离,光纤作为光信号的传输介质具有低损耗的特点。

综合布线系统中使用的光纤多模 850 nm 波长的 LED,传输率为 100 Mbit/s,有效范围约 20 km。其纤芯和包层由两种光学性能不同的介质构成。内部的介质对光的折射率比环绕它的介质的折射率高。由物理学可知,在两种介质的界面上,当光从折射率高的一侧射入折射率低的一侧时,只要入射角度大于一个临界值,就会发生反射现象,能量将不受损失。这时包在外围的覆盖层就像不透明的物质一样,防止了光线在穿插过程中从表面逸出。只有那些初始入射角偏小的光线才有折射发生,并且在很短距离内就被外层物质吸收干净。

目前生产的光纤可传输全部可见光和部分红外光谱。用光纤做的光缆有多种结构形式。短距离用的光缆主要有两种,一种层结构光缆是在中心加钢丝或尼龙丝,外束有若干根光纤,外面在加一层塑料护套;另一种是高密度光缆,它有多层丝带叠合而成,每一层丝带上平行敷设了一排光纤。

随着加工工艺的提高和光传输配套设备成本的不断降低,光纤通信技术应用范围迅速扩大,自 1977 年光纤系统首次商用安装以来,电话公司就开始使用光纤链路替代旧的铜线系统。今天的许多组织机构,在他们的各种通信系统中全面使用光纤作为干线结构和作为系统之间的长距离连接。而铁路行业的广域网服务提供商铁通公司,实际上是用光纤/铜轴混合线路为监测网络的各级车站环网提供 E1 链路 2 M 通信服务。

这种混合线路允许在较大的地理区域之间集成光纤和同轴电缆,其远距离传输设备采用专用且昂贵的长距离光传输设备,本文不对其讨论,仅对小于等于 2 km 内的低成本 SFP (Small Form-factor Pluggables)光纤通信模块及光纤协议转换器设备进行说明。

二、设备简介

铁路信号集中监测系统中,部分应用环境具有以下多种不利因素:强电磁干扰、雷害较多发、两节点间的通信距离大于铜缆的有效距离、信号机房接地电位较高且地网带电动

势等。

当存在以上因素时，需要采用 SFP 小型光纤传输模块和各式光纤收发设备。监测系统中大面积应用的主要有思科公司的各种 SFP 光纤收发器和台湾 CTC 公司的各种协议转换器。CTC FRM220 系列机架式协议转换平台示意图如图 6—18 所示，每块卡均可单独使用。

图 6—18　CTC FRM220 系列机架式协议转换平台

（一）思科 SFP（Small Form-factor Pluggables）小型可插拔光纤收发器

SFP 收发器有多种不同的发送和接收类型，用户可以为每个链接选择合适的收发器，以提供基于可用的光纤类型（如多模光纤或单模光纤）能达到的光学性能。可用的光学 SFP 模块一般分为如下类别：850 nm 波长/550 m 距离的 MMF（SX）、1 310 nm 波长/10 km 距离的 SMF（LX）、1 550 nm 波长/40 km 距离的 XD、80 km 距离的 ZX、120 km 距离的 EX 或 EZX，以及 DWDM。SFP 收发器也提供铜缆接口，使得主要为光纤通信设计的主机设备也能够通过 UTP 网络线缆通信。另外也存在波分复用（CWDM）以及单光纤双向（1310/1490 nm 波长上行/下行）的 SFP。

目前监测中心环境及特殊站点通常应用环境均不大于 550 m，因此思科多模 550 m SPF 光纤收发器、思科单模 2 km SPF 光纤收发器和 CTC 光纤协议转换器应用较多（以上设备均成对使用）。

思科 SFP 小型可插拔光纤收发器示意图如图 6—19 所示，组件名称见表 6—12。

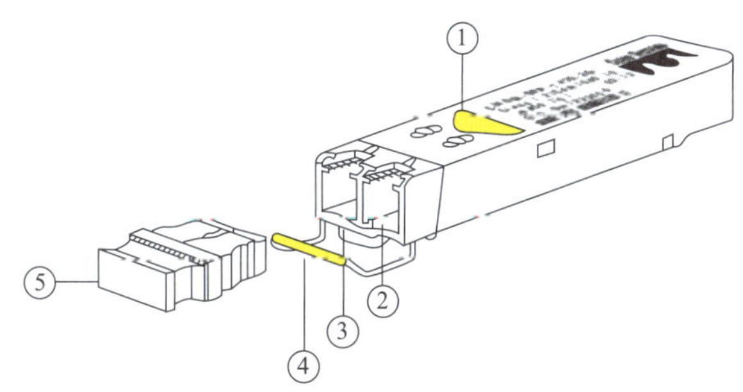

图 6—19　思科 SFP 小型可插拔光纤收发器示意图

表 6—12　思科 SFP 小型可插拔光纤收发器组件名称表

序号	说　明	序号	说　明
①	标签上的颜色箭头	④	用彩色标记的拉钩
②	接收光纤孔	⑤	光纤孔防尘塞
③	传输光纤孔		

（二）FRM220-1000TS 千兆以太网光纤收发器（图 6—20）

图 6—20　CTC FRM220-1000TS 系列独立光纤协议转换器

FRM220-1000TS 是一款千兆的光纤收发器，支持 1000Base-Tx 到 1000Base-SX/LX 的转换。可以插到配有 NMC 网管的 FRM220-CH20 机架上使用，也可以插到非网管独立式机壳内使用。最大支持 9 KB 封包的传输。具有完善的 LED 指示灯显示工作状态。光口支持自动和强制两种工作模式。

功能特点：

1. 电口支持自识别网线功能；
2. 电口支持自适应及人工强制工作模式设置；
3. 光口支持自动和强制工作模式；
4. 支持断路检测功能；
5. 在最大包长达 9 KB；
6. 支持 ALS 功能。

三、设备维护

（一）注意事项

思科（Cisco）SFP 收发器模块配备有 1 级激光，它会发射不可见辐射。请勿直视打开的光纤端口。

Cisco SFP 模块对静电敏感。为了防止静电放电（ESD，Electro-Static Discharge）导致的损坏，请佩带一条防静电腕带，并将其连接到机箱。

灰尘也很容易对 Cisco SFP 模块造成损坏。存放设备时请始终在光纤孔处装上防尘塞。

除非确有必要，否则不要频繁卸下和插入 Cisco SFP 模块。多次卸下和插入 Cisco SFP 模块会缩短其使用寿命。

SFP 在正常工作过程中，其端口 LED 状态为：

1. 当 SFP 收发器和目标设备建立好链路时，LED 变为绿色。

2. 当 STP 发现网络拓扑并搜索环路时，LED 变为琥珀色。这个过程大约持续 30 s，然后 LED 变为绿色。

3. 如果 LED 熄灭，原因可能为：未打开目标设备、光缆存在问题或安装在目标设备中的适配器存在问题。本地的光纤接收端没有连接对端设备的光纤发送端。

4. 如有必要，重新配置并重新启动目标设备。

当设备故障更换 SPF 模块时，可以使用 Cisco 设备支持的任意 SFP 模块组合。唯一的

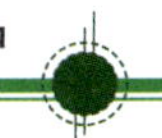

限制是,为了保证可靠通信,每个端口必须匹配电缆另一端的波长规格,并且光纤传输距离不能超出规定长度,否则远距离高功率的模块会有烧毁低功率模块的危险。即多模光纤收发器的对端也应为同样传输距离及规格的多模光纤收发器。

Cisco 不支持将第三方 SFP 收发器用于 Cisco 设备。Cisco 批准的 SFP 模块装有串行 EEPROM,其中包含模块序列号、供应商名称和 ID、唯一安全代码和循环冗余校验(CRC)。当 SFP 模块插入交换机时,交换机软件会读取 EEPROM 以验证序列号、供应商名称和供应商 ID,并且重新计算安全代码和 CRC。

CTC 公司的千兆光纤收发器设备,默认为即插即用设备,因此无需额外拨码开关的维护,当光纤接口的 LED 等不正常时,建议处理步骤与思科 SFP 模块类似,有可能是未打开对端设备、光缆存在问题或安装在对端设备中的适配器存在问题;本地的光纤接收端没有连接对端设备的光纤发送端。

(二)布线规范

表 6—13 显示了在快速以太网/千兆以太网 SFP 端口上安装 Cisco SFP 收发器的布线规范。请注意,所有 SFP 端口都有 LC 类型连接器,且表中列出了所有 SFP 的最小电缆距离(MMF 和 SMF[G.652]为 2 m[6.5 英尺])。

表 6—13 思科 SFP 光纤收发器最大传输距离

SFP	波长(nm)	光纤类型	光缆长度(最大传输距离)
GLC-FE-100FX	1 310	MMF	2 km(6562 英尺)
GLC-GE-100FX	1 300	MMF	2 km(6562 英尺)
GLC-FE-100LX	1 310	SMF	10 km(32,810 英尺)
GLC-FE-100BX-U	1 310	SMF	10 km(32,810 英尺)
GLC-FE-100BX-D	1 550	SMF	10 km(32,810 英尺)
GLC-FE-100EX	1 310	SMF	40 km(131,240 英尺)
GLC-FE-100ZX	1 550	SMF	80 km(262,480 英尺)
1000Base-SX	850	MMF	从 220 m(722 英尺)到 550 m(1,804 英尺)
1000BASE LX/LH	1 300	MMF	550 m(1,804 英尺)
		SMF	10 km(32,8210 英尺)
1000BASE-ZX	1 550	SMF	大约 70 km,取决于链路损失
1000BASE-BX-D	1 310	SMF	10 km(32,8210 英尺)
1000BASE-BX-U	1 490	SMF	10 km(32,8210 英尺)

第七章　铁路信号集中监测系统服务器及维护

为了加强信号集中监测系统的修、管、用工作，充分发挥信号集中监测系统在监控信号设备运用状态和预防故障等方面的作用，保证集中监测系统处于良好运用状态，电务部门应制定信号集中监测系统维护管理办法，明确规定各级机构职责，确定日常维护项目、周期，明确对报警信息、测试数据（曲线）的分析项目、周期。

一、职责分工

维护机构一般分为电务处（信号科或检测所）、电务段（技术科、电子设备车间、信息分析中心）、现场（车间及工区）三级。电务处及电务段技术科以管理为主，电务段电子设备车间兼顾管理、维护和分析，信息分析中心以分析为主，现场以设备巡视和分析为主。电务段子系统设备的维护通常由电子车间负责，铁路局子系统设备的维护通常由电务检测所或电务段电子车间负责。

二、中心设备维护注意事项

1. 网管终端巡视。通过网管终端定期查看站机连接情况，及时处置因连接不畅引起的通道类故障。

2. 定期升级和抽查防病毒软件版本情况。通过防病毒服务器，定期升级病毒库和防病毒软件，定期抽查系统内各终端节点的防病毒软件版本情况，发现问题及时克服，以保证网络安全。

3. 定期查看 CPU、内存及硬盘占用情况，清理服务器日志等记录信息，保证设备工作在正常状态。

4. 定期巡视检查双套设备是否均工作良好，保证冗余设备在冗余状态。

三、日常维护注意事项

对信号集中监测系统的维护，日常以巡检、保养为主，实行故障修。日常维护中有许多注意事项：

1. UPS 充放电

UPS 是监测设备连续工作的基本保证，要保证 UPS 正常工作，就必须定期充放电，周期可参照 UPS 说明制定，一般选择每季一次。

2. 界面信息核对

监测界面包含轨道、道岔、信号机、表示灯等各种状态信息，静态核对一般难以发现表示错误，因此设备变化后，在一定时间内应动态跟踪界面信息，以保证信息的准确。界面信息

核对包括站机终端与联锁、列控核对和中心所带各终端与站机终端的核对。

3. 保证监测系统的完整性

信号集中监测系统是电务部门预防故障、进行故障分析的重要设备，日常维护、施工均应保证其完整性。通常本站站机终端完整性有保障，各远程终端容易遗漏。

（1）信号设备发生变化应同步修改信号集中监测系统。比如因道岔大修，单机牵引改双机；为解决分路不良，轨道电路改多特征轨道电路等，均应同步修改信号集中监测系统。

（2）对信号集中监测系统的验收要包括对位试验（测试项目对位、报警信息对位和按钮动作信息对位）、特性测试标调、标准值设定合理性检查等。

（3）任一站机修改后，相应修改车间、电务段、电务处终端。

4. 测试精度校核

作为测试系统，对每一项数据都有精度要求。例行的可每年进行一次校核，新上或更换故障传感器时要重新校核，在监测设备改造后也要校核。

5. 合理设置门限值

在《铁路信号维护规则》（技术标准）中，对各种测试指标都给出了标准，但这个标准并不是设置上下限的唯一依据。从现场多年的经验看，测试数据变化较大时（不一定超标），往往更能准确预示故障，因此对某一特定对象其报警门限可做适应性调整，比如 JZCX-480 型轨道电路，《铁路信号维护规则》中的标准是 10.5～18 V，若某个区段常态在 15 V，可以把上下限设成 13～17 V，当该区段电压波动超限时即给出报警提示。

6. 充分利用参考曲线

轨道电路和转辙机是故障最多的信号设备。对于轨道电路特性超标、突变、波动等监测系统已能自动给出提示，但对道岔动作曲线，无论是电流曲线还是功率曲线，还只能通过人工浏览的方式进行查询，对人的素质要求较高。

目前监测系统已具备设置参考曲线的功能，即把某次动作曲线设置成参考曲线，在浏览道岔曲线时，同时显示参考曲线，将当次扳动曲线与参考曲线比对，两者吻合或基本吻合时说明道岔没有变化或变化很小，反之说明道岔变化大，需要进一步检查确认。

设置参考曲线时首先要注意对道岔进行鉴定，确认道岔状态良好，这样才具有参考意义；其次要注意确认好道岔扳动方向，防止当次曲线的扳动方向与参考曲线的方向不一致。

四、施工注意事项

在监测系统软件和硬件设置方面，有些做法应在工程实施阶段加以注意，给查询、分析提供最大的便利。

1. 在条件允许的情况下，将站机终端设置在工区，便于浏览查看。

2. 将报警音箱设置在值班室，防止发生一、二级报警时，机械室无人不能及时发现。

3. 烟感、温感、火光传感器按室分别设置，温感每室 1 个，烟感及火光传感器数量按组合架数量合理确定；烟感应安装在屋顶，不得安装在组合架侧面或半空；火光传感器安装高度适当，辐射面满足要求即可。烟感、火光报警在技术条件中规定为二级，但考虑其危害，设置成一级报警为宜。

4. 提速道岔转辙机宜提供按分相电流曲线和总功率曲线两种方式显示，显示方式可选，以满足分析人员的不同需求。

5. 对 25 Hz 相敏轨道电路应保留对 50 Hz 电压的解析，并在一个界面分 25 Hz 和 50 Hz 两种曲线显示，用于辅助分析电化区段是否有工频侵入。

6. ZPW-2000 系列移频轨道电路的采集点多，特性指标也多，应按从发送到接收排序，各特性指标显示均可选。考虑到与故障分析相关的主要指标是电压、电流，因此应默认显示各采集点电压、电流。

7. 菜单中道岔、轨道电路、信号机名称应有一定规律，比如按从小到大顺序排列。

8. 智能分析功能应能按日形成“维护建议报告”，除能给出各种报警、预警提示外，还应给出按日统计的未扳动道岔名称，用于辅助选择扳动试验道岔对象。

9. 日报表中超标的数据用红色字体标记，与常态值相比变化较大的数据用黄色背景标记。

五、网络安全注意事项

病毒防范始终是计算机设备的关注点，对于信号集中监测系统有以下注意事项：

1. 应禁止在各级终端上运行与监测工作无关的软件。

2. 定期升级防病毒软件及病毒库，每次升级后及时查看版本信息。

3. 采取物理方式及软件手段封闭不必要的 USB 口、光驱、软驱。因光驱、软驱的使用呈日益减少的趋势，USB 口是防范的重点。

4. 在系统中使用移动存储设备时，必须查杀病毒后才可使用。

5. 因故更换主机或重装系统时要同步安装系统补丁和防病毒软件，并升级病毒库。

第一节　数据库服务器及磁盘阵列

一、数据库服务器

数据库服务器的主要功能是存储车站开关量、报警等相关数据。存储终端、通信前置机、应用服务器、网管服务器等操作记录。

数据库服务器采用“小机 + 磁盘阵列”的方式实现。以 HP Integrity RX6600 系列服务器为例说明。

HP Integrity RX6600 系列服务器是一款用于工作负载整合和虚拟化的高可扩展平台，重新诠释了高级设备的性能。HP Integrity RX6600 系列服务器的高度为 7U，安装在机架或底座上。HP Integrity RX6600 系列服务器前置图如图 7—1 所示。

HP Integrity RX6600 系列服务器主要子系统的结构图如图 7—2 所示。结构图显示了每个子系统的主要部件，以及这些子系统之间的互相关系。显示的核心 I/O 配置有一个 SASI/O 卡。根据核心 I/O 的配置，可在插槽 10 中安装双千兆 LAN。

图 7—1　HP Integrity RX6600 系列服务器前置图

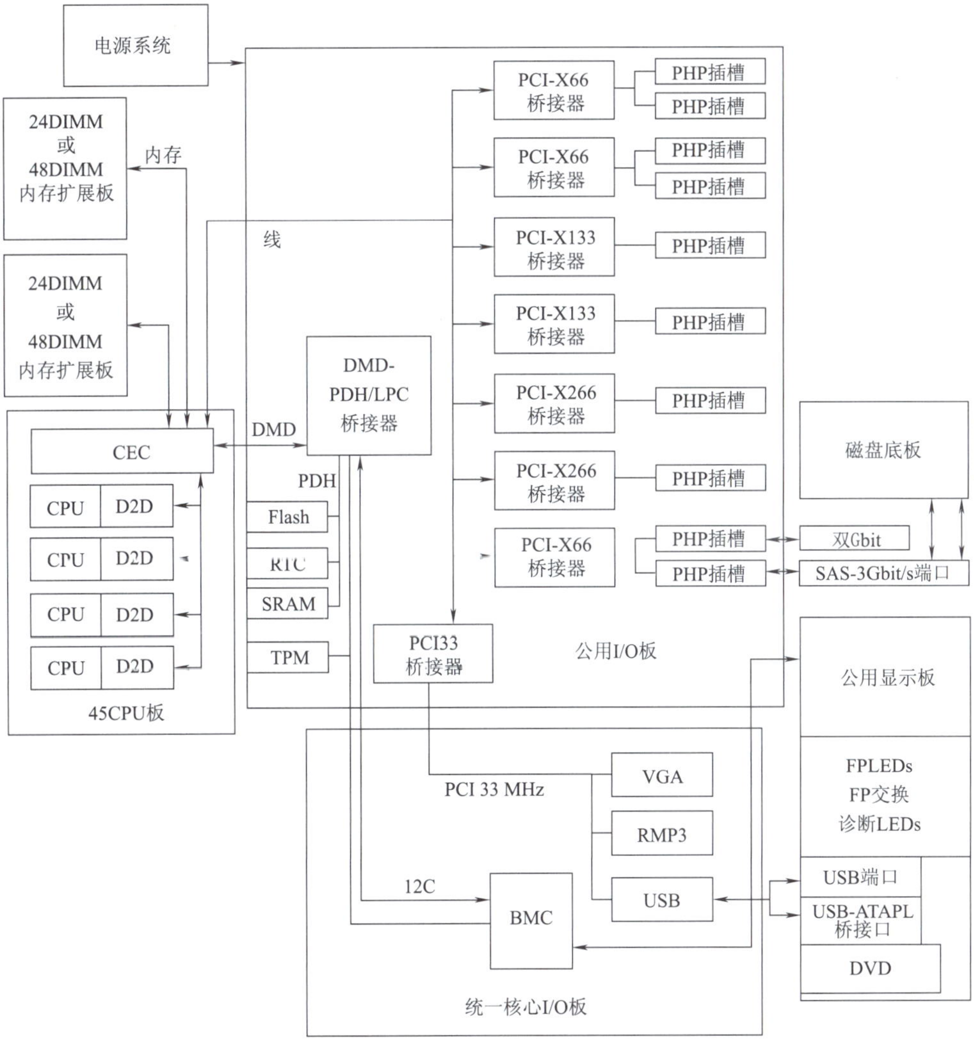

电源系统

24DIMM
或
48DIMM
内存扩展板

内存

24DIMM
或
48DIMM
内存扩展板

线

CEC

CPU　D2D

CPU　D2D

CPU　D2D

CPU　D2D

45CPU板

DMD

DMD-
PDH/LPC
桥接器

PDH

Flash

RTC

SRAM

TPM

PCI33
桥接器

PCI-X66
桥接器　PHP插槽　PHP插槽

PCI-X66
桥接器　PHP插槽　PHP插槽

PCI-X133
桥接器　PHP插槽

PCI-X133
桥接器　PHP插槽

PCI-X266
桥接器　PHP插槽

PCI-X266
桥接器　PHP插槽

PCI-X66
桥接器　PHP插槽　PHP插槽

公用I/O板

磁盘底板

双Gbit

SAS-3Gbit/s端口

公用显示板

FPLEDs
FP交换
诊断LEDs

USB端口

USB-ATAPL
桥接口

DVD

PCI 33 MHz

VGA

RMP3

USB

12C

BMC

统一核心I/O板

图 7—2　服务器主要子系统的结构图

1. 处理器

服务器处理器子系统包括一至四个双核处理器模块。处理器板安装在可拆卸的承载托盘上,该托盘与处理器板操作门相连。卸下内存装置后,可通过服务器的正面操作该配件。

2. 内存

服务器 DIMM 固定在内存板上,而这些内存板封装在可抽出的内存装置配件中。内存装置配件完全固定后,可将内存板直接插入到处理器板上的插座中。

3. 散热系统

有六个系统风扇配件用于给服务器散热。这些风扇是冗余的,它们可热交换并可互换。可通过机箱顶端和后端维修。风扇 $N+1$ 冗余,表示服务器有六个风扇,但在只有五个风扇运行的情况下,服务器能在极有限的时间内继续运行。如果达到时间阈值,服务器将自动关闭,以防出现过热的情况。

HP Integrity RX6600 系列服务器主要性能参数见表 7—1。

表 7—1　HP Integrity RX6600 系列服务器性能参数

序号	名　称	说　明
1	处理器	1.6 GHz/24 MB 双核英特尔安腾(9150N)
2	RAM (类型/最小/最大)	DDR2/2 GB/384 GB
3	硬盘容量	硬盘容量可选择 146GB 和 300GB SCSI (SAS)硬盘
4	最大内部存储容量	2.3 TB
5	网络适配器	双端口 10/100/1000Base-T 以太网
6	存储适配器	具备 RAID 1 (HP-UX 和 OpenVMS)的 HP 8 端口串行 SCSI (SAS)主机总线适配器;具备 RAID 1、5、6 (Windows 和 Linux)的 HP 8 端口 SAS 智能阵列适配器升级
7	高可用性	标准服务器功能 $N+1$ 冗余电源($N=1$); 双芯片备用; 内存与高速缓存上的检错与纠错(ECC); 内存和处理器自动解除配置; 服务处理器用于监控系统状态; $N+1$ 冗余风扇
8	环境规范 海拔高度	工作时:最大 3000 m(10000 英尺); 非工作时:最大 4600 m(15000 英尺)
9	温度	工作时:5 ℃ ~35 ℃ (41°F ~95°F); 非工作时:-40 ℃ ~ +70 ℃ (-40°F ~ +158°F); 最大温度变化率:20 ℃/h (36°F/h)
10	湿度	工作时:15% ~80% (相对,无冷凝); 非工作时:8% ~85% ,无冷凝

续上表

序号	名　　称	说　　明
11	电源要求	最大输入电流:9 A(200 V 交流电下); 线路频率:50～60 Hz; 最大交流电输入功率:1633 W; 最大输出:每电源 1600 W; 电源数:1 或 2 (1+1 配置:1 个必需,1 个可选); 电源入口类型:IEC320-C20
12	电源	最大输出:每电源 1600 W; 电源数:1 或 2 (1+1 配置:1 个必需,1 个可选); 电源入口类型:IEC320-C20
13	BTU 额定值	常规:3405 BTU/h; 最高:5572 BTU/h

二、智能磁盘阵列

磁盘阵列为数据库服务器提供了共享存储。磁盘阵列性能稳定,数据交互速率高,存储量大等优点为工业设计和应用提供了良好的平台。

以 HP P2000 G3 MSA 智能磁盘阵列为例说明。

共享存储采用具有双光纤通道控制器的 HP P2000 G3 MSA 智能磁盘阵列。HP P2000 G3 MSA 智能磁盘阵列前置示意图如图 7—3 所示,其性能参数见表 7—2。

图 7—3　HP P2000 G3 MSA 智能磁盘阵列前置示意图

表 7—2　HP P2000 G3 MSA 智能磁盘阵列性能参数表

序号	名　　称	说　　明
1	硬盘	149 个 SFF SAS/SATA (96) 块 LFF SAS/SATA;支持包括扩展应用在内的最大配置,取决于机型
2	容量	最大 288 TB;包括扩展容量,取决于机型
3	存储控制器	2 个 P2000 G3 光纤通道 MSA 控制器;2 个 P2000 G3 光纤通道/iSCSI Combo MSA 控制器;2 个 P2000 G3 SAS MSA 控制器;2 个 P2000 G3 10GbE iSCSI MSA 控制器;2 个 P2000 G3 iSCSI MSA 控制器;无法在阵列中混用不同的协议控制器

续上表

序号	名　称	说　明
4	主机接口	每个控制器 2 个 8 Gbit/s 光纤通道端口或;每个控制器 2 个 8 Gbit/s 光纤通道端口及;每个控制器 2 个 1 Gbit/sE iSCSI 端口或;每个控制器 4 个 6 Gbit/s SAS 端口或;每个控制器 2 个 10 Gbit/sE 端口或;每个控制器 4 个 1 Gbit/sE iSCSI 端口;支持取决于机型
5	集群支持	Windows、Linux、HP-UX、OpenVMS
6	兼容的操作系统	Microsoft Windows Server 2008; Microsoft Windows 2003; Microsoft Windows Hyper-V; HP-UX; Red Hat Linux; SUSE Linux; VMware; SUN Solaris; HP OpenVMS; Citrix Xen-Server; Apple OS X
7	外形	2U

三、数据库服务器与磁盘阵列硬件日常维护

数据库服务器与智能磁盘阵列需每日应进行巡视,确保设备运行正常。

(一)温　　度

数据库服务器最佳的运行环境温度是 22 ℃。

数据库服务器前后需预留一定空间(大于 1 m),以便于设备进出风;否则有可能造成设备内部温度过高,影响设备的稳定性及使用寿命。

(二)湿　　度

数据库服务器工作的最佳环境湿度是 55%。

如果机房环境过于潮湿,可建议客户使用抽湿机;如果环境过于干燥,可考虑使用加湿机增加机房的湿度。

(三)指示灯状态

如果发现系统工作不正常,可以观察硬件状态指示灯的情况。

以 HP Integrity RX6600 系列服务器和 HP P2000 G3 MSA 智能磁盘阵列为例说明指示灯状态判断方法。

1. 服务器前面板

HP Integrity RX6600 系列服务器前面板示意图如图 7—4 所示,前面板按钮及指示灯含义见表 7—3。

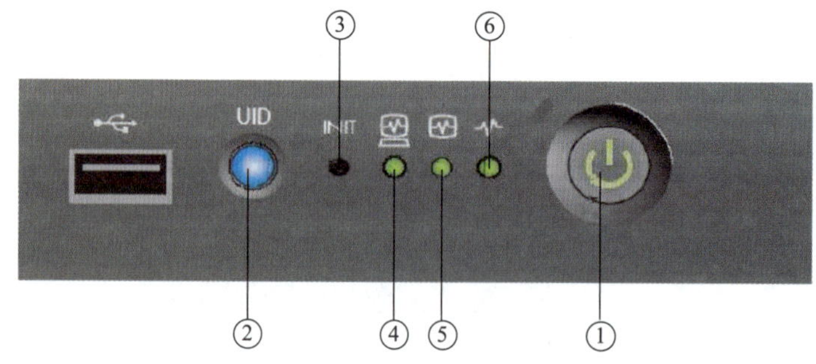

图 7—4　HP Integrity RX6600 系列服务器前面板示意图

表 7—3　HP Integrity RX6600 按钮及指示灯含义

序号	灯位	功能	灯状态	说　明
①	电压按钮	手动控制开关状态	关闭	无交流电源
			绿色	全功率运行 full power is on
			黄色	备用电源运行 standby power is on
②	UID 远程控制灯	远程控制等状态	关闭	关闭
			绿色	打开
③	INIT 初始化按钮	重置系统，终止所有 IO 活动，并重启服务器	—	—
④	System Health LED 系统健康灯	提供系统状态信息	灭灯	系统关闭
			绿色	正常状态
			闪灯	报警
			闪红	系统故障
⑤	Internal Health LED 内部健康灯	内部系统状态	灭灯	系统关闭
			绿色	良好
			闪灯	状态降级
			闪红	严重错误
⑥	External Health LED 外部健康灯	外部系统状态	灭灯	系统关闭
			绿色	状态良好
			闪灯	状态降级
			闪红	严重错误

2. 服务器后面板

HP Integrity RX6600 系列服务器后面板示意图如图 7—5 所示，后面板端口说明见表 7—4。

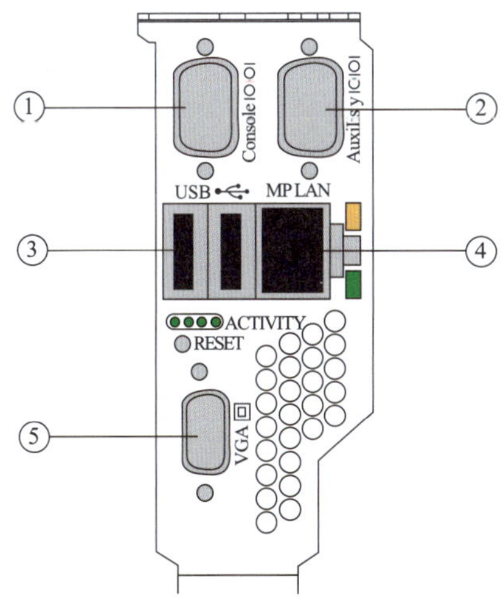

图 7—5　HP Integrity RX6600 系列服务器后面板示意图

表 7—4 HP Integrity RX6600 系列服务器后面板端口说明

序号	名 称	说 明
①	MP RS-232 串行端口	连接到仿真终端设备(PC、便携式电脑或 ASCII 终端)
②	通用串行端口	连接打印机等
③	USB2.0 端口	连接 USB 设备
④	MP LAN 端口	RS-232
⑤	VGA 端口	接显示器

3. 磁盘阵列后面板

HP P2000 G3 MSA 智能磁盘阵列后面板示意图如图 7—6 所示,后面板端口说明见表 7—5。

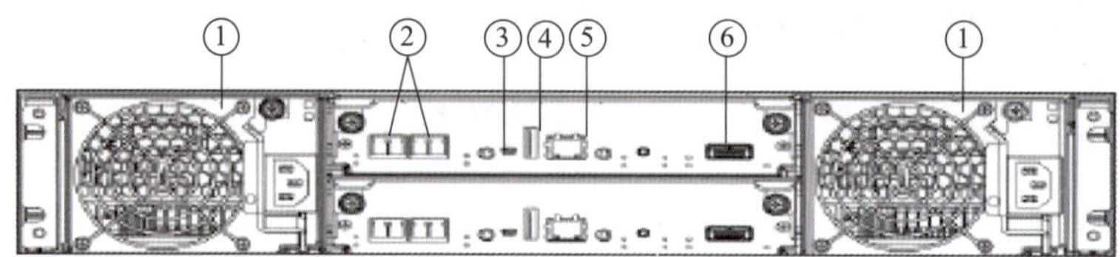

图 7—6 HP P2000 G3 MSA 智能磁盘阵列后面板示意图

表 7—5 HP P2000 G3 MSA 智能磁盘阵列后面板端口说明

序号	名 称	序号	名 称
①	电源	④	保留供将来使用
②	光纤通道主机端口	⑤	管理以太网端口
③	CLI 端口	⑥	SAS 扩展端口

四、数据库服务器软件日常维护

(一)检查网络状态

输入网络状态查询命令:

```
$ crs_stat -t -v
```

返回结果:

```
Name            Type             R/RA   F/FT  Target   State    Host
----------------------------------------------------------
ora.DATA.dg     ora....up.type   0/5    0/    ONLINE   ONLINE   rac1
ora.DATA_DB.dg  ora....up.type   0/5    0/    ONLINE   ONLINE   rac1
ora....ER.lsnr  ora....er.type   0/5    0/    ONLINE   ONLINE   rac1
ora....N1.lsnr  ora....er.type   0/5    0/0   ONLINE   ONLINE   rac2
ora.asm         ora.asm.type     0/5    0/    ONLINE   ONLINE   rac1
ora.eons        ora.eons.type    0/3    0/    ONLINE   ONLINE   rac1
ora.gsd         ora.gsd.type     0/5    0/    OFFLINE  OFFLINE
ora....network  ora....rk.type   0/5    0/    ONLINE   ONLINE   rac1
```

```
ora.oc4j         ora.oc4j.type     0/5    0/0    OFFLINE   OFFLINE
ora.ons          ora.ons.type      0/3    0/     ONLINE    ONLINE    rac1
ora.orcl.db      ora....se.type    0/2    0/1    ONLINE    ONLINE    rac1
ora....SM1.asm   application       0/5    0/0    ONLINE    ONLINE    rac1
ora....C1.lsnr   application       0/5    0/0    ONLINE    ONLINE    rac1
ora.rac1.gsd     application       0/5    0/0    OFFLINE   OFFLINE
ora.rac1.ons     application       0/3    0/0    ONLINE    ONLINE    rac1
ora.rac1.vip     ora....t1.type    0/0    0/0    ONLINE    ONLINE    rac1
ora....SM2.asm   application       0/5    0/0    ONLINE    ONLINE    rac2
ora....C2.lsnr   application       0/5    0/0    ONLINE    ONLINE    rac2
ora.rac2.gsd     application       0/5    0/0    OFFLINE   OFFLINE
ora.rac2.ons     application       0/3    0/0    ONLINE    ONLINE    rac2
ora.rac2.vip     ora....t1.type    0/0    0/0    ONLINE    ONLINE    rac2
ora.scan1.vip    ora....ip.type    0/0    0/0    ONLINE    ONLINE    rac2
```

设备运行状态应为“ONLINE”,如果为“OFFLINE”,则需检查系统状态。

(二)验证集群化数据库已开启

输入集群数据库状态查询命令:

```
$ crsctl status resource -w "TYPE co 'ora'" -t
```

返回结果:

```
-----------------------------------------------------------------
NAME              TARGET     STATE      SERVER       STATE_DETAILS
-----------------------------------------------------------------
Local Resources
-----------------------------------------------------------------
ora.DATA.dg
                  ONLINE     ONLINE     rac1
                  ONLINE     ONLINE     rac2
ora.DATA_DB.dg
                  ONLINE     ONLINE     rac1
                  ONLINE     ONLINE     rac2
ora.LISTENER.lsnr
                  ONLINE     ONLINE     rac1
                  ONLINE     ONLINE     rac2
ora.asm
                  ONLINE     ONLINE     rac1         Started
                  ONLINE     ONLINE     rac2         Started
ora.eons
                  ONLINE     ONLINE     rac1
                  ONLINE     ONLINE     rac2
ora.gsd
                  OFFLINE    OFFLINE    rac1
                  OFFLINE    OFFLINE    rac2
ora.net1.network
```

```
                    ONLINE        ONLINE         rac1
                    ONLINE        ONLINE         rac2
ora.ons
                    ONLINE        ONLINE         rac1
                    ONLINE        ONLINE         rac2
-----------------------------------------------------
Cluster Resources
-----------------------------------------------------
ora.LISTENER_SCAN1.lsnr
    1               ONLINE        ONLINE         r rac2
ora.oc4j
    1               OFFLINE       OFFLINE
ora.orcl.db
    1               ONLINE        ONLINE         rac1          Open
    2               ONLINE        ONLINE         rac2          Open
ora.rac1.vip
    1               ONLINE        ONLINE         rac1
ora.rac2.vip
    1               ONLINE        ONLINE         rac2
ora.scan1.vip
                    ONLINE        ONLINE         rac2
```

设备运行状态应为“ONLINE”,如果为“OFFLINE”,则需检查系统状态。

（三）检查 cluster 状态

输入 Cluster 状态查询命令：

```
grid@ RAC2 $crsctl check cluster
```

返回结果：

```
CRS -4537: Cluster Ready Services is online
CRS -4529: Cluster Synchronization Services is online
CRS -4533: Event Manager is online
```

cluster 运行状态应为“ONLINE”,如果为“OFFLINE”,说明 cluster 未正常运行。

（四）验证数据库状态

输入 database 状态查询命令：

```
grid@ RAC2 $srvctl status database -d orcl
```

返回结果：

```
Instance orcl1 is running on node rac1
Instance orcl2 is running on node rac2
```

database 运行状态应为“running”,如果为“not running”,说明 database 未正常运行。

第二节　应用服务器

一、应用服务器

应用服务器负责所辖终端、数据库服务器、通信前置及局服务器间数据处理及转发,并

负责跨站逻辑处理。

以 HP ProLiant DL380 G7 机型为例说明。

HP ProLiant DL380 G7 整合程度高,性能佳。集 2U 计算密度、HP Insight Control 和惠普能量智控技术于一体,专为各种机架式部署和应用而设计,是一款高性能服务器,适用于各种规模和类型的企业。其性能参数见表 7—6。

表 7—6　性能参数

序号	项　目	参　数
1	处理器和内存 处理器	数量:2; 核数:六核、四核和双核; 速度:3.33 GHz ; 型号:英特尔©至强© 5600 或 5500 系列; 高速缓存:4 MB 或 12 MB 三级高速缓存
2	内存	类型:DDR3 RDIMM 或 UDIMM; 最大:192 GB; 插槽:18 个 DIMM 插槽
3	最大内部存储容量	12 TB
4	存储控制器智能阵列	P410i 控制器,可选带 256 MB/512 MB 电池支持的高速缓存写入(BBWC),或 512 MB/1 GB 闪存支持的高速缓存写入(FBWC)
5	机架高度	2U
6	网络	两个 NC382i 双口千兆网卡,带 4 个千兆以太网端口
7	冗余电源	可选冗余
8	电源	可选 460 W、750 W、1200 W 高效交流电源或 48 V 直流电源

二、应用服务器硬件日常维护

应用服务器硬件日常维护内容包括:

1. 保证网络通信正常,保证网卡工作状态正常。
2. 采用双网技术,当网络出现故障时,需要及时恢复。
3. 采用双机冗余结构,单台出现故障后,需及时修复。
4. 定期查看硬盘大小,如发现硬盘故障时,需及时返修。

另外应用服务器工作环境需每日进行巡视,确保设备运行正常。

(一)温　度

应用服务器最佳的运行环境温度是 22 ℃。

应用服务器前后需预留一定空间(大于 1 m),便于设备进出风;否则有可能造成设备内部温度过高,影响设备的稳定性及使用寿命。

（二）湿　　度

应用服务器最佳环境湿度是55％ 。

如果机房环境过于潮湿，可建议客户使用抽湿机；如果环境过于干燥，可考虑使用加湿机增加机房的湿度。

（三）指示灯状态

如果发现系统工作不正常，可以观察硬件状态指示灯的状态。

HP ProLiant DL380 G7 应用服务器的指示灯说明如下：

1. 前面板 LED 指示灯和按钮

HP ProLiant DL380 G7 应用服务器前面板示意图如图 7—7 所示，指示灯和按钮含义见表 7—7。

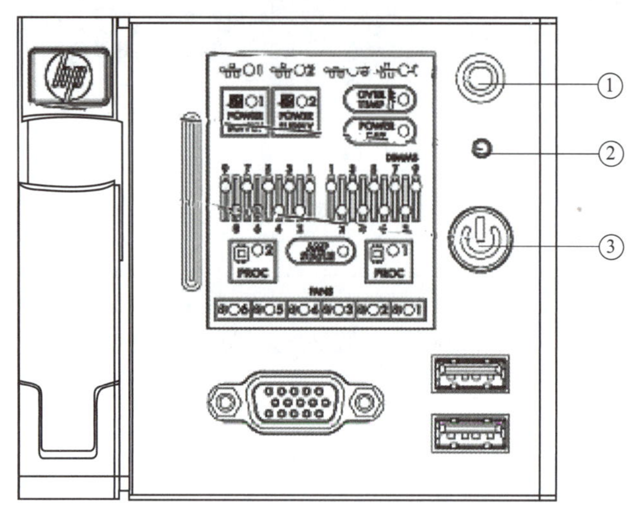

图 7—7　HP ProLiant DL380 G7 应用服务器前面板示意图

表 7—7　HP ProLiant DL380 G7 应用服务器 LED 指示灯和按钮含义

序号	名　称	含　义
①	UIDLED 指示灯和按钮	蓝色：已激活； 蓝色闪烁：正在远程管理系统； 熄灭：已停用
②	系统运行状况 LED 指示灯	绿色：正常； 琥珀色：系统性能下降； 红色：系统出现严重问题
③	开机/等待按钮和系统电源 LED 指示灯	绿色：系统已启动； 琥珀色：系统处于等待模式，但仍接通电源； 熄灭：未连接电源线或电源出现故障

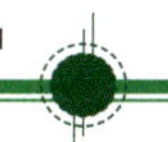

2. Systems Insight 显示屏 LED 指示灯

HP Systems Insight 显示屏 LED 指示灯代表了主板布局。在安装了检修面板的情况下，该显示屏支持诊断功能。显示屏 LED 指示灯如图 7—8 所示 ，指示灯含义见表 7—8。

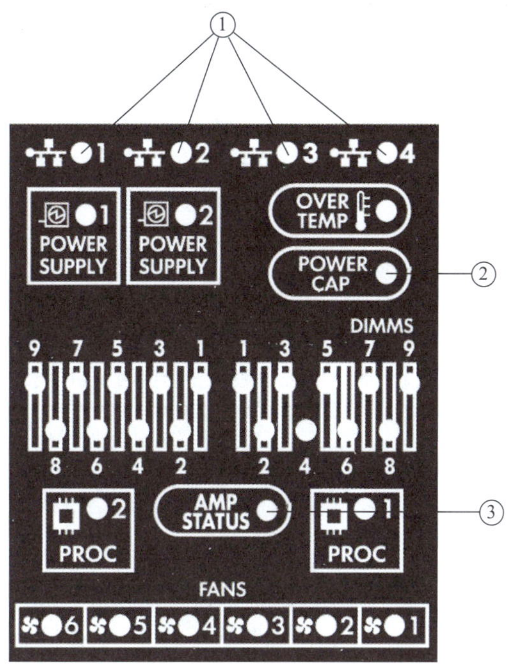

图 7—8　Systems Insight 显示屏 LED 指示灯

表 7—8　Systems Insight 显示屏 LED 指示灯含义

序号	名　称	含　义
①	网卡连接/活动 LED 指示灯	绿色:存在网络链接; 绿色闪烁:网络链接和活动; 熄灭:未链接到网络
②	功率限额	确定功率限额状态
③	AMP 状态	绿色:启用了 AMP 模式; 琥珀色:故障转移; 琥珀色闪烁:配置无效; 熄灭:禁用了 AMP 模式
④	所有其他 LED 指示灯	熄灭:正常; 琥珀色:故障

3. 后面板 LED 指示灯和按钮

HP ProLiant DL380 G7 应用服务器后面板示意图如图 7—9 所示，指示灯和按钮含义见表 7—9。

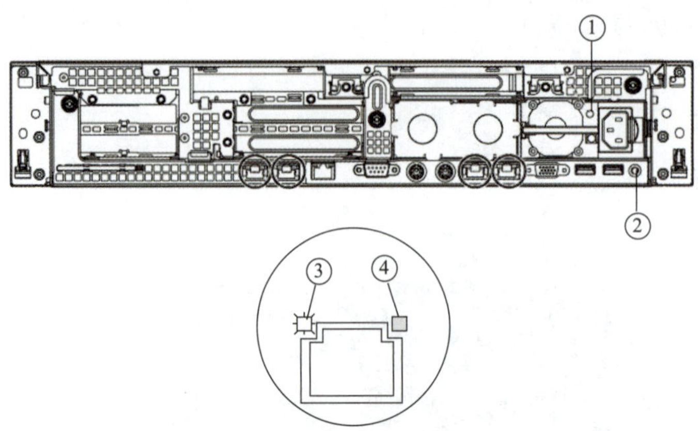

图 7—9 HP ProLiant DL380 G7 应用服务器后面板示意图

表 7—9 HP ProLiant DL380 G7 应用服务器后面板 LED 指示灯和按钮含义

序号	名称	含义
①	电源 LED 指示灯	绿色:正常; 熄灭:系统关闭或电源出现故障
②	UID LED 指示灯/按钮	蓝色:已激活; 蓝色闪烁:正在远程管理系统; 熄灭:已停用
③	网卡/iLO 3 活动 LED 指示灯	绿色:存在网络活动; 绿色闪烁:存在网络活动; 熄灭:没有网络活动
④	网卡/iLO 3 连接 LED 指示灯	绿色:存在网络连接; 熄灭:没有网络连接

三、应用服务器软件日常维护

应用服务器程序主界面如图 7—10 所示。

主界面中的列表栏显示各个通信节点的配置信息和连接状态。

(一)通信连接

与通信节点(通信前置机、站机、终端等)建立通信连接是应用服务器的基本功能之一。当连接状态不同时,通信节点在界面上显示不同的颜色:

红色:表示该节点与服务器未连接。

绿色:表示该节点与服务器本机连接。

黄色:表示该节点与另外一台备用服务器连接(在使用双机热备模式时)。

当存在红色站机时,需检查红色站机网络或查找故障原因。

(二)提取报表

在客户区选择车站(可以选择多个),或单击工具栏上“提取报表”按钮,可以提取被选

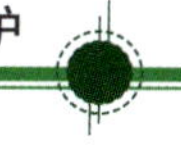

中站机的日报表信息。

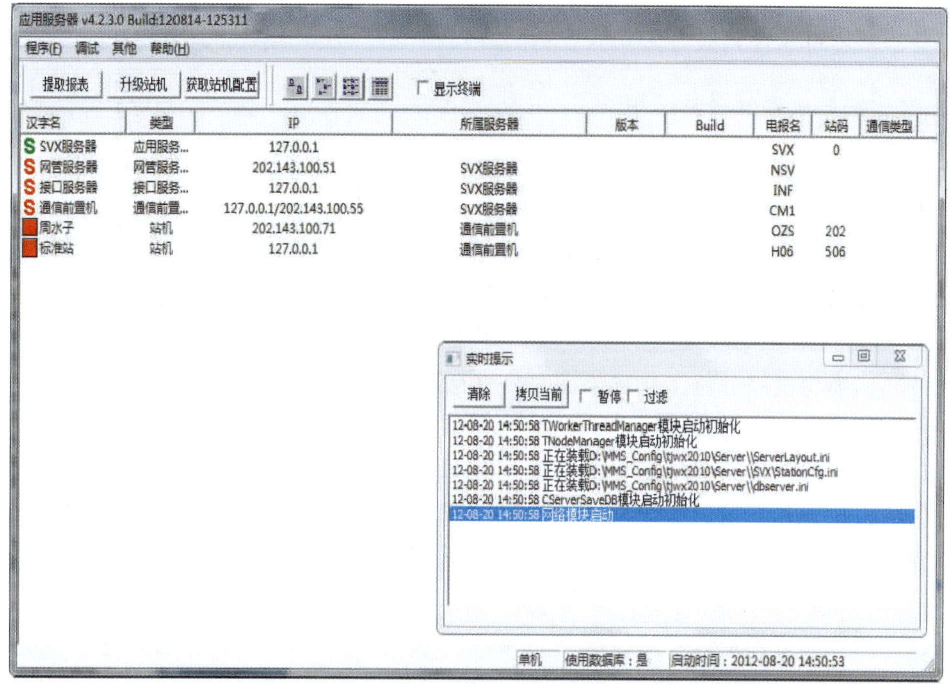

图 7—10　应用服务器程序主界面

(三)升级站机

在客户区选择车站(可以选择多个),或单击工具栏上“升级站机”按钮,可以对选中的站机进行升级。

(四)获取站机配置

在客户区选择车站(可以选择多个),或单击工具栏上“获取站机配置”按钮,可以获取选中站机的配置文件。

(五)重启站机

在客户区单击右键选相应的快捷菜单项,可以命令站机进行重启。

当应用服务器软件配置好后或服务器配置更新,软件升级后需备份新的软件和配置文件,防止丢失。将应用服务器可执行文件及动态库文件,服务器运行所需的配置文件打包备份至其他硬盘,并在维护工作站备份。

第三节　通信前置机

一、通信前置机硬件

电务段通信前置机与管内各监测终端以及各监测站机建立通信连接,进行网络通信和数据交互,并实现数据流调度和信息路由器等功能。与所辖车站站机、监测终端等节点建立通信连接,实现站机和终端软件的自动升级功能。所辖节点每超过 200 台应增设一套通信前置机。

服务器机型可与应用服务器一致,具体参数参考第二节应用服务器硬件介绍。

二、通信前置机硬件日常维护

通信前置机的日常维护内容包含以下方面:

1. 保证网络通信正常,保证网卡工作状态正常。
2. 采用双网技术,当网络出现故障时,需要及时恢复。
3. 采用双机冗余结构,单台出现故障后,需及时修复。
4. 定期查看硬盘大小,如发现硬盘故障时,需及时返修。

另外通信前置机服务器工作环境需每日进行巡视,确保设备运行正常。

(一)温　　度

通信前置机服务器最佳的运行环境温度是 22 ℃。

通信前置机服务器前后需预留一定空间(大于 1 m),以便于设备进出风;否则有可能造成设备内部温度过高,影响设备的稳定性及使用寿命。

(二)湿　　度

通信前置机服务器最佳环境湿度是 55% 。

如果机房环境过于潮湿,可使用抽湿机;如果环境过于干燥,可使用加湿机增加机房的湿度。

(三)指示灯状态

如果发现系统工作不正常,可以观察硬件状态指示灯的情况。

指示灯状态参考第二节应用服务器指示灯状态。

三、通信前置机软件日常维护

通信前置机主界面中的列表栏显示各个通信节点的配置信息和连接状态。

通信前置机程序主界面如图 7—11 所示。

主界面中的列表栏显示各个通信节点的配置信息和连接状态。

(一)通信连接

与通信节点(站机等)建立通信连接是通信前置机的基本功能之一。

当连接状态不同时,通信节点在界面上显示不同的颜色:

红色:表示该节点与通信前置机未连接。

绿色:表示该节点与通信前置机本机连接。

黄色:表示该节点与另外一台热备前置机连接(在使用双机热备模式时)。

当存在红色站机时,需检查红色站机网络或查找故障原因。

(二)提取报表

在客户区选择车站(可以选择多个),或单击工具栏上“提取报表”按钮,可以提取被选中站机的日报表信息。

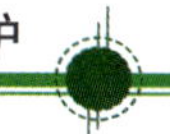

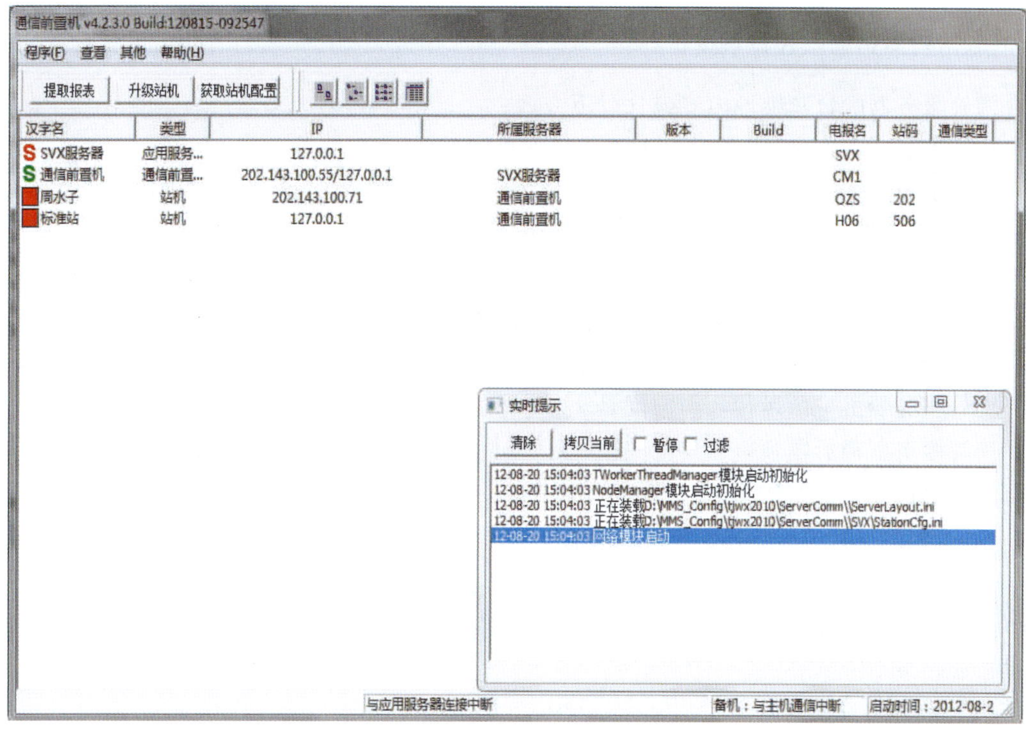

图 7—11　通信前置机程序主界面

（三）升级站机

在客户区选择车站（可以选择多个），或单击工具栏上“升级站机”按钮，可以对选中的站机进行升级。

（四）获取站机配置

在客户区选择车站（可以选择多个），或单击工具栏上“获取站机配置”按钮，可以获取选中站机的配置文件。

（五）重启站机

在客户区单击右键选相应的快捷菜单项，可以命令站机进行重启。

当通信前置机服务器软件配置好或服务器配置更新，软件升级后需备份新的软件和配置文件，防止丢失。将通信前置机服务器可执行文件及动态库文件，服务器运行所需的配置文件打包备份至其他硬盘，并在维护工作站备份。

第四节　网管服务器

一、网管服务器

网管服务器负责所辖范围内所有终端、服务器、通信前置机、采集设备的状态处理。

服务器机型可与应用服务器一致，具体参数参考第二节应用服务器硬件介绍。

二、网管服务器硬件日常维护

网管服务器的日常维护内容包含以下方面：

1. 保证网络通信正常，保证网卡工作状态正常。

2. 采用双网技术，当网络出现故障时，需要及时恢复。

3. 采用双机冗余结构，单台出现故障后，需及时修复。

4. 定期查看硬盘大小，如发现硬盘故障时，需及时返修。

另外网管服务器工作环境需每日进行巡视，确保设备运行正常。

（一）温　　度

网管服务器最佳的运行环境温度是 22 ℃。

网管服务器前后需预留一定空间（大于 1 m），以便于设备进出风；否则有可能造成设备内部温度过高，影响设备的稳定性及使用寿命。

（二）湿　　度

网管服务器最佳环境湿度是 55%。

如果机房环境过于潮湿，可使用抽湿机；如果环境过于干燥，可使用加湿机增加机房的湿度。

（三）指示灯状态

如果发现系统工作不正常，可以观察硬件状态指示灯的情况。

指示灯状态参考第二节应用服务器指示灯状态。

二、网管服务器软件日常维护

网管服务器程序主界面如图 7—12 所示。

主界面中的网络拓扑图显示各个通信节点的连接状态和车站路由器网口的通断状态。

当连接状态不同时，通信节点在界面上显示不同的颜色：

红色：表示该节点的通信为中断状态。

绿色：表示该节点的通信状态正常。

黑色：表示该节点的连接状态未初始化。

（一）路由器网口状态显示

网管服务器主界面拓扑图上的抽头线表示各车站的路由器的网口状态，当状态不同时，抽头线在界面上显示不同颜色：

红色：表示对应的路由器网口为中断状态。

绿色：表示对应的路由器网口状态正常。

黑色：表示对应的路由器网口状态未初始化。

（二）车站系统状态显示

在网管服务器界面上，当把鼠标移动到站机元素上并同时按下鼠标右键，在弹出菜单中选择“显示车站系统状态”菜单，可以查看选中车站的系统状态。

(三)重载网管图文件

在主界面的“其他”菜单栏中选择“重载网管图…”菜单项,输入密码后,程序可以重新加载 NetStruct. xml 网管文件。即:当网管文件被修改后,网管服务器程序不需要重新启动也可以重新加载网管信息。

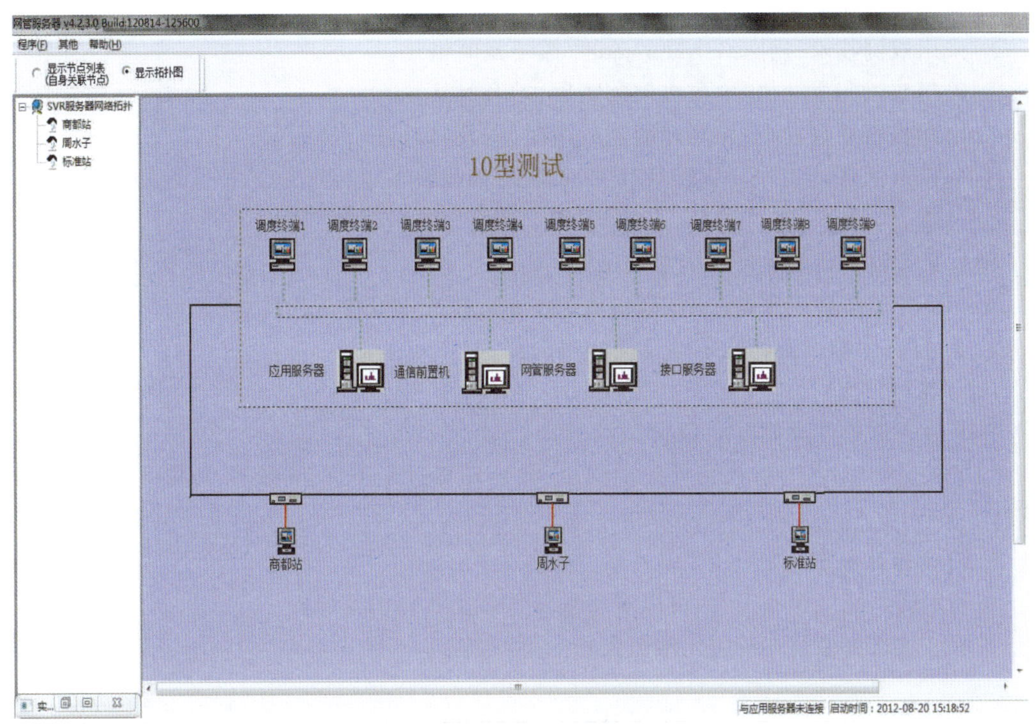

图 7—12　网管服务器程序主界面

(四)上传网管文件

在主界面的“其他”菜单栏中选择“上传 NetStruct…”菜单项,输入密码后,网管服务器程序可以将当前的 NetStruct. xml 网管文件上传至应用服务器,供终端从应用服务器下载使用。

当网管服务器软件配置好或服务器配置更新,软件升级后需备份新的软件和配置文件,防止丢失。将网管服务器可执行文件及动态库文件,服务器运行所需的配置文件打包备份至其他硬盘,并在维护工作站备份。

第五节　Web 服务器

一、Web 服务器

Web 服务器提供了 Web 浏览服务功能,丰富了查询手段,主要包括实时报警及历史报警查询,报警信息处理情况录入,报警信息分享统计,并作为全线子系统自动升级服务器。

Web 服务器机型可与应用服务器一致,具体参数参考第二节应用服务器硬件介绍。

二、Web 服务器硬件日常维护

Web 服务器的日常维护内容包含以下方面:

1. 保证网络通信正常,保证网卡工作状态正常。
2. 采用双网技术,当网络出现故障时,需要及时恢复。
3. 采用双机冗余结构,单台出现故障后,需及时修复。
4. 定期查看硬盘大小,如发现硬盘故障时,需及时返修。

另外 Web 服务器工作环境需每日进行巡视,确保设备运行正常。

(一)温　　度

Web 服务器最佳的运行环境温度是 22 ℃。

Web 服务器前后需预留一定空间(大于 1 m),以便于设备进出风;否则有可能造成设备内部温度过高,影响设备的稳定性及使用寿命。

(二)湿　　度

Web 服务器最佳环境湿度是 55%。

如果机房环境过于潮湿,可使用抽湿机;如果环境过于干燥,可使用加湿机增加机房的湿度。

(三)指示灯状态

如果发现系统工作不正常,可以观察硬件状态指示灯的情况。

指示灯状态参考第二节应用服务器指示灯状态。

第六节　接口服务器

一、接口服务器

接口服务器完成监测系统与其他系统间的数据交互。基本功能包括跨系统间连接、跨网络间连接的数据通信转发及处理。网络连接或 RS-422 连接。当使用网络连接时,接口服务器和其他系统间应增加网络安全防护,原则上各个系统做自身防护,保证不影响对方系统或受对方系统影响。

服务器机型可与应用服务器一致,具体参数参考第二节应用服务器硬件介绍。

二、接口服务器硬件日常维护

接口服务器的日常维护内容包含以下方面:

1. 保证网络通信正常,保证网卡工作状态正常。
2. 采用双网技术,当网络出现故障时,需要及时恢复。
3. 采用双机冗余结构,单台出现故障后,需及时修复。
4. 定期查看硬盘大小,如发现硬盘故障时,需及时返修。

另外接口服务器工作环境需每日进行巡视,确保设备运行正常。

（一）温　　度

接口服务器最佳的运行环境温度是 22 ℃。

接口服务器前后需预留一定空间（大于 1 m），以便于设备进出风；否则有可能造成设备内部温度过高，影响设备的稳定性及使用寿命。

（二）湿　　度

接口服务器最佳环境湿度是 55%。

如果机房环境过于潮湿，可使用抽湿机；如果环境过于干燥，可使用加湿机增加机房的湿度。

（三）指示灯状态

如果发现系统工作不正常，可以观察硬件状态指示灯的情况。

指示灯状态参考第二节应用服务器指示灯状态。

三、接口服务器软件日常维护

接口服务器程序主界面如图 7—13 所示。

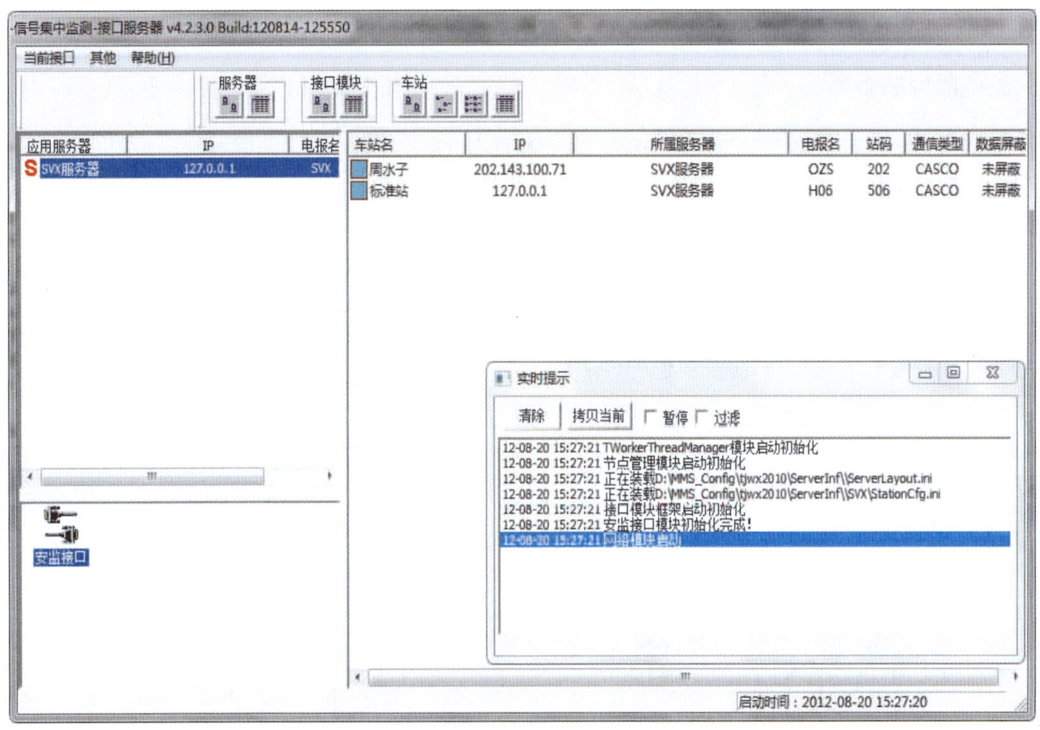

图 7—13　接口服务器程序主界面

主界面左上列表栏中显示与接口服务器相连的应用服务器的详细信息和通信连接状态。绿色表示接口服务器与该应用服务器通信连接正常；红色表示连接中断。

主界面左下列表栏中显示的是各接口模块的详细信息，目前只有安监接口模块，以后可能会扩展。

主界面右侧列表栏中显示的是当前选择的应用服务器所管辖的车站的详细信息，当该车站被屏蔽时(数据不向接口系统发送)，列表中会给出指示。

(一)查看数据配置

在左下列表栏中选择接口模块，单击鼠标右键或者通过“当前接口”主菜单选择相应的快捷菜单栏，输入密码后可以查看对应接口模块的数据配置情况。

(二)重载数据配置

在左下列表栏中选择接口模块，单击鼠标右键或者通过“当前接口”主菜单选择相应的快捷菜单栏。

输入密码后可以重新加载该模块对应的数据配置文件。如果接口服务器程序运行过程中用户修改了该配置文件，可以通过该操作重新加载数据配置而无需重新启动程序。

当接口服务器软件配置好或服务器配置更新，软件升级后需备份新的软件和配置文件，防止丢失。将接口服务器可执行文件及动态库文件，服务器运行所需的配置文件打包备份至其他硬盘，并在维护工作站备份。

第七节　时钟服务器

一、时钟服务器

电务段时钟服务器为所辖范围内的站机和终端、服务器提供标准时钟源，并对所辖各个节点定时校核时间。

信号集中监测系统的时钟信息从 TDCS/CTC 系统获取。

电务段中心增设集中监测时钟源服务器，时钟源服务器从 TDCS/CTC 中心增设的对外时钟服务器获取标准时钟信息，并对集中监测系统内部电务段子系统、车站子系统等设备统一校核时钟。信号集中监测系统的时钟同步采用 NTP 协议。信号集中监测系统时钟同步方案如图 7—14 所示。

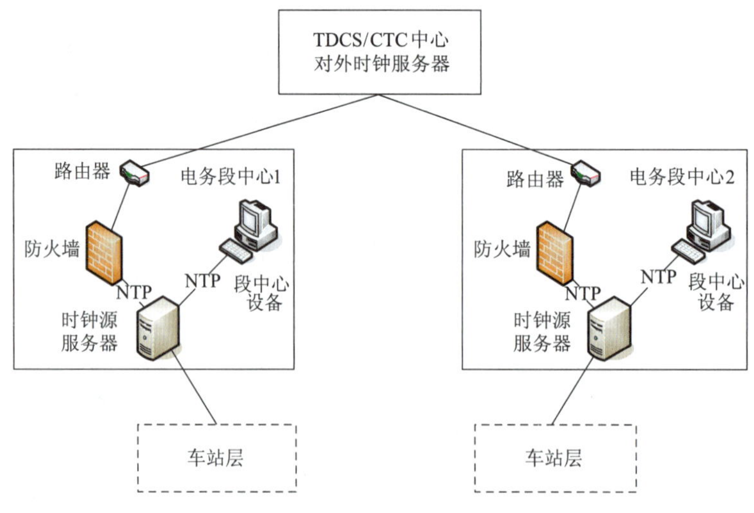

图 7—14　信号集中监测系统时钟同步方案图

如图 7—14 所示，电务段信号集中监测中心增设时钟服务器以及相关网络接口和隔离设备，增设至铁路局 TDCS/CTC 中心专用 2 M 通道。

电务段其他设备以及所辖车站层设备均统一从该电务段信号集中监测时钟源服务器以 NTP 协议获取时钟信息，每 5 min 与电务段中心时钟服务器校核一次时钟。

对于已经建成铁路局信号集中监测中心系统的铁路局，上述时钟源服务器可直接设置在铁路局信号集中监测中心。对于没有按照此标准执行的，需手动设置以 NTP 服务的方式与 TDCS/CTC 对钟。

服务器机型可与应用服务器一致，具体参数参考第二节应用服务器硬件介绍。

二、时钟服务器硬件日常维护

时钟服务器的日常维护内容包含以下方面：

1. 保证网络通信正常，保证网卡工作状态正常。
2. 采用双网技术，当网络出现故障时，需要及时恢复。
3. 采用双机冗余结构，单台出现故障后，需及时修复。
4. 定期查看硬盘大小，如发现硬盘故障时，需及时返修。

另外时钟服务器工作环境需每日进行巡视，确保设备运行正常。

(一)温　　度

时钟服务器最佳的运行环境温度是 22 ℃。

时钟服务器前后需预留一定空间(大于 1 m)，以便于设备进出风；否则有可能造成设备内部温度过高，影响设备的稳定性及使用寿命。

(二)湿　　度

时钟服务器最佳环境湿度是 55%。

如果机房环境过于潮湿，可使用抽湿机；如果环境过于干燥，可使用加湿机增加机房的湿度。

(三)指示灯状态

如果发现系统工作不正常，可以观察硬件状态指示灯的情况。

指示灯状态参考第二节应用服务器指示灯状态。

三、时钟服务器软件日常维护

以 nettime 软件为例说明日常使用和维护方法。

时钟同步软件采用具有 nettime 软件对钟精度高，使用方便。

时针服务器程序主界面如图 7—15 所示。

上半部分是同步信息，中间是各个时钟服务器 IP 地址，可以单击“Settings”进入设置界面，如图 7—16 所示。

界面最上方是各个时钟服务器地址，请根据实际填写，后面的协议、端口使用默认。

界面中部：

Update Interval(时钟)更新间隔；

Retry Interval 重试间隔。

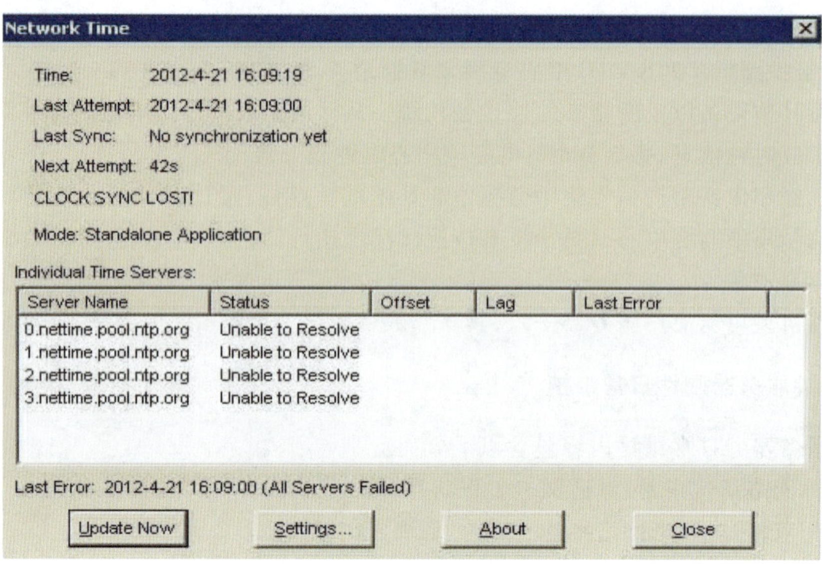

图 7—15 时钟服务器程序主界面

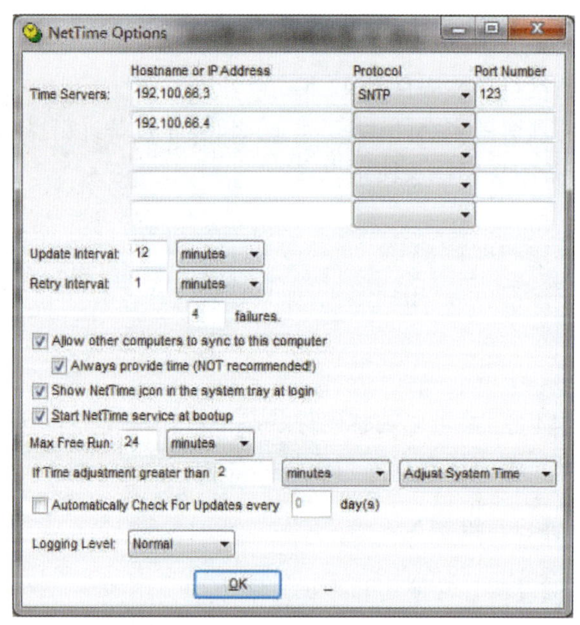

图 7—16 时钟服务器设置主界面

( ) Allow other computers to Sync to this computer

允许其他计算机同步到此计算机——如果此计算机打算作为始终同步服务器的话。另外如果此服务器作为时钟源，同时要选中下面灰色的。Always provide time（NOT recommended）总是提供时钟服务，建议同时选中。

( ) Show NetTime icon in the system tray at login

登录后，在系统托盘位置显示程序图标。

( ) Start Nettime service at bootup

在系统启动时，开始 nettime 时钟服务。

第八节　防病毒服务器

一、防病毒服务器

防病毒服务器主要负责辖内所有系统站机、终端、服务器等设备提供防病毒客户端安装、病毒库更新、策略设置等功能。

服务器机型可与应用服务器一致，具体参数参考第二节应用服务器硬件介绍。

二、防病毒服务器硬件日常维护

防病毒服务器的日常维护内容包含以下方面：

1. 保证网络通信正常，保证网卡工作状态正常。
2. 采用双网技术，当网络出现故障时，需要及时恢复。
3. 采用双机冗余结构，单台出现故障后，需及时修复。
4. 定期查看硬盘大小，如发现硬盘故障时，需及时返修。

另外防病毒服务器工作环境需每日进行巡视，确保设备运行正常。

（一）温　　度

防病毒服务器最佳的运行环境温度是 22 ℃。

防病毒服务器前后需预留一定空间（大于 1 m），以便于设备进出风；否则有可能造成设备内部温度过高，影响设备的稳定性及使用寿命。

（二）湿　　度

防病毒服务器最佳环境湿度是 55%。

如果机房环境过于潮湿，可使用抽湿机；如果环境过于干燥，可使用加湿机增加机房的湿度。

（三）指示灯状态

如果发现系统工作不正常，可以观察硬件状态指示灯的情况。

指示灯状态参考第二节应用服务器指示灯状态。

三、防病毒服务器软件日常维护

以赛门铁克防病毒软件为例说明日常使用和维护方法。

（一）病毒库离线升级办法

如果服务器不能联网可实现离线升级，通过 symantec 官方网站下载离线升级病毒库文件，一般为 JDB 文件。将 jdb 文件复制至 program files\symantec\sepm\data\inbox\content\incoming 目录下，系统会自动解压处理，处理结束后自动删除。服务器端即完成了自动升级，并会将病毒库分发至各终端。

（二）配置集中式例外

现场经常发现防病毒软件会将我们的程序误认为病毒进行删除，导致站机程序无法正常运行,针对这种情况,我们需要设置集中式例外,这样防病毒软件就不会扫描我们的程序。

(三)配置已知安全风险的集中式例外

客户端软件检测到的安全风险会显示于“已知安全风险例外”对话框中。已知安全风险列表包括有关风险严重性的信息。

1. 在“集中式例外策略”页面,单击“集中式例外”。

2. 在“集中式例外”下,单击“添加” >“安全风险例外” >“已知风险”。

3. 在“已知安全风险例外”对话框中,选择想从防病毒和防间谍软件扫描中排除的一个或多个安全风险。

4. 如果想要记录检测事件,选中“检测到安全风险时记录”。

如果未选中此选项,客户端在检测到所选风险时会将其忽略。客户端也因此不会记录检测事件。

5. 单击“确定”。

6. 完成此策略的配置后,单击“确定”。

(四)配置文件的集中式例外

可以分别添加文件的例外。如果想创建多个文件的例外,请重复此过程。

1. 在“集中式例外策略”页面,单击“集中式例外”。

2. 在“集中式例外”下,单击“添加” >“安全风险例外” >“文件”。

3. 在“安全风险文件例外”下的“前缀变量”下拉框中选择常用文件夹。

选择前缀时,可在其他 Windows 操作系统上使用例外。

如果要输入绝对路径和文件名,请选择[无]。

4. 在“文件”文本框中,键入文件的名称。

如果已选择某前缀变量,路径应与此前缀相关。如果已选择[无],请键入文件的完整路径名称,如 csds. exe。

5. 单击“确定”。

6. 完成此策略的配置后,单击“确定”。

(五)配置文件夹的集中式例外

可以分别添加单个文件夹的例外。如果想创建多个文件夹的例外,请重复此过程。

1. 在“集中式例外策略”页面,单击“集中式例外”。

2. 在“集中式例外”下,单击“添加” >“安全风险例外” >“文件夹”。

3. 在“安全风险文件夹例外”下的“前缀变量”下拉框中选择常用文件夹。

选择前缀时,可在其他 Windows 操作系统上使用例外。

如果要输入绝对路径和文件名,请选择[无]。

4. 在“文件夹”文本框中,键入文件夹的名称。

如果已选择某前缀变量,路径应与此前缀相关。如果已选择[无],请键入完整路径名称,如 station。

5. 单击“确定”。

6. 完成此策略的配置后,单击“确定”。

第八章　铁路信号集中监测系统数据存储及维护

本章内容介绍铁路信号集中监测系统数据的存储及维护，首先介绍了车站站机和终端对于数据存储的信息组织方式及维护方法，然后重点介绍了如何应用集中监测系统软件进行信号设备维护的操作方法。

车站站机的数据存储主要采用文件存储方式，该方式可通过自定义结构高效完成数据存取作业，能够满足车站数据采集实时性的要求。终端数据主要是通过读取车站数据配置及服务器数据库相关数据信息来形成本地化数据文件，从而满足调阅车站相关的数据要求。

通过信号集中监测的车站站机子系统、中心服务器子系统和终端子系统可以有效地为电务维护人员提供维护信号设备状态的系统支持。通过介绍三个子系统的软件操作和维护方法来指导用户使用信号集中监测系统完成信号设备的维护工作，从而降低现场维护工作量。

第一节　站机数据存储及维护

CSM 站机的数据按照一定的格式存放在本地磁盘空间，系统在运行时通过配置读取运行本地指定路径下的车站数据，系统的运行依赖于这些车站数据。本章以卡斯柯集中监测系统为例，对集中监测系统数据存储及维护进行介绍。

车站的数据部署在指定的路径位置，如 D:\User2010\station\。

一、站机数据的存储

车站配置数据的结构如图 8—1 所示。

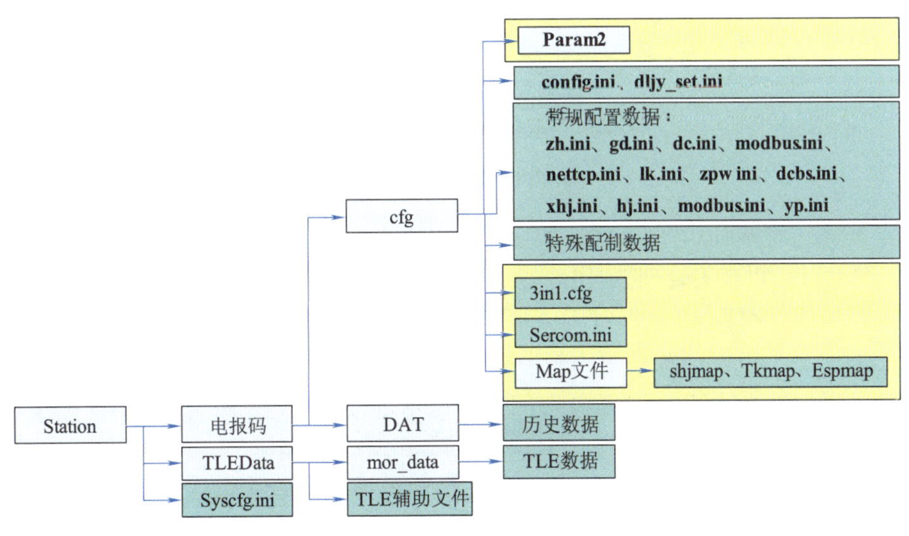

图 8—1　站机数据结构图

其中，部分 cfg 数据、TLE 数据站机不仅会保存在本地磁盘，还会自动上传至服务器保存，供终端调取时使用。

车站的历史数据也是车站数据的重要组成部分。车站历史数据存放于车站电报码目录下的 DAT 文件夹中。可以保存车站的开关量数据、模拟量数据、报警数据、道岔曲线数据、日报表数据等，可供终端程序从站机数据中调看。

二、站机数据的维护

维护人员可通过车站菜单选择参数修改选项进入站机数据的维护，可以选择各模拟量类型和设备，设置上限和下限，进行车站数据的维护与管理，这些操作与维护需要输入系统密码，使站机数据的管理安全有效。

CFG 数据和 TLE 数据都是站机运行所需的数据，专业人员进一步对其进行维护可以使用相关的专业工具软件。

车站的 Station\\电报码\\路径下的 CFG 文件夹内保存有车站的配置数据文件，车站的 Station 目录下的 TLEData 文件夹内保存有车站的站场显示配置数据，上述几个文件夹的内容需定期备份和车站改造时备份，可以选择备份至其他硬盘或移动存储设备中，用于恢复到备份时的车站状态。

车站的 Station 目录下的其他文件均为站机软件运行的必要程序文件，可以备份在其他磁盘或是存储设备中。

车站的历史数据均可以在站机上查询。

下面以查询报警历史数据为例，描述报警数据的查询。

1. 操作人员可以进入车站“报表统计”菜单的“报警统计”来查询车站的报警信息，如图 8—2 所示。

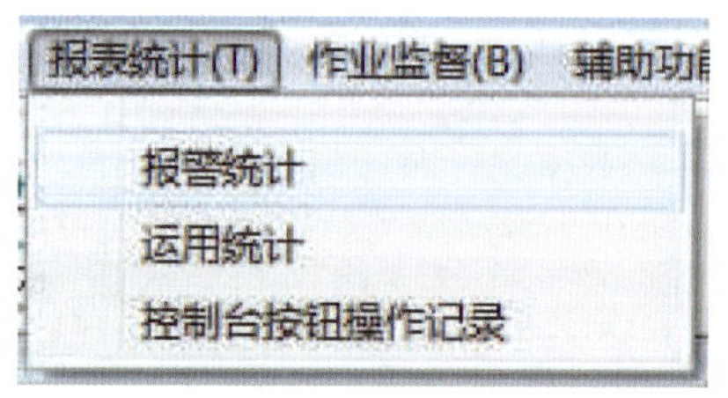

图 8—2　报警统计

2. 在报警查询界面，用户可以选择相应的报警类型、查询条件，对范围内的历史报警数据进行查询、处理、再现等管理，如图 8—3 所示。

3. 进入报警查询界面后，可对历史报警数据进行相应的管理，更新历史报警数据的处理状态、处理人、处理时间、故障原因等。如图 8—4 所示。

4. 进入再现界面，可以对所选择时间内的数据进行再现(包括开关量和模拟量、站场信息等)。如图 8—5 所示。

下面再以运用统计数据的查询为例，描述历史统计数据的查询。

1. 在主菜单中进入“报表统计”的“运用统计”界面。

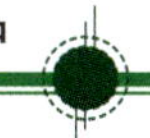

2. 在关键设备统计树形栏中选择要查询的统计类型，右侧的列表中就会列出数据查询的结果，单击具体的项目，站机还绘制出数据次数统计曲线。如图 8—6 所示。

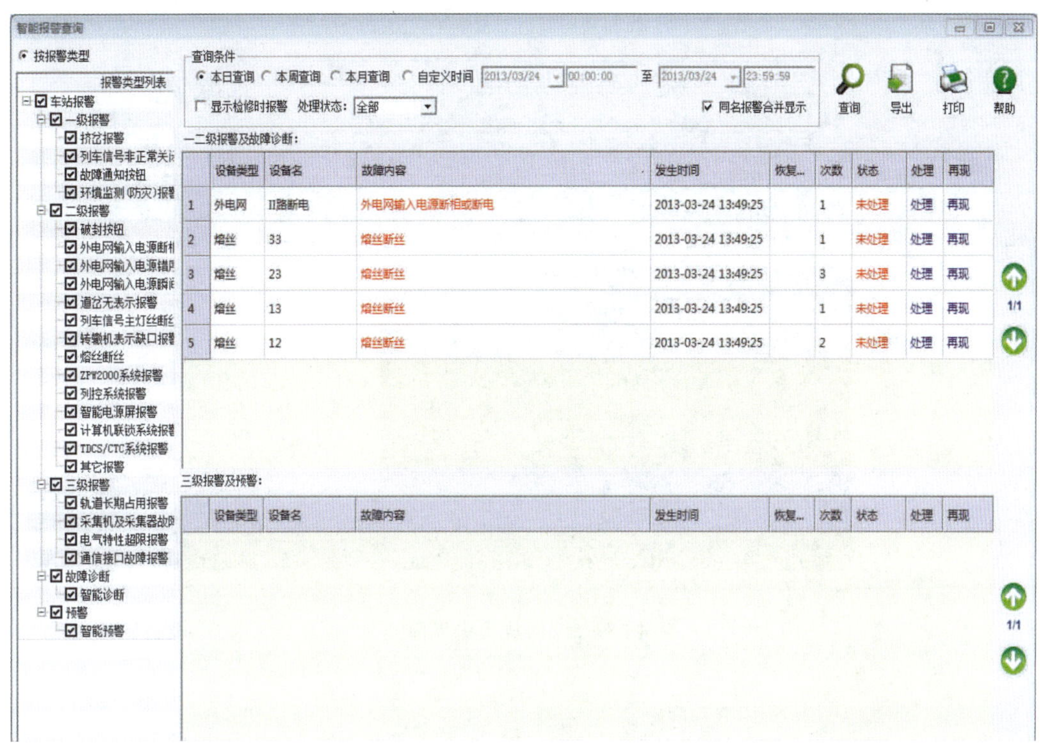

图 8—3 报警查询界面

图 8—4 报警处理界面

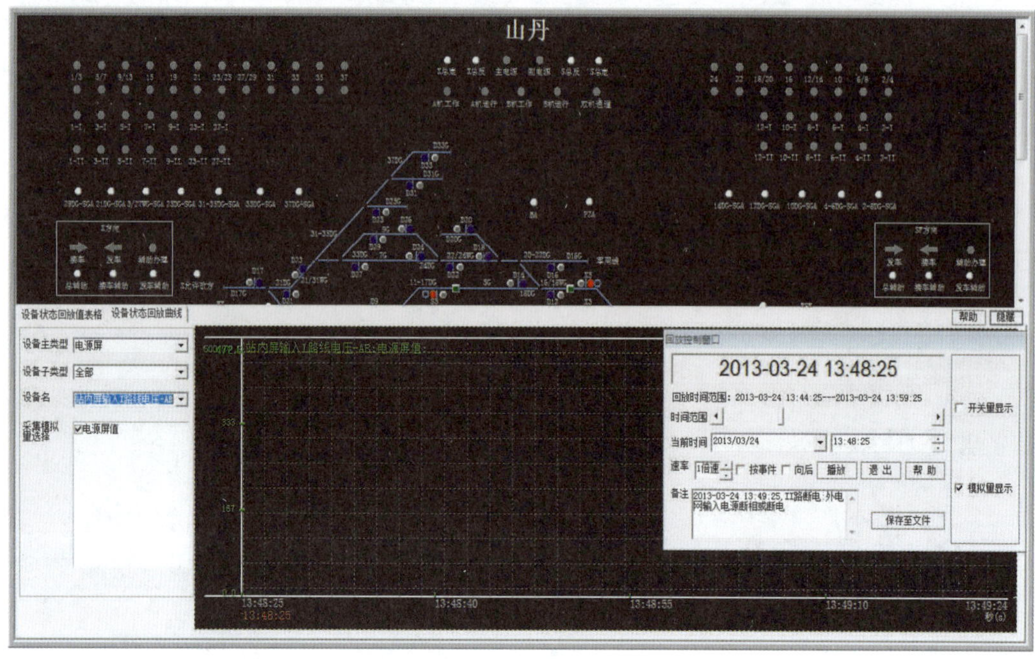

图 8—5　回放历史界面

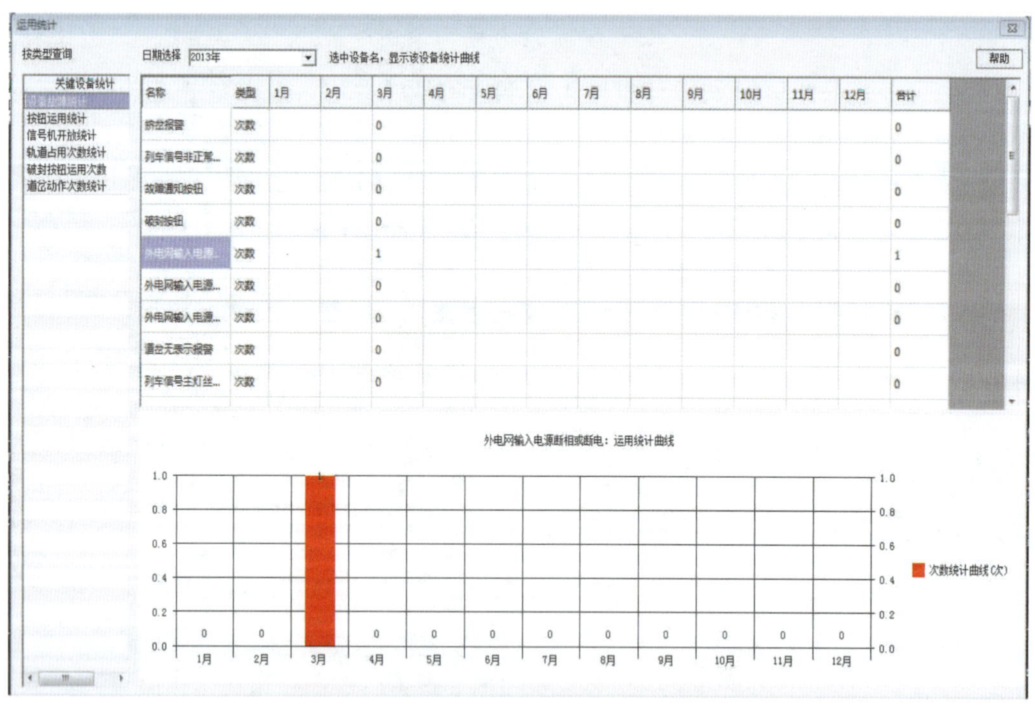

图 8—6　运用统计界面

第二节　终端数据存储及维护

一、终端数据的存储

CSM 终端的数据存储在终端本地磁盘,终端程序运行时通过配置读取到本地数据的存放路径,终端的运行、与服务器的连接、选择调阅不同的站机都依赖于这些数据。

终端自身的数据 servercfg 指定了终端所要连接的服务器的信息和终端本身的信息。

终端连接服务器后,选择调阅不同的车站时,会从服务器上下载该车站的数据信息,终端程序的运行需要这些车站静态数据。而终端进行实时数据的查看、曲线、报表的调阅、回放等功能时,还需要分别从服务器或是站机获取相应的数据。

终端调看所需要的历史或实时数据均是从服务器或是车站下载到本地完成的。

终端可以保存历史回放到本地文件,也可以选择保存至移动磁盘,方便回放文件的复制和使用。下面以车站保存历史回放文件到本地磁盘为例,描述终端保存回放文件的操作。

1. 单击“历史回放”菜单的“历史回放”选项;

2. 在弹出的对话框中选择回放的时间段并确认;

3. 在“回放控制窗口”中选择“保存至文件”按钮,如图 8—7 所示;

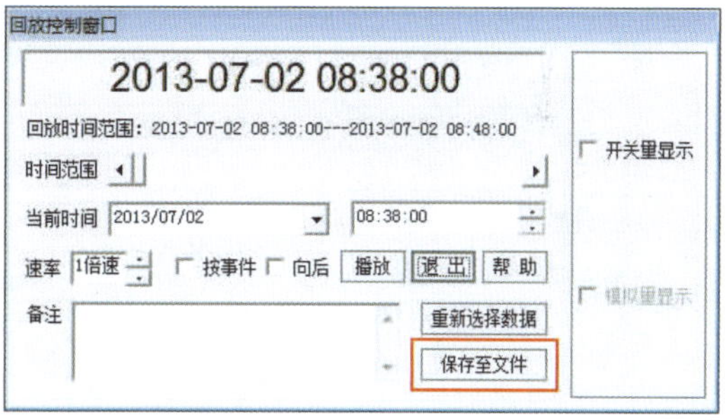

图 8—7　回放控制窗口

4. 选择“存储到再现文件”单选按钮,确定后提示“保存回放文件成功”,并提供文件所在路径,在终端的 . . \电报码\回放文件夹\的目录内(如选择“存储到移动磁盘”,需插入移动存储设备);

5. 选择“历史回放”菜单的“再现文件”选项;弹出回放文件的对话框,就可以选择刚才保存过的文件进行回放了。如图 8—8 所示。

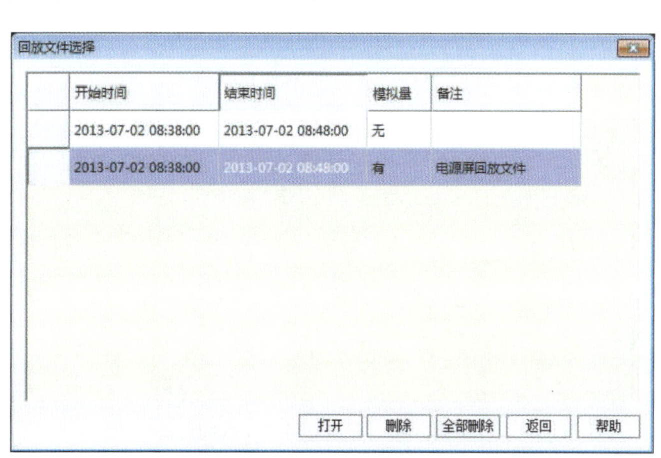

图 8—8　选择再现回放文件

二、终端数据的维护

以终端实时数据的查询为例，描述终端数据维护。

1. 选择终端工具栏中的“测试”按钮。

2. 在弹出的测试值界面中，选择要查询的设备类型，即可在右侧列表中查看当前设备的实时模拟量数据。如图 8—9 所示。

3. 在设备分类下拉列表中可以选择不同的设备分类，在设备名下拉列表中可以选取要查看的设备名，在采集选择列表中可以勾选想要查看的采集项。

再以数据回放为例，描述终端对回放数据的操作。

1. 在工具栏中选择回放按钮弹出回放选择对话框，用户可以选择回放数据的时间、时长和数据来源（从服务器或是从站机），从站机回放还可以勾选是否需要模拟量数据的回放。如图 8—10 所示。

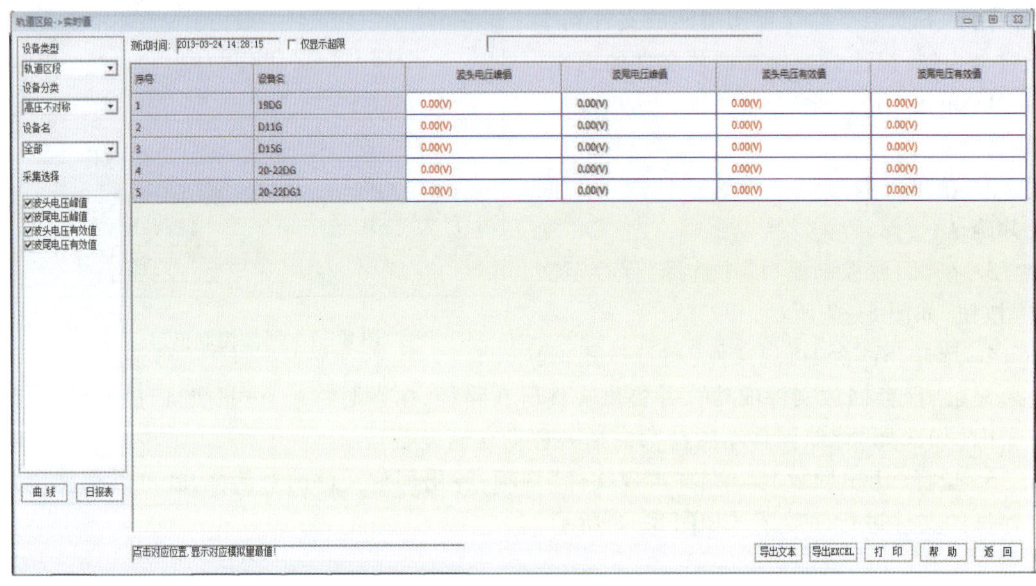

序号	设备名	波头电压峰值	波尾电压峰值	波头电压有效值	波尾电压有效值
1	19DG	0.00(V)	0.00(V)	0.00(V)	0.00(V)
2	D11G	0.00(V)	0.00(V)	0.00(V)	0.00(V)
3	D15G	0.00(V)	0.00(V)	0.00(V)	0.00(V)
4	20-22DG	0.00(V)	0.00(V)	0.00(V)	0.00(V)
5	20-22DG1	0.00(V)	0.00(V)	0.00(V)	0.00(V)

图 8—9　终端实时数据查看界面

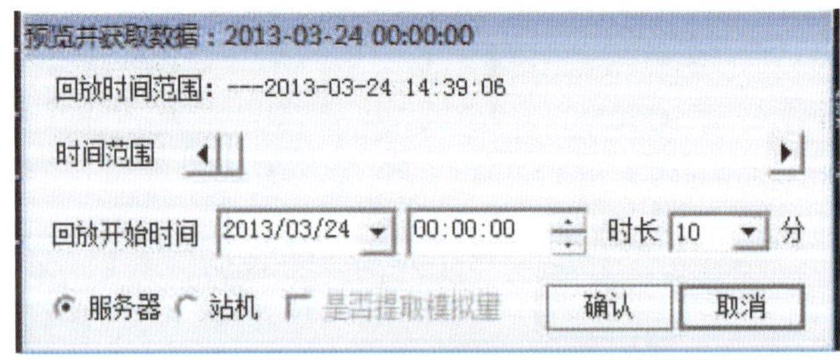

图 8—10　回放历史数据选择

2. 在回放状态下，可以随时点选开关量、设备状态回放值、设备状态回放曲线等数据进

行查看。如图 8—11 所示。

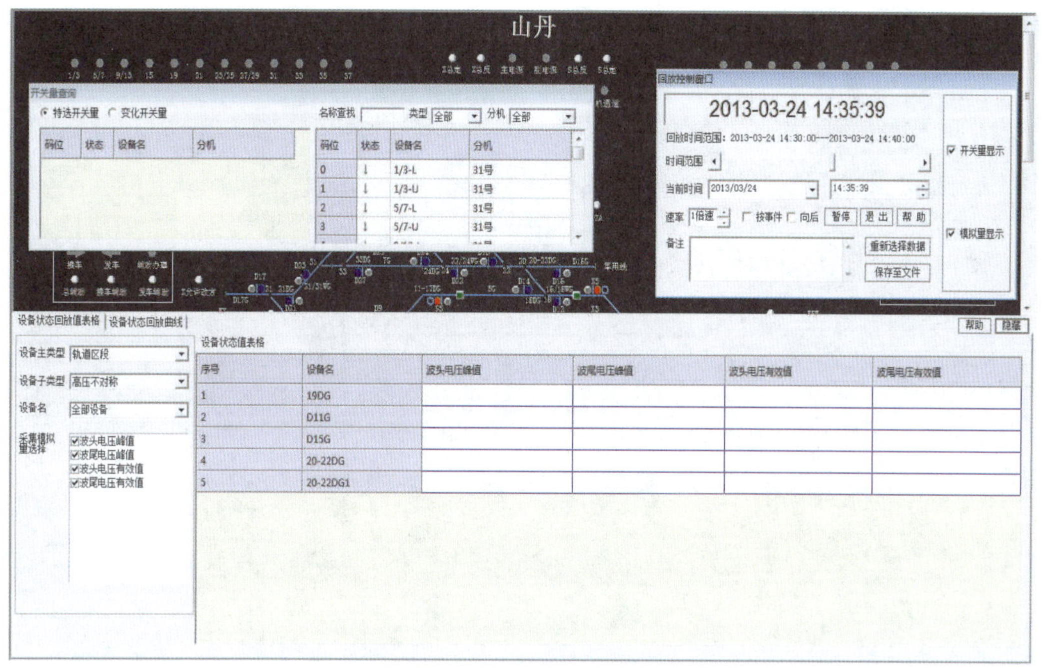

图 8—11　回放历史数据界面

第三节　软件操作和维护方法

CSM 软件操作及维护可分为三级：站机子系统、中心服务器子系统、终端子系统。

一、站机子系统

站机子系统的主界面主要包括功能菜单、工具栏、站场图及通信状态栏，如图 8—12 所示。

(一)软件常规操作

1. 查看设备模拟量实时信息

以 25 Hz 相敏轨道电路的实时值为例，描述实时值查看操作。

(1)通过主菜单可以进入各设备的实时界面，如图 8—13 所示，主要包括电源、轨道电路、道岔、列车信号机等。

(2)进入实时界面后，用户可以查看各设备电气特性的实时值；当实时值在标准范围内时，实时值字体为黑色；当实时值在标准范围外时，实时值字体为红色，表示电气特性超标。

2. 电缆对地绝缘测试功能

(1)通过主菜单可以进入电缆对地绝缘测试主界面，如图 8—14 所示。

(2)进入绝缘测试界面需要输入用户名及密码。

(3)选中需要测试绝缘的设备，单击“开始测试”，进行绝缘测试，进度栏会显示绝缘测试进度。

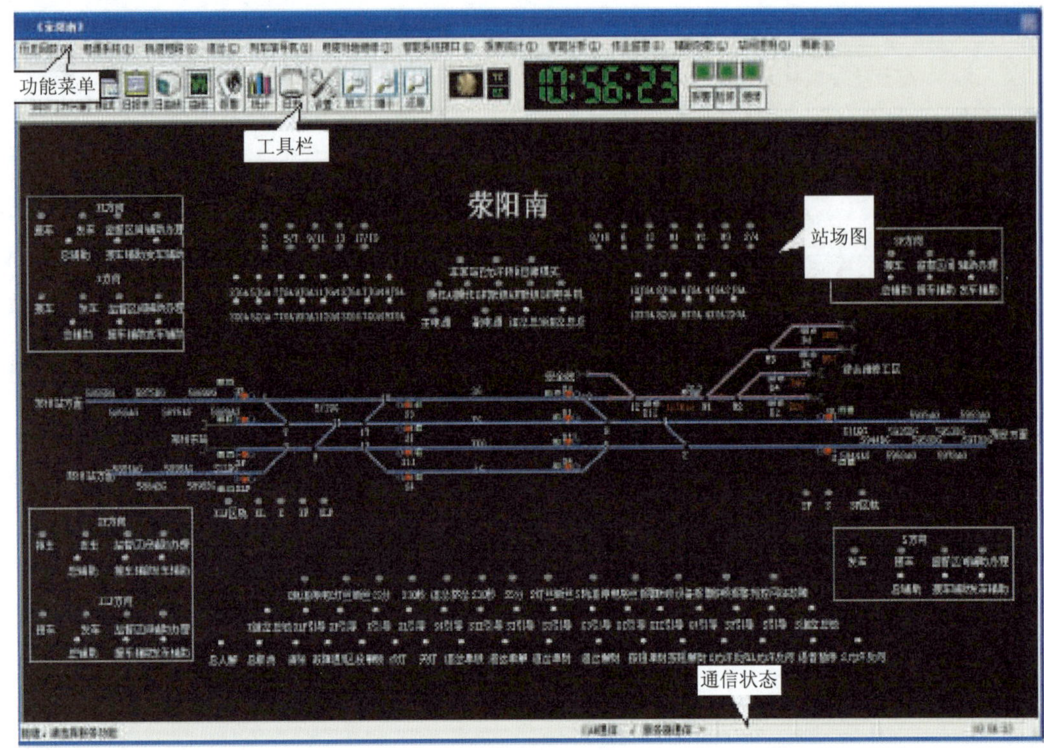

图 8—12　站机子系统主界面

轨道区段->实时值

设备类型：轨道区段　设备分类：25HZ　设备名：全部

采集选择：☑轨道电压　☑轨道相位角　☑50HZ干扰电压

测试时间：2011-07-11 15:08:12　□ 仅显示超限　采集路数

序号	设备名	状态	轨道电压	轨道相位角	50HZ干扰电压
1	XJG	空闲	2.01(伏)	96.00（度）	
2	XWG	空闲	2.12(伏)	96.00（度）	
3	1-23DG	空闲	1.15(伏)	96.00（度）	
4	1-23DG1	空闲	0.53(伏)	96.00（度）	
5	3-19DG	空闲	2.18(伏)	96.00（度）	
6	21DG	空闲	0.05(伏)	96.00（度）	
7	25-31DG	空闲	0.04(伏)	96.00（度）	
8	33-39DG	空闲	0.05(伏)	96.00（度）	
9	33-39DG1	空闲	0.84(伏)	96.00（度）	
10	D3G	空闲	0.05(伏)	96.00（度）	
11	T1G	空闲	1.30(伏)	96.00（度）	
12	T1/29G	空闲	0.44(伏)	96.00（度）	
13	IIG	空闲	2.00(伏)	96.00（度）	
14	SJG	空闲	1.81(伏)	96.00（度）	
15	SWG	空闲	1.10(伏)	96.00（度）	
16	2DG	空闲	1.94(伏)	96.00（度）	
17	2DG1	空闲	2.31(伏)	96.00（度）	
18	4DG	空闲	2.09(伏)	96.00（度）	
19	6-36DG	空闲	2.31(伏)	96.00（度）	
20	10-16DG	空闲	2.22(伏)	96.00（度）	

曲线　日报表

点击对应位置，显示对应模拟量最值！

导出文本　导出EXCEL　打印　帮助　返回

图 8—13　实时值主界面

图 8—14　电缆对地绝缘测试主界面

（4）测试完成后，绝缘测试表格中会显示绝缘值及测试时间。绝缘测试数值最大显示“ >20M”；当显示红色字体时，表示绝缘超标，需要进行排查。

3. 电源漏流测试功能

（1）通过主菜单可以进入电源漏流测试主界面。

（2）进入电源漏流测试界面需要输入用户名及密码。

（3）选中需要测试漏流的设备，单击“开始测试”进行漏流测试。进度栏会显示漏流测试进度。

（4）测试完成后，漏流测试表格中显示漏流值及测试时间。当电源漏流测试数值显示红色字体时，表示漏流超标，需要进行排查。

4. 查看设备模拟量日报表信息

（1）通过主菜单可以进入各设备的日报表界面，如图 8—15 所示，主要包括电源、轨道电路、道岔、列车信号机等。

（2）通过“工具栏”中的“日报表”选项，同样可以进入各设备的日报表界面。

（3）对于与开关量无关联的模拟量，日报表显示“最大值”、“最小值”和“平均值”；与开关量有关联的，则显示“调整最高”、“调整最低”和“分路最高”。

（4）模拟量日报表是统计该模拟量一天的情况，对于超出报警线的数值，会以红色显示，维护人员需要特别注意。

5. 查看设备模拟量日曲线信息

（1）日曲线主要是描绘模拟量历史变化情况，可以详细的记录一天中任何时刻的数值。

（2）通过主菜单可以进入各设备的日曲线界面，如图 8—16 所示。

（3）可以设定时间，进行查看所选时间的日曲线信息。

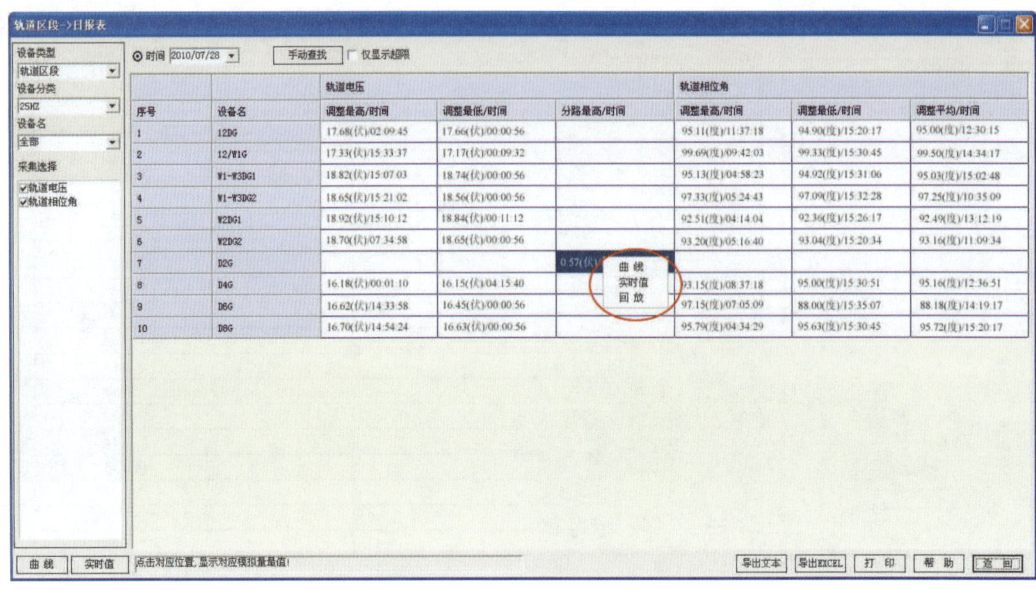

图 8—15　日报表主界面

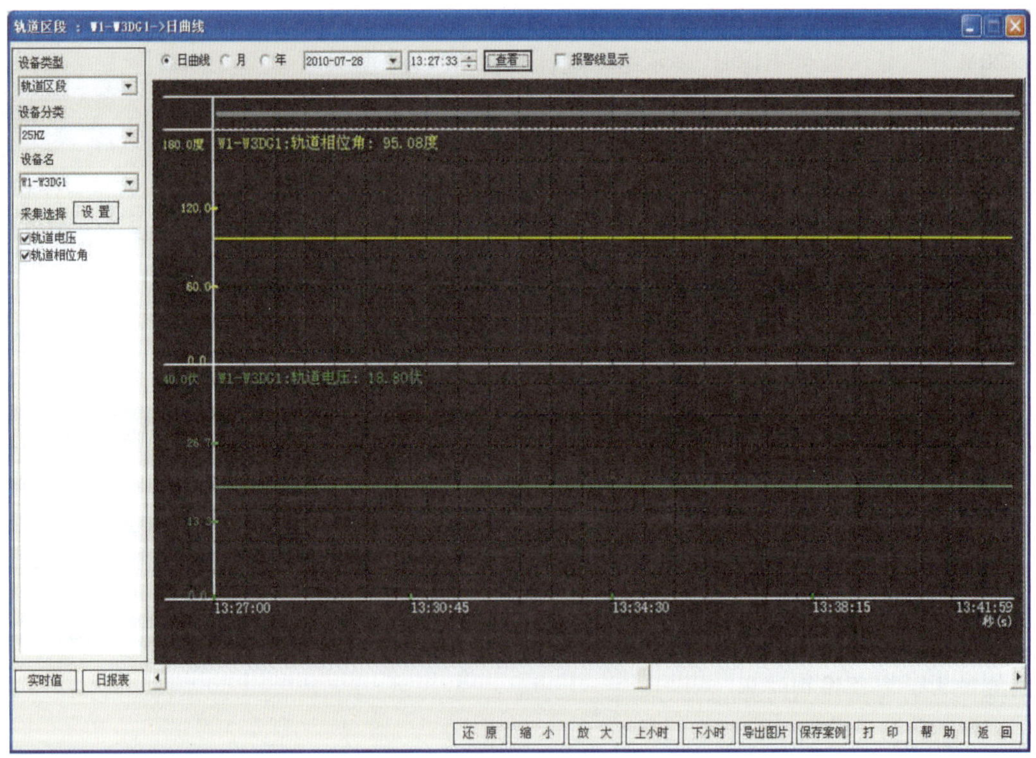

图 8—16　日曲线主界面

6. 查看设备模拟量趋势曲线信息

(1)趋势曲线包括日趋势、月趋势和年趋势。

(2)日趋势是指模拟量一天中的趋势变化情况,曲线形式展现,直观反映模拟量一天的记录情况。

(3)月趋势记录模拟量一月中的趋势变化情况,以曲线形式展现,如图 8—17 所示。

(4)年趋势记录模拟量一年中的趋势变化情况,以曲线形式展现。

(5)通过“功能菜单”中的子菜单,可以进入日趋势、月趋势和年趋势的主界面。

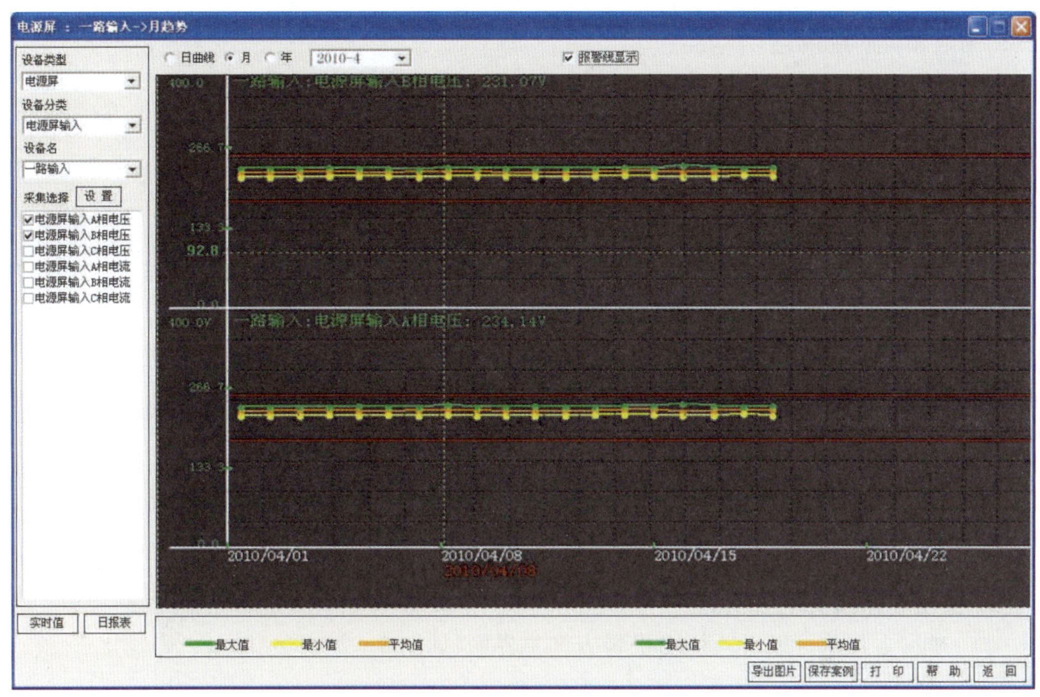

图 8—17　月趋势曲线主界面

7. 查看道岔设备的动作曲线信息

(1)通过主菜单可以进入道岔动作曲线主界面,如图 8—18 所示。

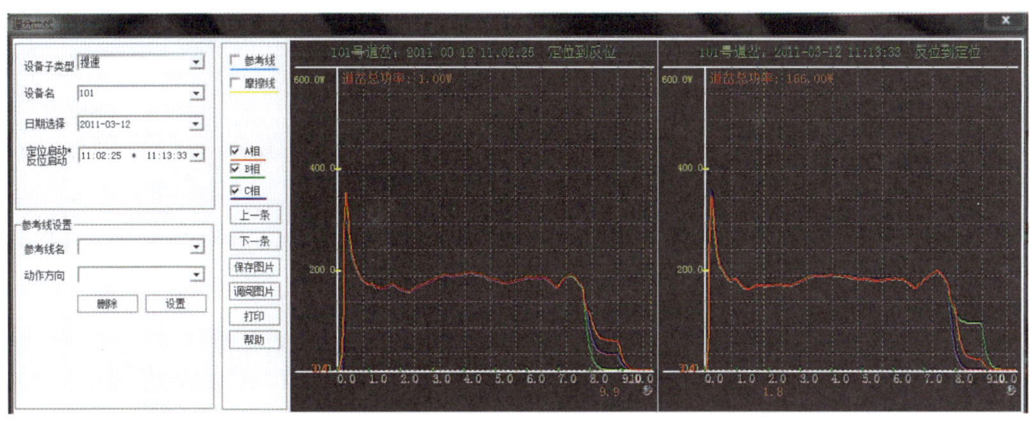

图 8—18　道岔动作曲线主界面

(2)查看本站内所有道岔的动作曲线。

(3)通过查看道岔动作曲线,来判断道岔工作状态。

(4)设置参考曲线。

8. 查看车站实时报警信息

(1)车站有报警发生时,会弹出实时报警框,在工具栏会有报警闪红灯提示。

(2)实时报警框中可以显示报警名称、报警内容、发生时间、恢复时间、报警级别等关键内容,如图 8—19 所示。

(3)查看报警的简要信息。

(4)单击单条报警的“回放”功能键,进行回放操作。

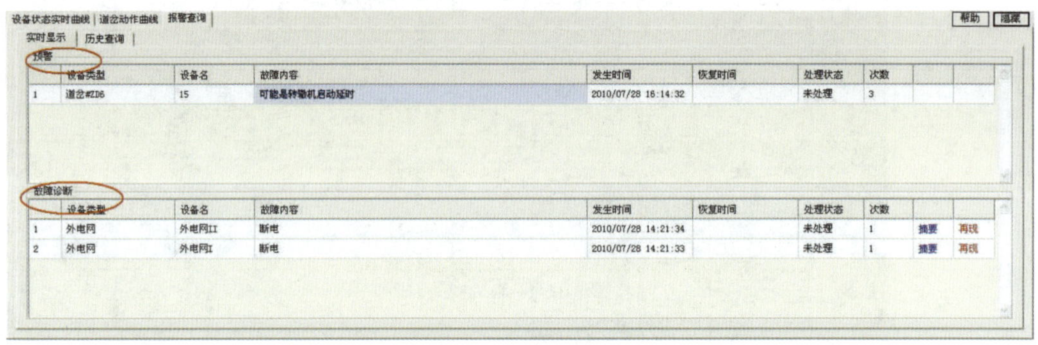

图 8—19　实时报警主界面

9. 查看车站历史报警信息

(1)通过主菜单可以进入历史报警查询主界面,如图 8—20 所示。

历史报警查询

本日查询　7日查询　30日查询　自定义时间　查询　打印　帮助

设备类型 全部

	设备类型	设备名	故障内容	发生时间	恢复时间	次数	状态(点击)	
1	ZPW2000接口	1031G	小轨道报警	2011-03-12 14:34:37		32	未处理	再现
2	ZPW2000接口	1045G	小轨道报警	2011-03-12 14:35:04		33	未处理	再现
3	ZPW2000接口	1048G	小轨道报警	2011-03-12 13:13:37	2011-03-12 13:13:39	31	未处理	再现
4	ZPW2000接口	1059G	小轨道报警	2011-03-12 06:14:48	2011-03-12 07:18:17	3	未处理	再现
5	ZPW2000接口	1062G	小轨道报警	2011-03-12 13:13:11	2011-03-12 13:13:12	34	未处理	再现
6	ZPW2000接口	1073AG	小轨道报警	2011-03-12 14:36:15		29	未处理	再现
7	ZPW2000接口	1076G	小轨道报警	2011-03-12 07:17:39	2011-03-12 07:17:43	6	未处理	再现
8	ZPW2000接口	1087G	小轨道报警	2011-03-12 06:14:49	2011-03-12 07:18:18	2	未处理	再现
9	ZPW2000接口	1090BG	(检修状态)小轨道报警	2011-03-12 00:55:24	2011-03-12 00:58:23	5	未处理	再现
10	ZPW2000接口	1090BG	小轨道报警	2011-03-12 13:12:07	2011-03-12 13:12:11	28	未处理	再现
11	ZPW2000接口	1102G	小轨道报警	2011-03-12 07:16:18	2011-03-12 07:16:26	4	未处理	再现
12	ZPW2000接口	第2机柜	(检修状态)6备FS	2011-03-12 00:15:45	2011-03-12 00:18:45	1	未处理	再现
13	ZPW2000接口	第2机柜	(检修状态)6主FS	2011-03-12 00:15:45	2011-03-12 00:18:44	1	未处理	再现
14	ZPW2000接口	第2机柜	(检修状态)8备FS	2011-03-12 00:42:28	2011-03-12 00:43:14	1	未处理	再现
15	ZPW2000接口	第2机柜	(检修状态)8主FS	2011-03-12 00:42:28	2011-03-12 00:43:14	1	未处理	再现
16	ZPW2000接口	第2机柜	(检修状态)7主FS	2011-03-12 00:43:02	2011-03-12 00:43:15	1	未处理	再现

图 8—20　历史报警查询主界面

(2)历史报警查询界面,可以选择通过报警类型、报警时间等进行查询。

(3)历史报警查询界面,对所有报警信息按照一、二、三级及预警级别按类划分。

10. 历史回放功能

(1)单击工具栏"回放"菜单,可以进入回放选择界面。

(2)在回放选择界面中,选择是否需要"模拟量"回放。

(3)在回放选择界面中,选择开始回放的时间及回放的长度。

(4)完成(2)和(3)操作时,单击"确定"键,进入回放操作界面,此时站场图显示回放开始时刻的信息。

(5)单击"播放"按钮后,站场信息会根据时间慢慢变化,真实反映历史站场信息。此时,可以单击查看"开关量"、"模拟量"等信息,可以通过单击"暂停"、"加速"、"减速"等按钮,按需求进行播放。回放完成后,单击"返回"按钮,结束本次回放。

11. 天窗修设置及查看功能

(1)通过主菜单可以选择进行天窗修设置,或者进行历史天窗修查询。

(2)天窗修设置中,可以选择天窗修的开始时间,填入检修内容、检修人等信息。

(3)天窗修历史查询中,可以查看历史天窗修情况。

(4)天窗修期间产生的报警信息中会增加"检修状态"标记。

12. 模拟量参数修改功能

(1)模拟量参数修改包括修改模拟量的上下限、标调模拟量的系数等功能。

(2)通过单击"功能菜单"中的模拟量参数设置菜单,可以进入参数修改主界面。

(3)人工修改上下限后,单击"确认"按钮,可以保存新的模拟量上下限信息。

(4)通过输入模拟量真实的数据,可以标调模拟量的系数。

13. 查看运用统计信息

(1)通过主菜单可以进入运用统计主界面,如图 8—21 所示。

(2)运用统计主菜单中,选择需要查看的统计类型,并选择时间后进行查看。

(3)统计类型主要包括:设备故障统计、按钮运用统计、信号机开放统计、轨道占用次数统计、破封按钮运用次数统计、道岔动作次数统计等。

14. 通信状态查询

(1)选中"通信状态图"进入通信状态主界面,如图 8—22 所示。

(2)通过在站场图上单击右键,选择"通信状态图"进入通信状态界面。

(3)可以查看"智能接口状态"、"采集器状态"和"站内系统间状态"。

(4)"智能接口状态"为站机与服务器及各个智能接口之间的通信状态,红色线代表通信中断,绿色线代表通信正常。

(5)"采集器状态"为站机与接口分机所连的各个采集器的通信状态,红色圆圈代表通信中断,绿色圆圈代表通信正常。

(6)"站内系统间状态"为车站内各个信号子系统间的通信状态,红色线代表两个子系统间通信中断,绿色线代表两个子系统间通信正常;红色框代表其信号设备与 CSM 站机通信中断,绿色框代表其信号设备与 CSM 站机通信正常。

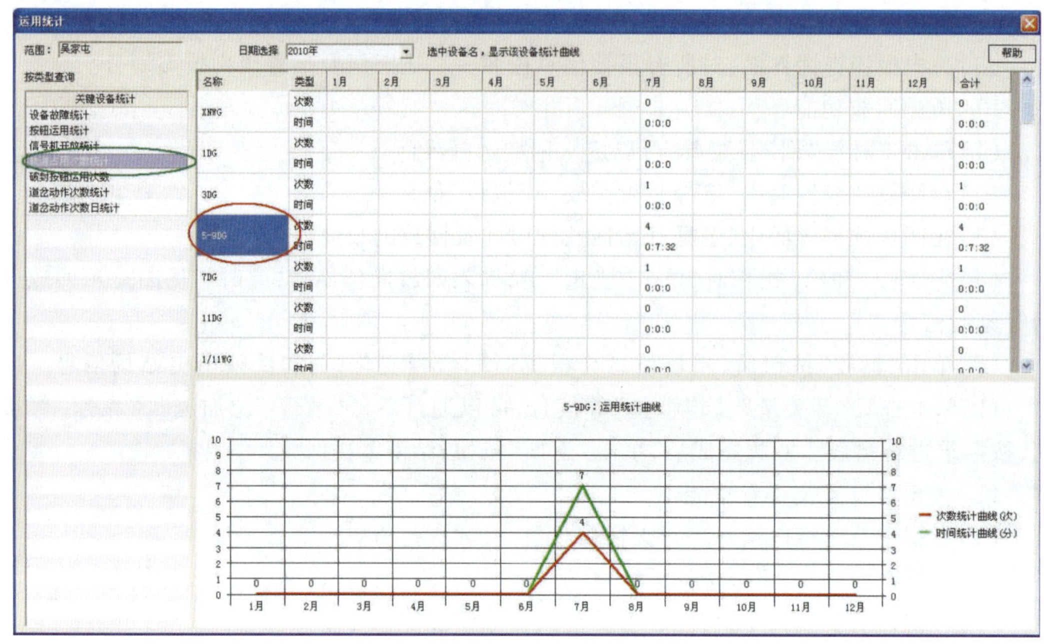

图 8—21　运用统计主界面

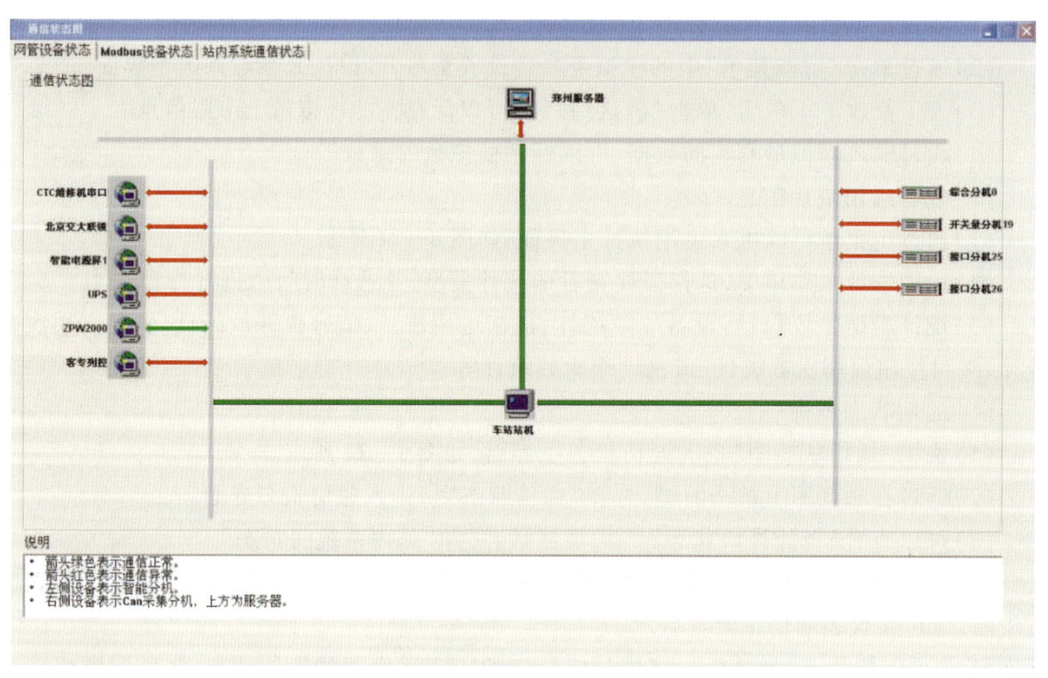

图 8—22　通信状态主界面

（二）软件常规维护

为了保证车站子系统稳定、正常的运行，电务人员应做好例行的维护工作。

1. 定期查看系统工作日志，包括系统自身工作状态、接口工作状态、采集设备工作状

态、服务器通信状态等多项内容。

2. 定期查看系统报警,及时分析查找潜在的问题并处理。

3. 定期检查车站硬件设备是否正常。

4. 定期进行网络设备检查,保证站机能够与中心服务器正常通信。

5. 定期杀毒,保证车站系统健康运行。

(三)常见问题及解决方法

1. 车站采集接口中断

故障原因:站机子系统与接口系统间通信线松脱。

处理方法:将接口线取下,重新连接。

2. 车站从某个接口采集过来的数据显示错误

故障原因:对应接口修改配置或者升级程序,CSM 站机软件未同步升级。

处理方法:联系供应商,进行相关升级。

3. 车站采集设备故障

故障原因 1:采集设备故障。

处理方法 1:更换采集设备。

故障原因 2:采集设备接触不良。

处理方法 2:将采集设备取下,重新安装。

4. 车站与服务器通信中断

故障原因:网络中断。

处理方法:查看网络设备是否故障,及时维护。

5. 车站数据显示不正常

故障原因:车站改造后,配置文件需要改动。

处理方法:按照配置要求进行修改,或者联系厂家进行修改。

6. 车站采集信息错误

故障原因:某个采集信息有问题,可能是采集板或采集线故障。

处理方法:查看采集板的显示灯,可以判断故障出在哪一块采集板或哪一根采集线,更换相应的采集板或采集线。

7. 站机程序死机

故障原因:有可能是软件未知 BUG 原因或硬件故障。

处理方法:重新启动程序或计算机,如果依然死机,说明操作系统或硬件出现问题,建议更换计算机硬件;如果成功启动,说明软件可能有故障,与供应商联系解决。

8. 站机无法启动

故障原因:硬件有问题。

处理方法:建议更换计算机,或与供货商联系解决。

9. 显示器黑屏

故障原因:显示器故障或显示器信号线脱落,或者是显卡、电源故障。

处理方法:确认具体故障后更换显示器或重新连接信号线,更换显卡或修复电源。

10. 鼠标和键盘失效

故障原因:可能是操作系统故障或鼠标与键盘的连线脱落。

处理方法:重新启动计算机或检查鼠标与键盘的连线。

二、中心服务器子系统

中心服务器子系统包括通信前置机、应用服务器、数据库服务器、网管服务器、防病毒服务器、时钟服务器等。中心服务器子系统一般不需要用户进行操作,下面介绍各服务器的日常维护内容和常见故障的处理方法。

(一)日常维护内容

(1)保证网络通信正常,保证网卡工作状态正常。

(2)采用双网技术,当网络出现故障时,需要及时恢复。

(3)采用双机冗余结构,单台出现故障后,需及时修复。

(4)定期查看硬盘大小,如发现硬盘故障时,需及时返修。

(5)防病毒服务器需定期升级病毒包,保证整个系统的杀毒软件及时升级。

(6)防病毒服务器需定期查看病毒扫描日志,对于特殊事件,需及时向厂家咨询。

(二)中心服务器子系统常见问题及解决方法

1. 某服务器与其他服务器连接中断

故障原因:网络故障。

处理方法:查看中心局域网内故障。

2. 某服务器机器死机或者频繁重启

故障原因1:病毒问题。

处理方法:及时杀毒解决。

故障原因2:操作系统异常。

处理方法:重装操作系统解决。

故障原因3:硬件问题。

处理方法:更换硬件,或者返修。

3. 某服务器软件报错,不能自恢复。

故障原因:系统内存在非法数据。

处理方法:将日志返回给厂家,由厂家及时解决。

4. 数据库服务器提示硬盘满报警

故障原因:硬盘空间不足。

处理方法:清理数据或增加硬盘。

三、终端子系统

终端能够提供各种调阅方式,其主界面如图8—23所示。

(一)软件常规操作

终端具备车站子系统中所有的展示功能,本节重点描述其特有的内容。

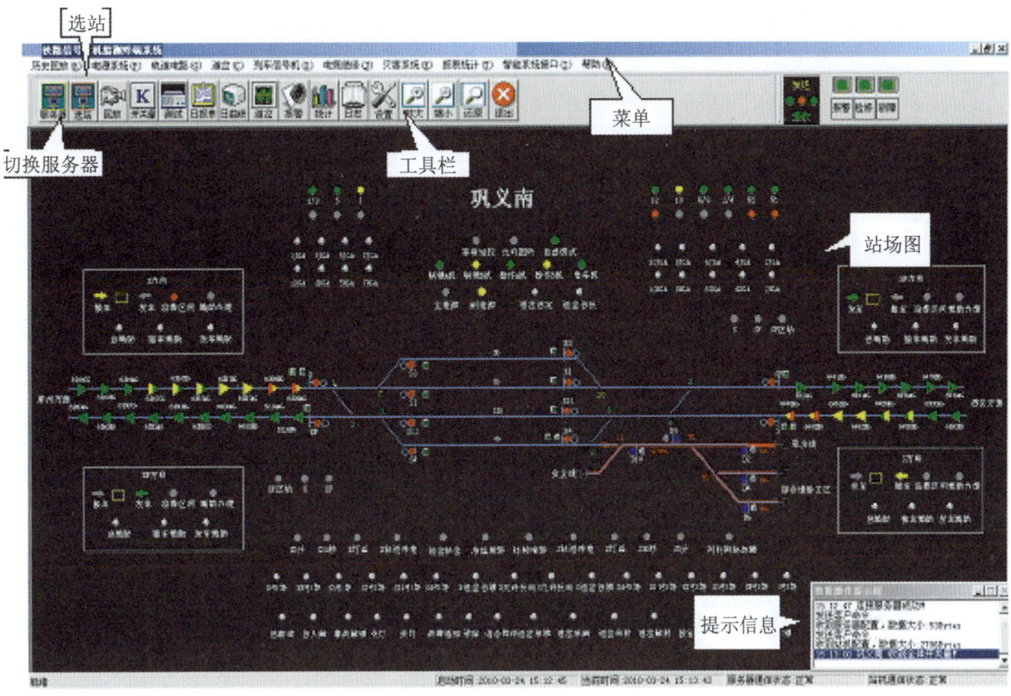

图 8—23　终端子系统主界面

1. 选择所辖车站

（1）单击工具栏中“选站”一栏，进入选站主界面，如图 8—24 所示。

（2）选站主界面中，可以显示该终端所管辖的所有车站，选中车站后，单击“确认”键，终端自动切换至所选车站。

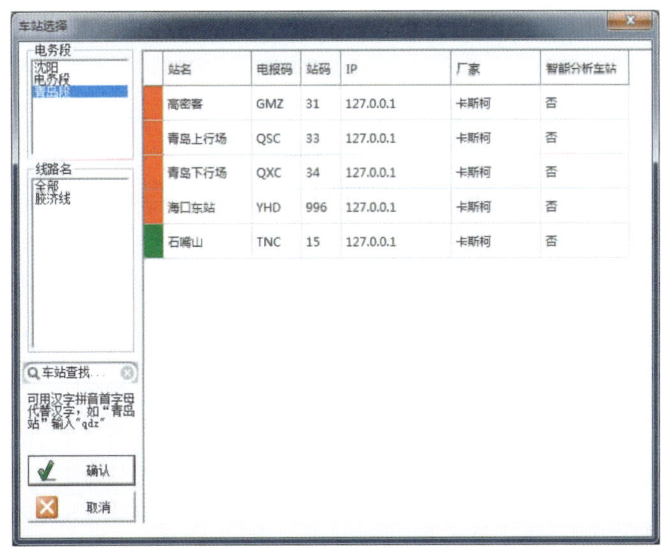

图 8—24　终端选站主界面

2. 查看车站实时报警信息

(1)车站有报警发生时,弹出实时报警框,如图 8—25 所示,在工具栏有报警闪红灯提示。

(2)实时报警界面中可以显示报警名称、报警内容、发生时间、恢复时间、报警级别等关键内容。

(3)实时报警界面中可以显示所辖车站的所有实时报警信息。

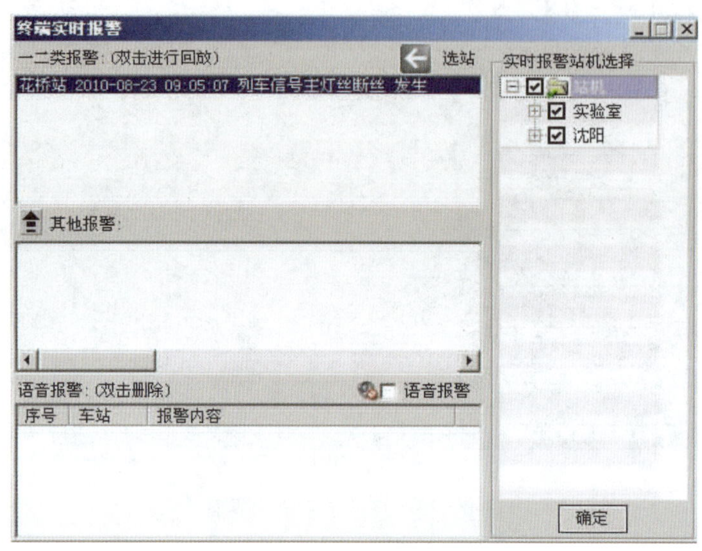

图 8—25 终端实时报警界面

3. 查看车站历史报警信息

(1)历史报警查询界面(见图 8—26)中,可以查询所辖车站的所有历史报警信息。

(2)历史报警查询界面中,可以选择通过报警类型、报警时间等进行查询。

(3)历史报警查询界面,对整个报警类型按一、二、三级及预警级别按类划分。

4. 历史回放功能

终端进行历史回放时,可选择从"服务器"或"站机"进行回放,界面如图 8—27、图 8—28所示。

终端的回放操作同站机的回放操作。

(二)常规维护

终端子系统的稳定运行,必须保证运行环境安全及网络通道正常。需定期进行杀毒;定期检查网络设备,保证网络正常工作。

(三)常见问题及解决方法

1. 终端程序无法打开,或者有报错提示

故障原因:可能是软件版本较低,或者是软件环境被破坏。

处理方法:可以重新升级软件,进行恢复。

2. 终端选站操作框中,找不到所要查询的车站信息

故障原因:终端对该车站没有调阅的权限。

处理方法:修改配置,增加权限。

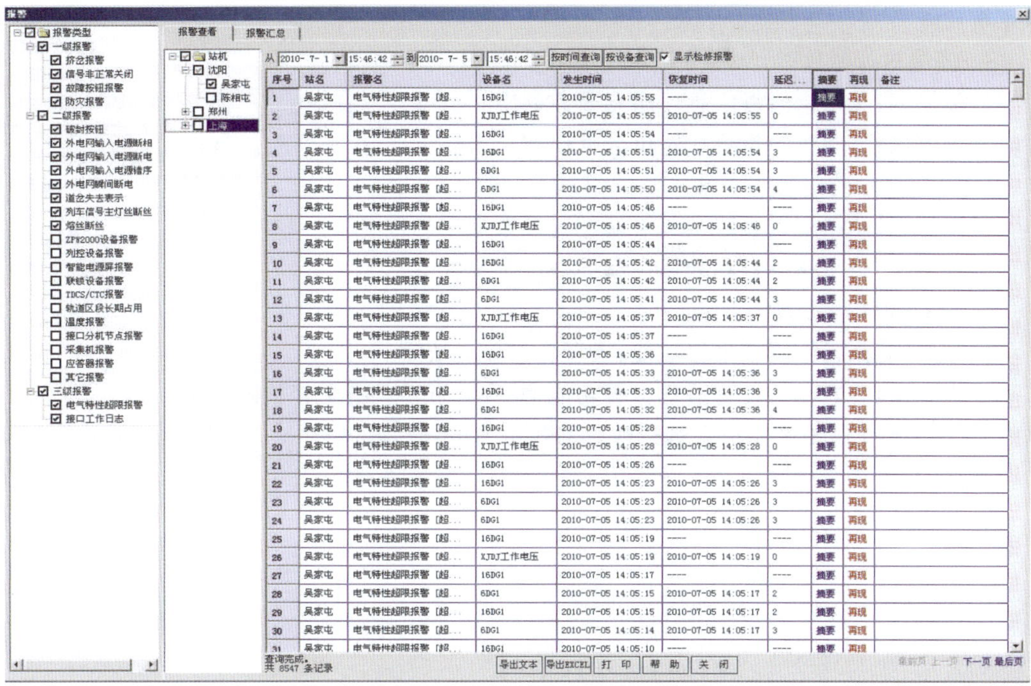

图 8—26　历史报警查询界面

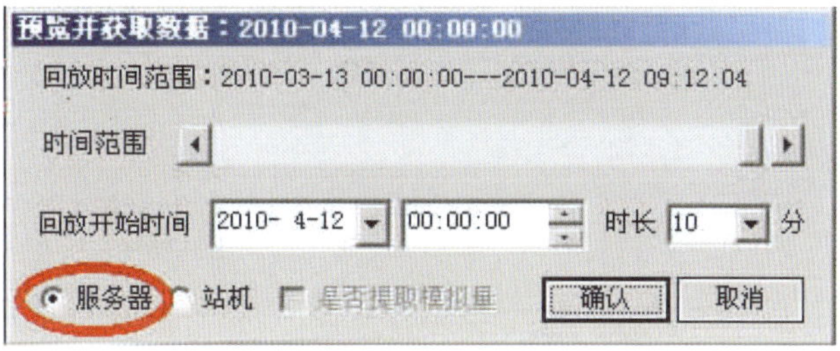

图 8—27　回放控制窗口界面(从服务器选信息)

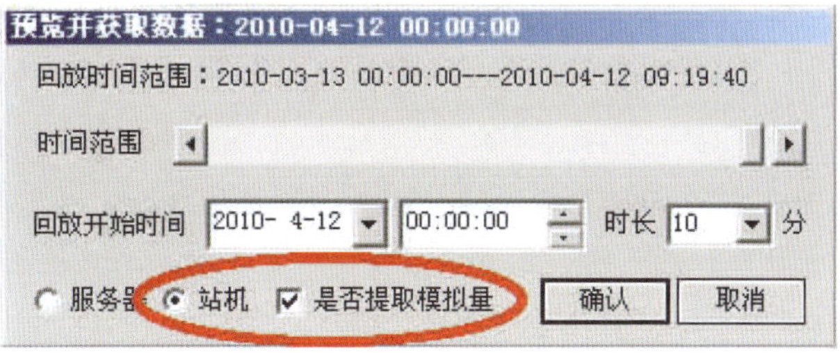

图 8—28　回放控制窗口界面(从站机选信息)

3. 终端无法调阅实时值、日报表、日曲线等信息

故障原因:终端与车站间通信有问题。

处理方法:查看网络通道是否正常,查看站机子系统是否运行正常,查看服务器是否运

行正常。

4. 终端执行回放时,从服务器取不到相应数据

故障原因:车站未能将信息传送到服务器中。

处理方法:终端改为执行从站机进行回放。

5. 终端显示的信息与车站显示的信息不一致

故障原因:车站配置及数据与终端配置及数据不一致。

处理方法:将车站配置和数据重新导一份至服务器。

6. 终端不能语音报警

故障原因:未设置语音报警功能,或者音箱设备故障。

处理方法:查看是否设置语音报警功能,并查看音箱设备是否故障。

7. 终端操作系统不能正常运行或机器死机、打不开等

故障原因:机器故障。

处理方法:重装操作系统,或者返修设备。

第九章　铁路信号集中监测系统现场运用实际案例

CSM 利用采集器和采集板卡，实现对道岔、轨道电路、信号机等信号设备的状态信息和报警信息的采集，通过接口获取具备自身智能采集子系统的信号设备（如联锁、ZPW-2000、列控中心、TSRS）的状态信息和报警信息，是电务系统的综合维修信息平台。CSM 实现 24 h 不间断监视信号设备运行的状态，测试信号设备的电气特性，对采集信息进行全面的处理、记忆、存储、分析、诊断，发现信号故障和故障预兆，为信号设备预防修提供可靠信息，能够进行历史回放，为事故分析提供重要的手段和依据。

CSM 实时对信号设备的电气参数和设备状态进行测量和记录，监测数据的表现形式主要有记录曲线、日曲线、月曲线、日报表等。CSM 记录转辙机动作电流曲线、功率曲线和外电网电压曲线，可实现对道岔状态和外电网的质量监督。CSM 日曲线主要有轨道电路、电源屏、信号机等模拟量信号设备的记录曲线，通过对日曲线的分析可以直观地了解到设备的短期变化情况，从中发现存在的问题，便于对设备的早期诊断、故障预防和故障分析。月曲线和日报表可反映出测试项目一个较长时间段的发展趋势，帮助用户从宏观上对设备状态进行评估。

CSM 作为一个"有经验的信号工"，能自动发现设备的故障和异常，并自动形成设备分析报告，向用户集中展示车站设备故障的总体情况、电气特性超限超标情况、分路状态异常情况以及报表浏览情况等内容，能够利用计算机的高速处理能力，通过逻辑智能判断，捕捉瞬间故障，对捕获的结果形成报警，帮助信号维护人员迅速定位故障点，从而缩短维修时间，提高维修工作效率。

下面将介绍如何应用铁路信号集中监测系统分析信号设备故障隐患。

第一节　道岔设备电气性能异常案例分析

一、道岔动作电流曲线案例分析

CSM 记录的道岔动作电流曲线、道岔功率曲线反映了道岔在扳动过程中转辙机工作的状态。通过对道岔动作时的电流曲线、功率曲线的分析，可以反映道岔控制电路、道岔机械部分是否可靠工作。若道岔控制电路、室外机械部分、道岔动作相关的设备元件出现异常，就会在道岔动作电流曲线表现出来。道岔电流曲线能够反映道岔控制电路中各个设备的工作状态，如 1DQJ 吸起、2DQJ 转极、定反表示继电器（DBJ、FBJ）落下和吸起、室外电缆连通、转辙机接点状态、电机工作电流、道岔机械转动状态。道岔功率曲线反映道岔转动过程中电机工作情况，同时反映道岔在转换过程中的受力情况和道岔机械性能（动作）情况。

ZD6 系列、ZD9 直流电动转辙机正常动作电流曲线如图 9—1 所示，ZD6 系列电动转辙机异常电流曲线如图 9—2 所示。

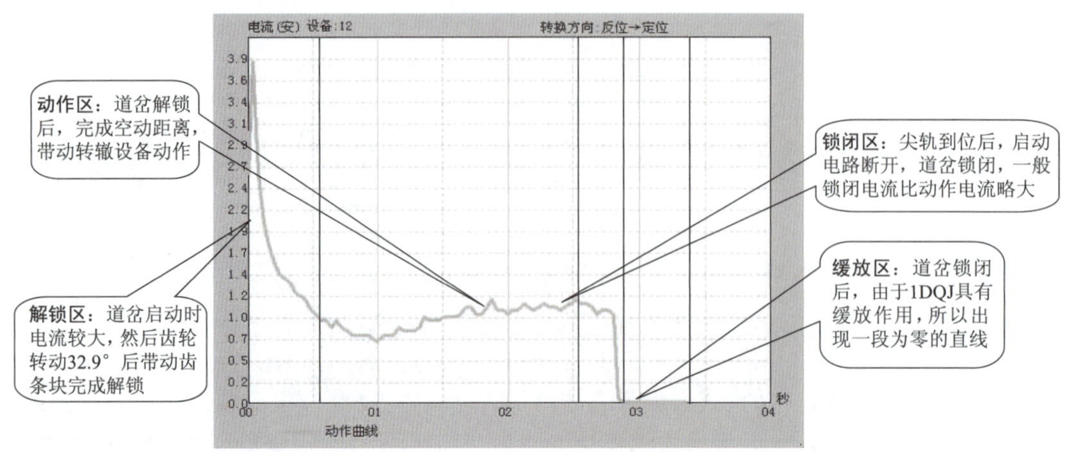

图 9—1　ZD6 系列、ZD9 型直流电动转辙机正常动作电流曲线

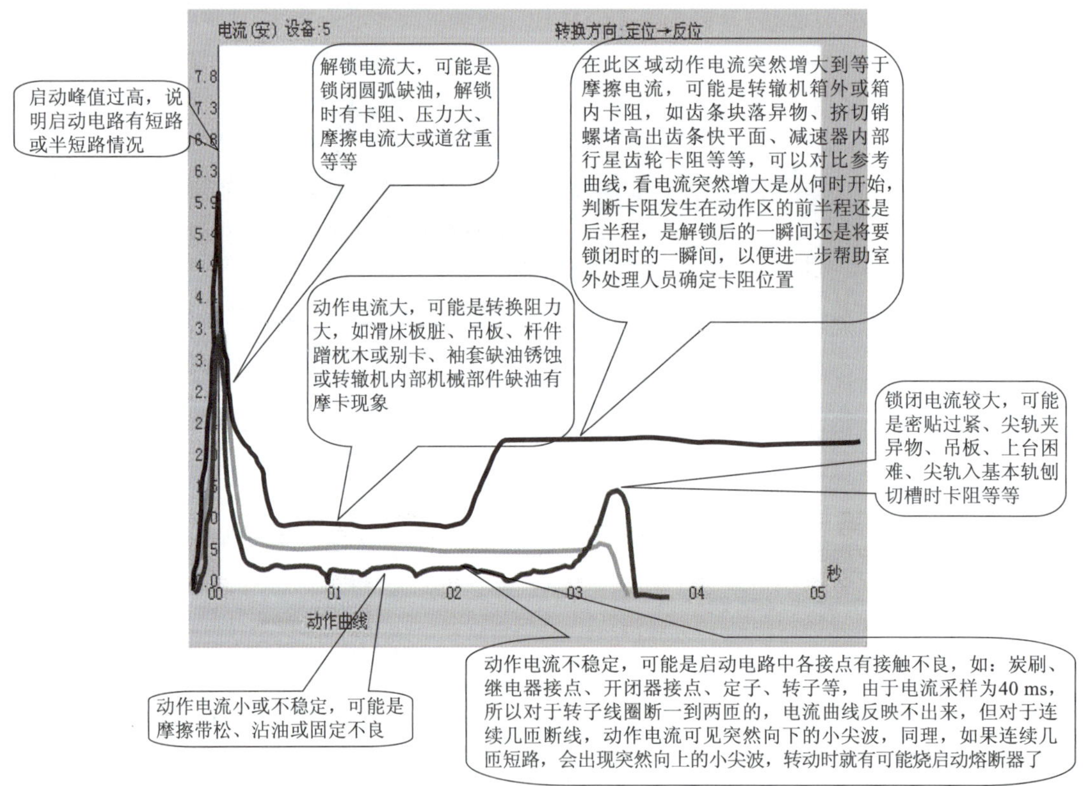

图 9—2　ZD6 系列电动转辙机异常电流曲线

(一)直流转辙机牵引的道岔动作电流曲线异常案例分析

案例 1

某站三动复式交分道岔动作时，发现第二动动作电流曲线异常，该道岔第二动状态正常时动作电流在 0.9 A 左右，转换时间 5.5 s 左右，故障时定反位平均电流波动很大，动作电流

反位到定位 1.8 A、定位到反位 2.6 A，动作时间 8 s 左右。

初步判断是电机断匝，经现场检查处理，确认电机断匝且绝缘不良，更换电机后恢复正常。更换电机后恢复动作电流 0.9 A 左右，转换时间 5.5 s 左右。所以，如果发现 ZD6 系列电动转辙机牵引的道岔动作电流定反位都波动大，动作时间长，预示电机断匝，就应立即去更换电机，以绝后患。如果仅一边电流波动大，则预示道岔状态不良，应联系工务整治道岔。

该案例动作电流曲线如图 9—3 所示。

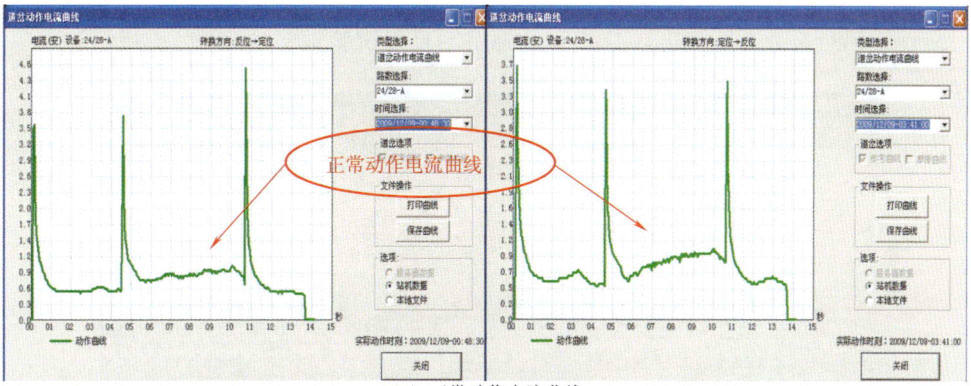

（a）正常动作电流曲线

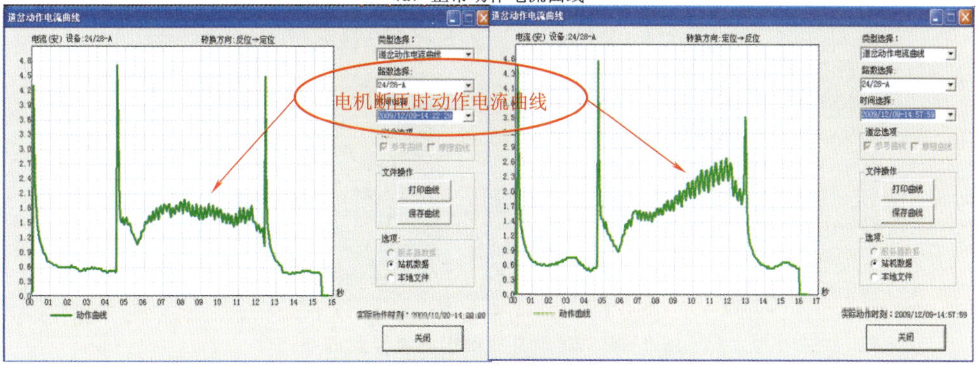

（b）电机断匝动作电流曲线

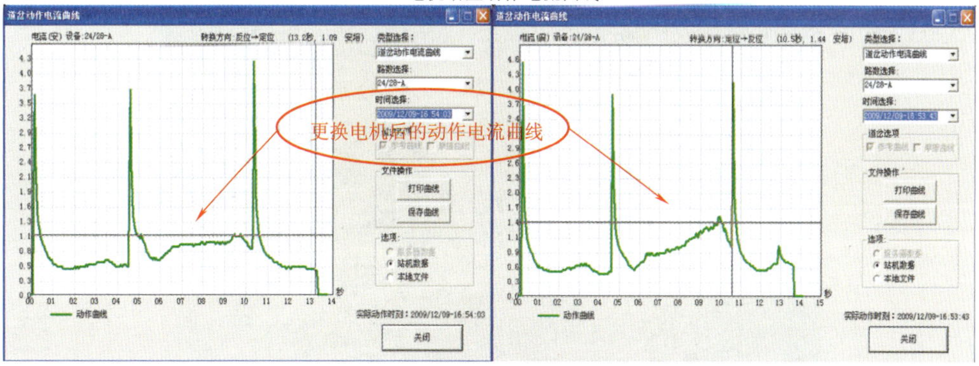

（c）更换电机后的动作电流曲线

图 9—3 动作电流曲线（案例 1）

案例 2

查看某站道岔电流曲线时发现 20 号道岔电流曲线异常，如图 9—4 所示，CSM 记录的动作时间较短，没有持续的动作电流。

初步判断动作电流没有送出去，排除了室外故障的可能，故障点在室内且为动作电路故障。室外道岔主副机电机都不能动作，分线盘测试故障时主副机动作电压都没有，重点检查主副机动作电路的公用部分。该类型道岔动作电路公用部分有 1DQJ 第一组、第二组的前接点，2DQJ 的 121 接点，DZ220 V 的 8 A 熔断器及相关配线。1DQJ 动作缓放正常，1、2 线圈不良可以排除。通过查找发现 JWJXC-H125/0.13 继电器第一组前接点明显看到拉电弧发黑，如图 9—5所示，判断为第一组前接点不良，更换备品后反复试验正常，如图 9—6 所示。

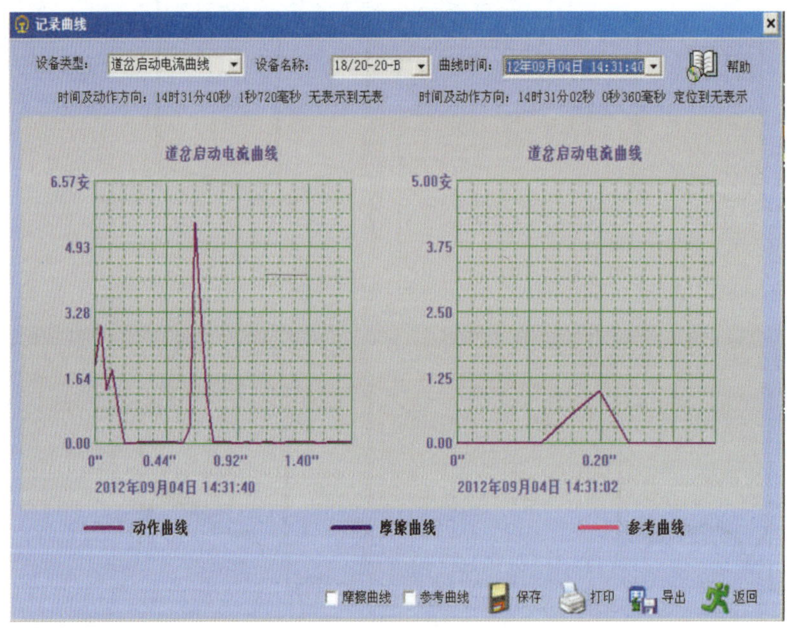

图 9—4　20 号道岔动作电流异常曲线

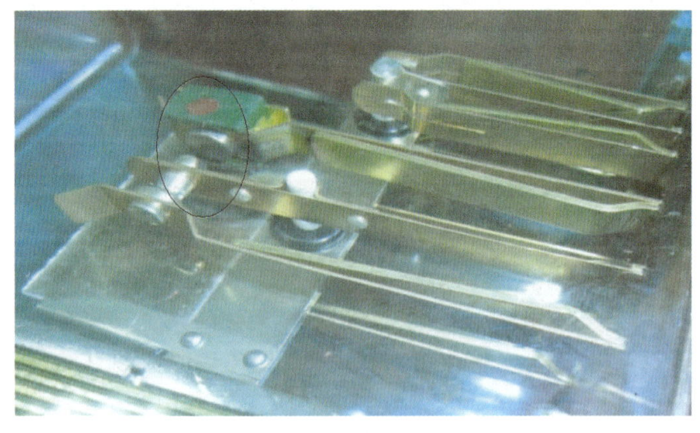

图 9—5　继电器接点电弧

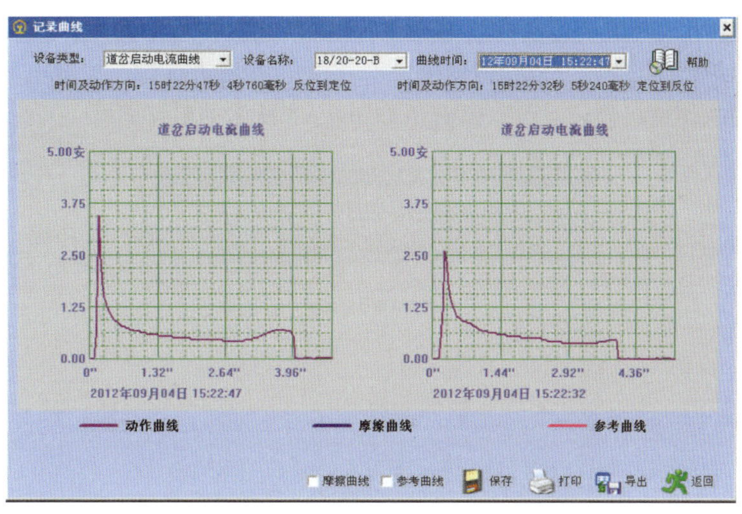

图 9—6　更换 1DQJ 后动作电流曲线恢复正常

(二)交流转辙机牵引的道岔动作电流曲线异常案例分析

S700K 型三相交流电动转辙机动作电流基本曲线如图 9—7 所示。

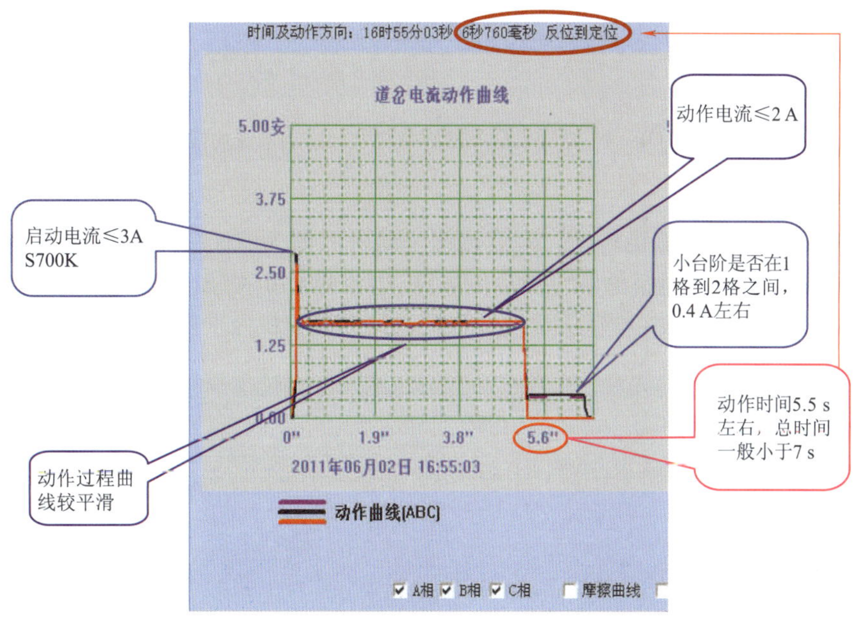

图 9—7　S700K 型电动转辙机正常道岔电流动作曲线

案例 1:不能启动故障

某站道岔发生不能启动故障,电流曲线表明:黑色线表示的 B 相电流为 0 A,说明道岔不能启动的原因是 B 相电源缺相;另外两相电流数值达到 3.5 A,1 s 以后回到 0 A。电流曲线分析:星型连接的三相电动机,当一相缺相,另外两相电流值能达到额定电流的 1.73 倍,造成电机线圈发热,进而烧坏电机。所以三相电机的控制电路中都要设计三相断相保护电路。在 S700K 型电动转辙机道岔控制电路中，是以断相保护器来完成断相保护的，在一相断相时，断相保护器中电流不平衡，即输出一个直流电压驱动断相保护继电器，来切断三相电机的动作电路，使电机停转，所以，就有了如图 9—8 所示的电流曲线。

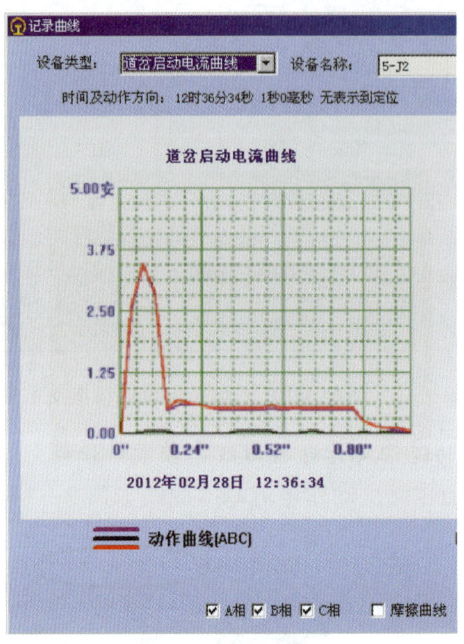

图 9—8　S700K 型电动转辙机缺相启动电流曲线

案例 2：空转故障

当三相电流均衡，转辙机转动。但到该锁闭的时间即 5 s 左右时，并没有锁闭，而是电机继续空转 13 s 后由断相保护器切断动作电路，电流降至 0 A，如图 9—9 所示。这是比较典型的尖轨与基本轨之间夹异物的曲线，可能是杆件卡阻、机内卡阻等因素。

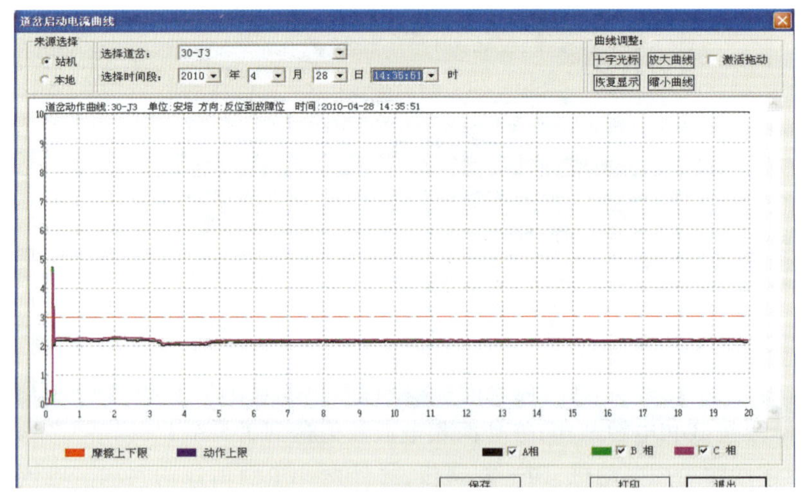

图 9—9　S700 型电动转辙机电机空转动作曲线

案例3:磨卡故障

某站6号道岔心轨定位到反位转换时,2~6 s过程中,道岔明显磨卡,而且正常情况下,道岔整个转换过程只需8 s,而这次转换时间是12 s,如图9—10所示。可能原因是锁闭杆与限位销、锁闭框磨卡。

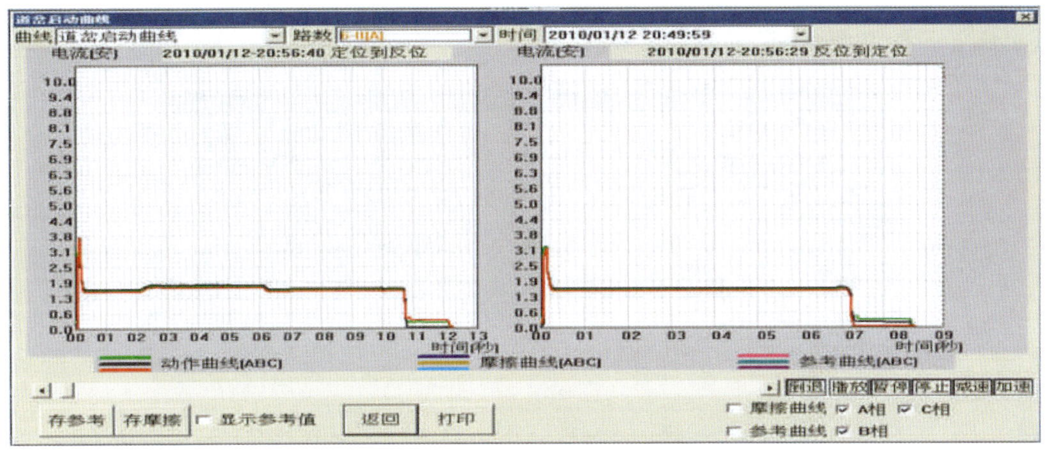

图9—10　道岔定位到反位转换磨卡启动曲线

案例4:整流元件不良

某站在监测调阅过程中发现12号道岔(ZYJ7型电液转辙机牵引,带SH6型转换锁闭器)提速道岔启动电流曲线出现异常,如图9—11所示。从当时信号集中监测调阅功率曲线发现12号道岔电流曲线"小尾巴"偏低,正常值有两相电压电流曲线在0.59 A左右;12号道岔两相电压电流曲线在0.32 A左右。

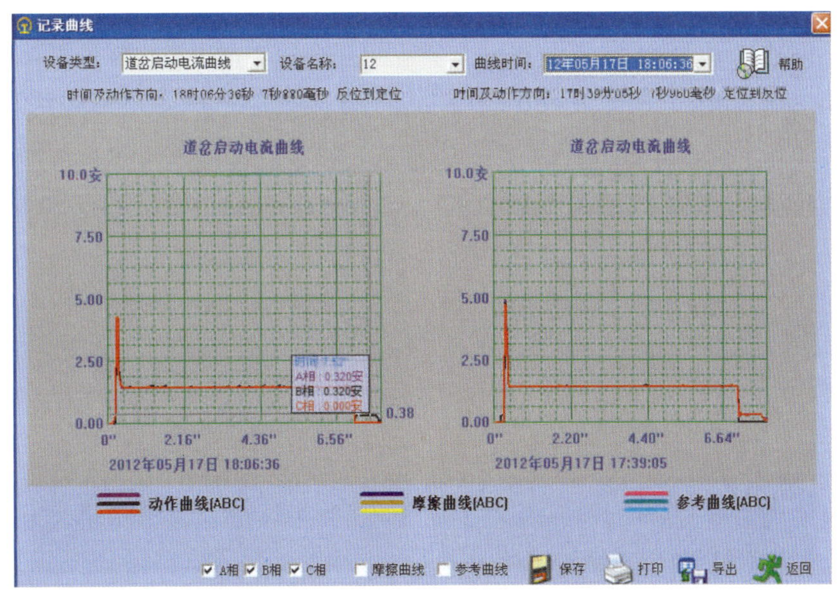

图9—11　整流元件不良道岔启动电流曲线

提速道岔电流曲线的“小尾巴”，是在提速道岔动作完毕后，1DQJ 在缓放时启动电源的其中两相经过室外已经闭合的接点及一体化整流元件形成。维护人员进一步调阅该道岔表示电压发现 12 号道岔表示电压交流 67 V，直流 17 V 左右。比其他道岔表示电压交流值偏高，直流值偏低（正常交流约 55 V，直流约 21 V），判断为一体化整流元件不良。对该道岔一体化整流元件进行更换后道岔表示电压交流 58 V，直流 22.2 V，电气特性恢复正常，电流曲线也恢复正常，如图 9—12 所示。

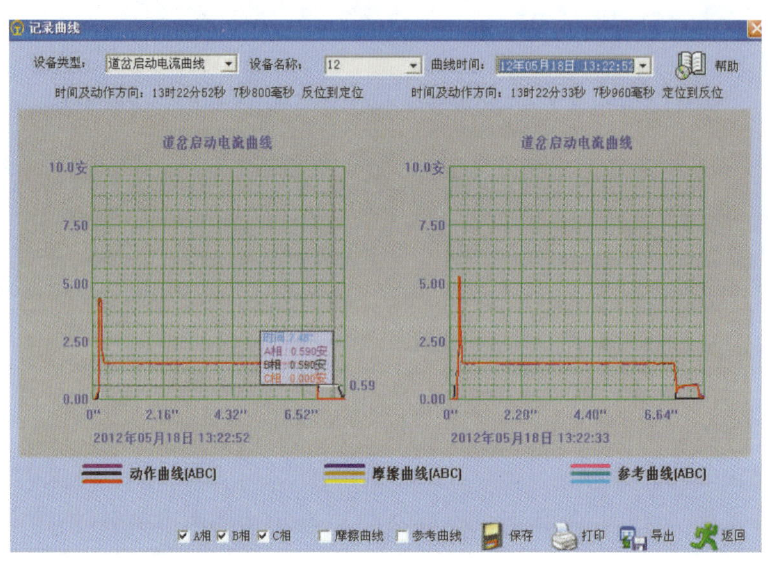

图 9—12　整流元件更换后的道岔启动电流曲线

案例 5：整流匣断线故障

某站在信号集中监测调阅过程中发现 5 号道岔 J1 提速道岔曲线出现异常，如图 9—13(a)所示。从曲线发现 5 号道岔 J1 道岔电流曲线小尾巴呈现零值异常状态，正常值有两相电流曲线在 0.8 A 左右，如图 9—13(b)所示。由于在 1DQJ 缓放过程中启动电源经过整流匣，由此可以判断当前整流匣可能出现了断线故障。

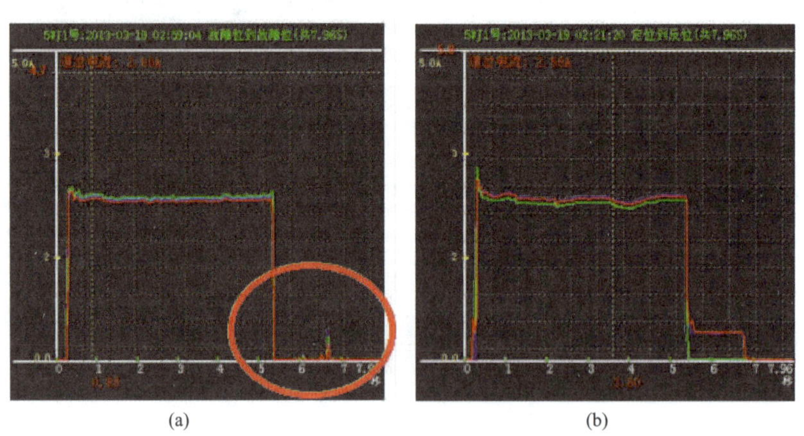

(a)　　　　(b)

图 9—13　整流匣断线道岔动作曲线与正常动作曲线对比

二、道岔表示电压异常案例分析

道岔表示电压采样位置在分线盘处，测试值反映了道岔表示继电器线圈两端的电压。当现场道岔表示电压出现异常时，调看道岔表示电压的测试值、测试曲线，可以查出道岔失去表示的直接原因，再通过表示电路的分析可以初步判断故障点的位置。

1. ZD6 系列电动转辙机道岔表示电压分析

道岔的正常表示电压：交流为 70 V 左右，直流为 60 V 左右。道岔表示电路正常时，无论是第一、三排接点闭合，还是第二、四排接点闭合，其极性为：

定位：X1（＋）、X3（－）；

反位：X2（－）、X3（＋）。

若二极管接反，则交直流电压正常，上述极性相反，道岔无定反位位置表示。

若自动开闭器 32 与 33 或 22 与 23 接错线，其现象是反位或定位表示正常，定位时 X1 与 X3 或反位时 X2 与 X3 的极性相反，但交直流电压正常。

若 X1 与 X2 接错线（软线或电缆在电缆盒内接错线），其现象是道岔动作正常，但道岔的转换方向与车站值班员的操纵意图相反，定反位无表示。若二极管同时也接反，则会出现室内道岔表示与道岔实现位置相反的现象（此情况最危险）。

若电机端子 1、2 接反，则会造成电动机的旋转方向相反，即道岔在定位仍向定位转，道岔在反位仍向反位转，造成道岔不能转换，CSM 记录的道岔动作电流曲线为故障电流曲线。

2. 提速道岔表示电压

道岔的正常表示电压：交流为 55 V 左右，直流为 21 V 左右。其极性为：

定位：X2（＋）、X4（－）；

反位：X3（－）、X5（＋）。

通过对电压的测试值的分析，可以判断道岔控制电缆是否开路，二极管是否损坏等故障。如室内表示电路断线或继电器线圈断线时，交流电压为 45 ~ 55 V，直流电压为 20 ~ 28 V。

案例 1

某站 21 号道岔在没有扳动的情况下出现道岔定位表示消失的故障。在故障时间（10:45:54）之前，21 号道岔定位表示电压交流为 70.9 V，直流电压为 60.4 V。在故障时间（11:48:53）之后，21 号道岔定位表示电压交流为 1.4 V，直流电压为 0.1 V，如图 9—14 所示。初步判断为 21 号道岔表示电路室外部分的二极管击穿造成的道岔定位表示消失。

信号维护人员到室外确认为 21 号道岔二极管损坏，更换二极管后道岔定位表示恢复正常。

案例 2

某站 139 号道岔在没有扳动的情况下出现道岔定位表示消失的故障，集中监测系统分析界面弹出“139 号发生道岔表示故障，道岔无表示，室外二极管支路断线报警”。

通过 CSM 分析诊断界面对故障时间段进行回放：在故障时间（2012 年 10 月 15 日 13:15:28），道岔没有扳动的情况下（1DQJ 没有变化），139 号道岔定位直流电压下降为0 V，定位交流电压上升为 111 V，X1 － X2 交流电压大于 100 V，如图 9—15 所示。综合上述条

件，做出报警判断。

信号维护人员到室外确认为 139 号道岔表示二极管支路 2 号端子断开，恢复 139 号道岔断开的二极管支路 2 号端子软线后，道岔定位表示恢复正常。

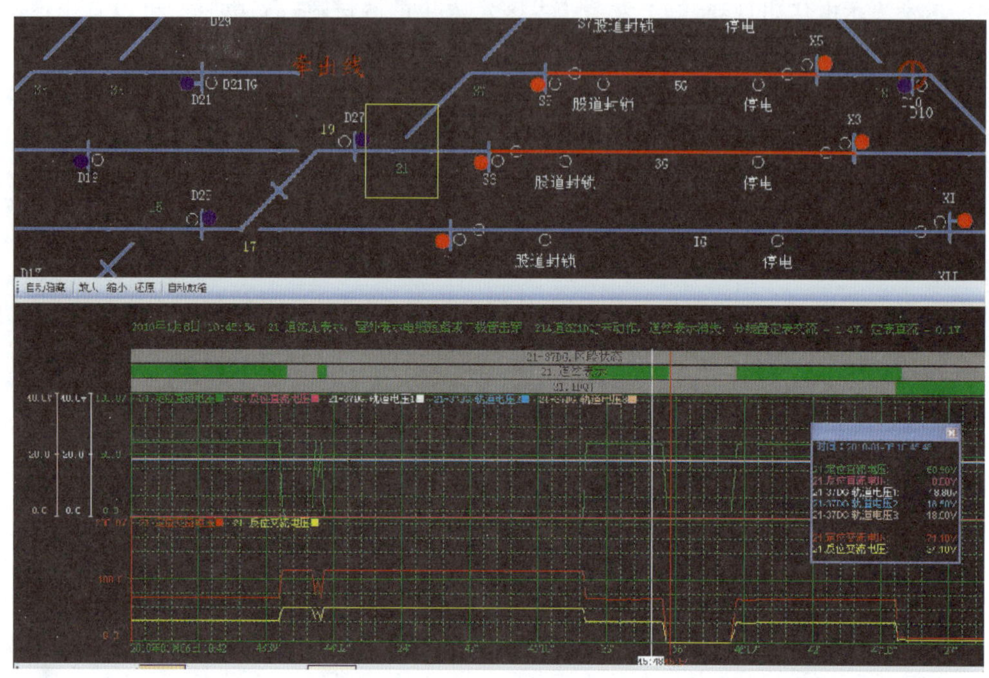

图 9—14　二极管击穿故障图

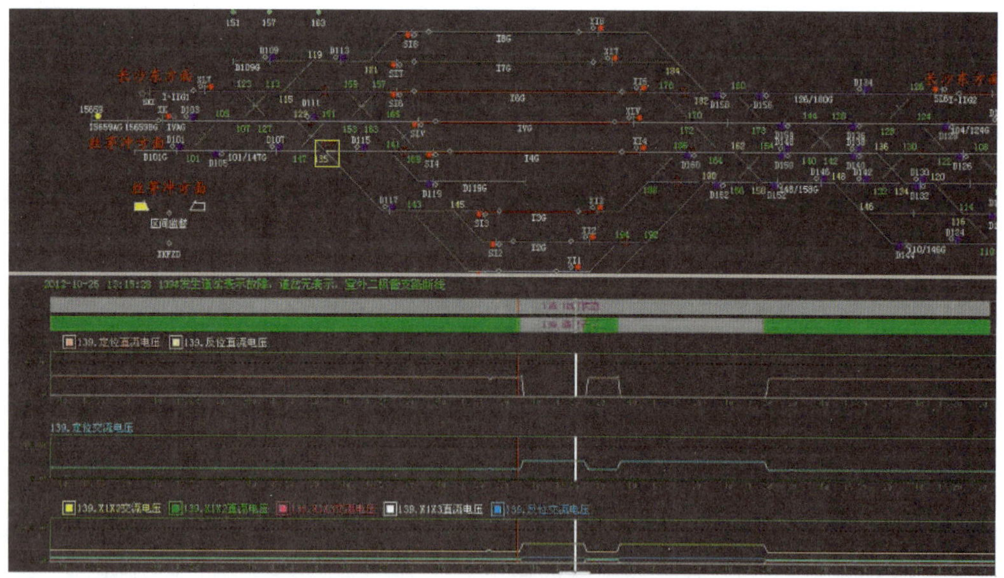

图 9—15　二极管支路断线电压曲线图

第二节　轨道电路电气性能异常案例分析

一、站内轨道电路

案例 1

某站 CSM 分析诊断界面弹出“110DG 和 110-146DG 轨道红光带，绝缘破损”报警，控制台和 CSM 站场图发现上述两区段出现红光带。

通过 CSM 分析诊断界面对故障时间段进行回放：在故障时间之后，查看到 110DG 和 110-146DG 电压同时下降幅度大于 5 V 以上，110DG 和 110-146DG 的 GJ 开关量落下，CSM 站场图 110DG 和 110-146DG 出现红光带，如图 9—16 所示。CSM 综合上述条件，做出报警判断。

信号维护人员现场维修时确认 110DG 和 110-146DG 的绝缘破损封连。经现场处理后，故障恢复正常。

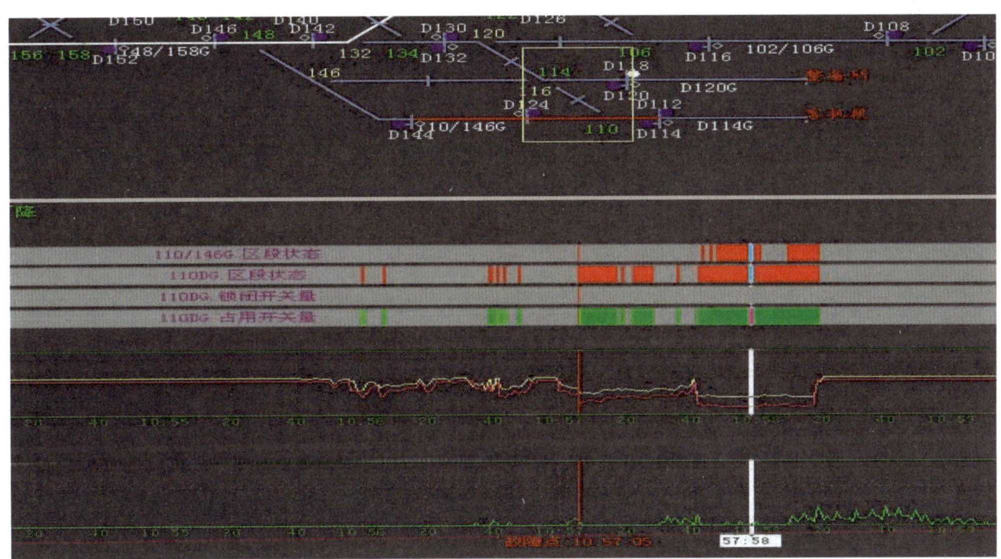

图 9—16　站内轨道电路绝缘破损电压曲线图

案例 2

轨道电压、移频接收电压月曲线图，调整最高值和调整最低值距离较远，且调整最低值起伏不定，说明轨道电路区段设备有接触不良、“小台阶”现象，而且回流亦有不畅现象。可以通过对室外设备的整治消除接触不良和回流不畅现象：检查测试钢包铜线塞钉、电容塞钉、各电气连接端子的压降（一般不能大于 5 mV），是否有接触不良并整治紧固，塞钉涂油封闭；检查接地线接地是否良好；检查横向连接线是否良好；空扼流变压器回流是否良好。通过以上措施消除接触不良、回流不畅现象，就能使月曲线调整最高值和调整最低值很接近。

某站轨道电压日报表中 18-20DG 电压调整最高和调整最低相差很大，达到 2.2 V，如

图 9—17所示。通过调看日曲线分析，18-20DG 与 18-20DG_1 电压同时变化，且变化趋势相同，分析原因应该是公共部分的问题。经查找发现原因为 18 号转辙机岔心处异形接头连接线塞钉头锈蚀。利用天窗点重新打眼更换后克服，电压稳定在 19.3 V，如图 9—18 所示。

轨道电压日报表

轨道电路 | 电压 | 2010年07月11日 | 查找： | 服务器 | 车站机 | 仅显示超限

序号	设备	调整最高(伏)	调整最低(伏)	分路最高(伏)
20	17DG	21.5 / 10/07/11 00:01:55	21.0 / 10/07/11 15:04:59	1.1 / 10/07/11 05:10:32
21	IBG	20.2 / 10/07/11 04:39:09	19.8 / 10/07/11 09:16:32	3.1 / 10/07/11 12:46:46
22	2DG	20.4 / 10/07/11 04:39:03	19.8 / 10/07/11 15:14:51	1.7 / 10/07/11 12:46:38
23	4DG	19.2 / 10/07/11 00:01:55	18.7 / 10/07/11 13:53:27	0.4 / 10/07/11 18:03:38
24	6-14DG	20.5 / 10/07/11 00:01:57	20.0 / 10/07/11 10:23:05	0.6 / 10/07/11 10:17:18
25	8DG	20.2 / 10/07/11 00:02:53	19.7 / 10/07/11 15:59:56	0.5 / 10/07/11 16:50:27
26	12DG	21.6 / 10/07/11 03:22:51	21.2 / 10/07/11 10:18:29	0.4 / 10/07/11 01:32:14
27	16DG	20.0 / 10/07/11 00:01:55	19.6 / 10/07/11 12:24:41	1.0 / 10/07/11 09:18:01
28	18-20DG	19.2 / 10/07/11 16:52:59	17.0 / 10/07/11 15:54:05	0.8 / 10/07/11 10:04:41
29	18-20DG1	18.4 / 10/07/11 16:56:00	16.2 / 10/07/11 15:46:22	1.7 / 10/07/11 10:04:41
30	22DG	18.9 / 10/07/11 15:33:06	18.4 / 10/07/11 09:17:18	2.2 / 10/07/11 04:51:31
31	22DG1	21.5 / 10/07/11 04:39:10	20.8 / 10/07/11 12:21:54	2.7 / 10/07/11 16:11:30
32	24DG	21.4 / 10/07/11 00:01:55	21.0 / 10/07/11 09:14:55	1.0 / 10/07/11 09:10:36
33	D8G	19.5 / 10/07/11 00:01:55	19.1 / 10/07/11 15:52:51	0.4 / 10/07/11 09:10:18
34	IG	20.7 / 10/07/11 18:22:49	20.0 / 10/07/11 01:18:55	1.0 / 10/07/11 14:45:34
35	IIG	21.1 / 10/07/11 18:11:35	20.4 / 10/07/11 00:53:03	0.5 / 10/07/11 00:51:16
36	3G	20.7 / 10/07/11 18:24:19	20.0 / 10/07/11 09:47:47	0.6 / 10/07/11 04:45:27
37	4G	20.8 / 10/07/11 17:40:31	20.1 / 10/07/11 00:01:55	1.5 / 10/07/11 10:01:00
38	6G	20.5 / 10/07/11 17:02:09	19.7 / 10/07/11 00:01:55	0.6 / 10/07/11 10:16:16

图 9—17　超限日报表界面

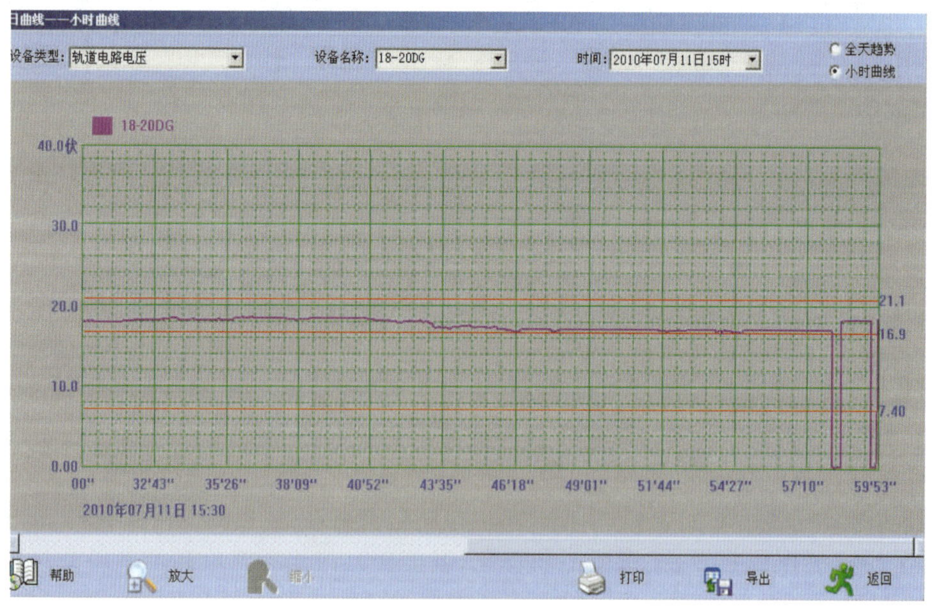

图 9—18　超限日曲线界面

案例 3

某站 39 DG 轨道电压月曲线调整最低值有下降趋势,如图 9—19 所示。调看该区段超标时段 8 月 9 日 02:47—03:02,日曲线波动较大,电压在 15.3 ~ 18.1 V 间波动,超出 15.5 ~ 20.3 V 标调范围,如图 9—20 所示。9 月 3 日在天窗内检查发现,39DG_1 受电端钢丝绳松动导致电压波动,紧固后区段电压恢复正常值,曲线良好。

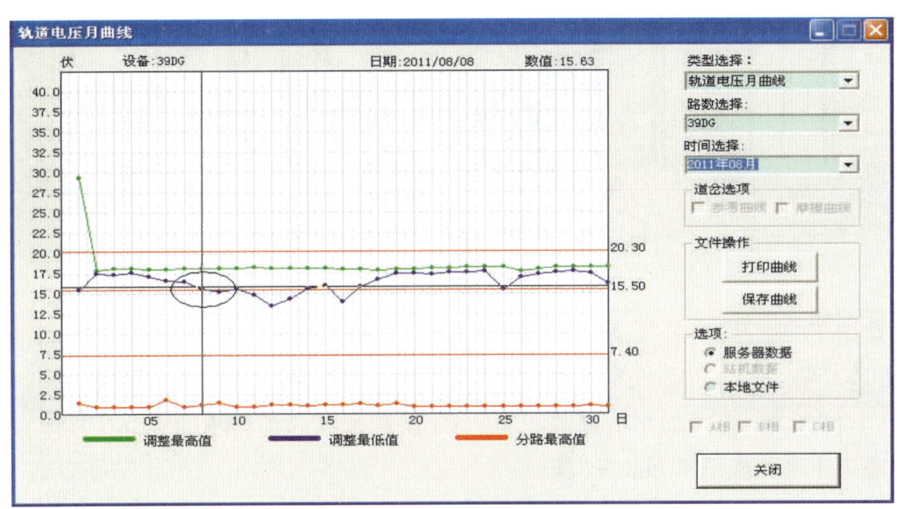

图 9—19　超限月曲线界面

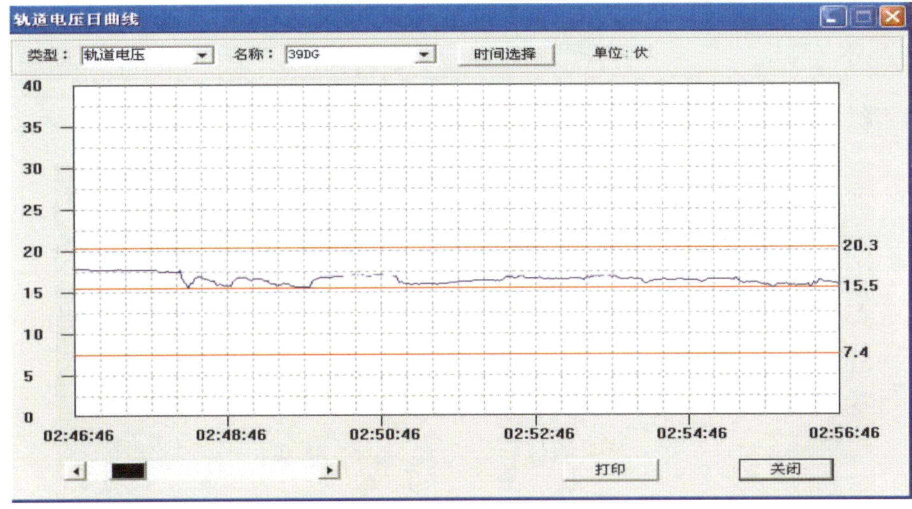

图 9—20　超限日曲线界面

案例 4

某站 1-5DG 区段出现异常红光带故障曲线,如图 9—21 所示,00:40:00 左右开始,在一段时间内有波动曲线,到凌晨 01:40:00,当列车通过后,出现 1-5DG 区段红光带故障。经过检查后发现 5 号道岔岔后绝缘节胶接绝缘出现松动短路造成红光带。

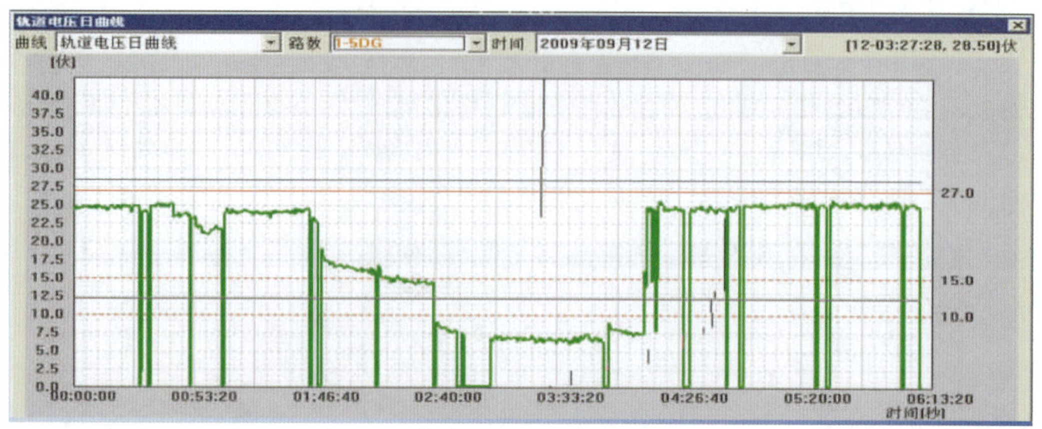

图 9—21 轨道电压异常日曲线(红光带)

二、区间轨道电路

案例 1

某站上行区间在没有列车通过情况下,CSM 分析诊断界面弹出“15456G 发生区间红光带,接收通道中电缆模拟单元故障”报警。

通过 CSM 分析诊断界面对故障时间段进行回放:2013 年 3 月 21 日 09:33:51,某站上行区间在没有列车通过情况下,15456G 出现持续异常红光带。通过分析发现发生故障时 15456G 电缆侧接收电压下降为 1.3 V,15456G 移频轨入接收电压下降为 112.2 mV,如图 9—22所示。CSM 综合上述条件,做出报警判断。

信号维护人员现场确认为 15456G 接收侧模拟网络盘故障,更换 15456G 接收侧模拟网络盘后,未再出现故障情况。

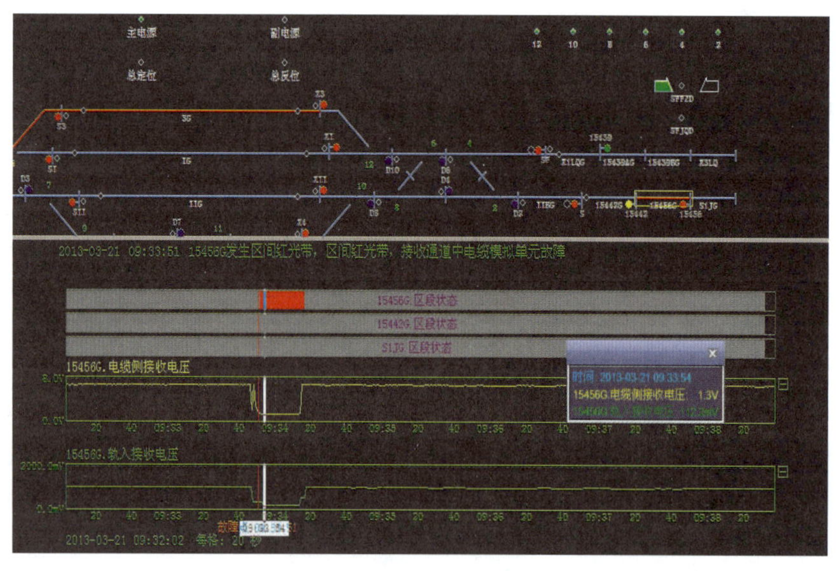

图 9—22 移频轨道电路接收电压曲线图(模拟网络盘故障)

案例 2

某站 0967G 区段出现红光带，发送电压升高，接收电压为 0 V 发送电压曲线、接收电压曲线分别如图 9—23、图 9—24 所示。判断时应该考虑发送电压升高的情况，只有一种可能就是发送电压没有送到轨面（无发送电流造成发送电压升高），故障部位在发送端而且是开路故障，可以直接处理发送端。有可能是电缆、匹配变压器、连接线开路，通过测试发送端电压就能锁定故障部位。此案例故障原因是 0967G 匹配变压器内部开路造成红光带。

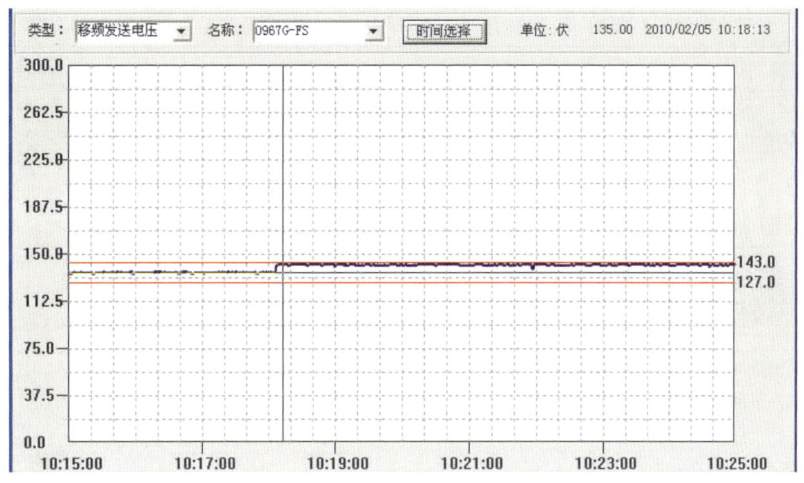

图 9—23　移频发送电压曲线（匹配变压器内部开路）

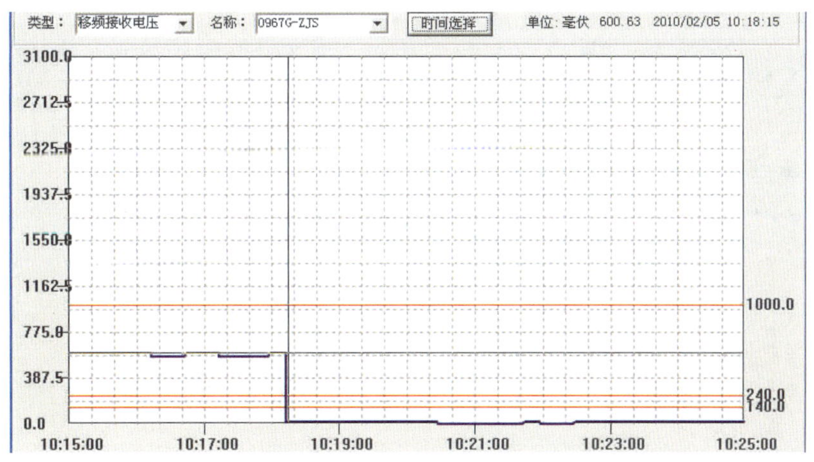

图 9—24　移频接收电压曲线（匹配变压器内部开路）

案例 3

调阅某站区间移频接收电压日曲线时，发现 9128G 主轨接收电压于 10 月 31 日 07:48:00从 597 mV 下降至 546 mV，如图 9—25 所示；同时调阅相邻区段 9116G 小轨电压从129 mV上升至 193 mV，如图 9—26 所示。判断此区段可能有电容不良。因为电容损坏位置越靠近送端，对邻近区段的小轨电压影响越大，易造成相邻区段小轨电压明显上升；靠近接收端电容不良易造成相邻区段小轨电压明显下降。经现场检查发现，从接收端数第 12 个电容不良，从发送端数第 3 个电容不良。更换电容后主轨电压由 530 mV 上升至 586 mV，如图 9—27 所示；同时相邻区段 9116G 小轨电压从 193 mV 下降至 130 mV，如图 9—28 所示。

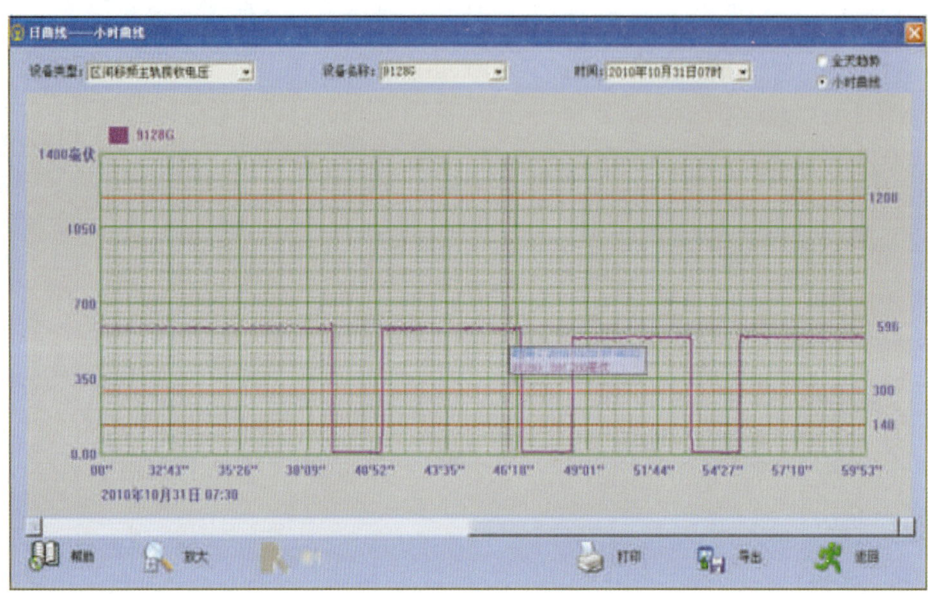

图 9—25　9128G 主轨接收电压曲线（电容不良）

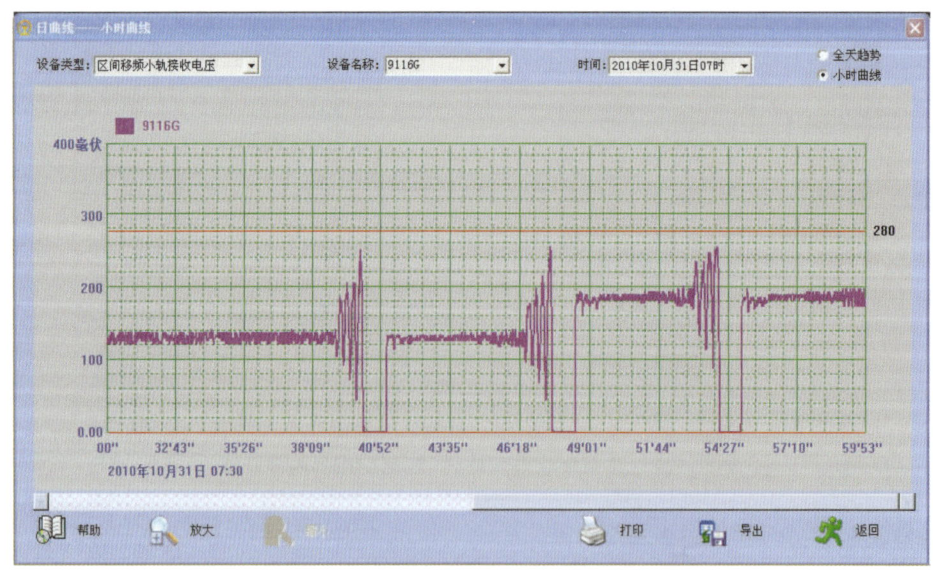

图 9—26　9116G 小轨接收电压曲线（电容不良）

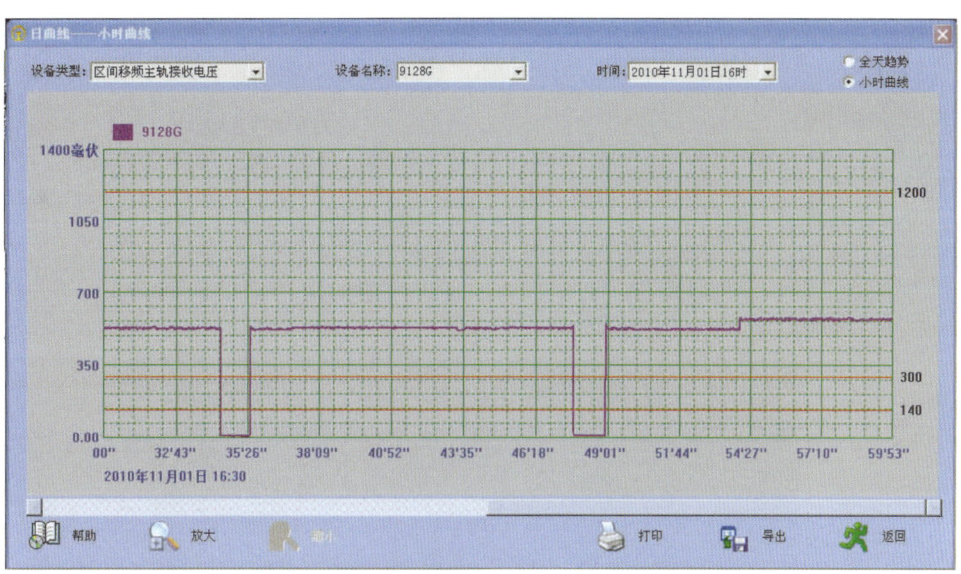

图 9—27　9128G 主轨接收电压曲线(更换电容后)

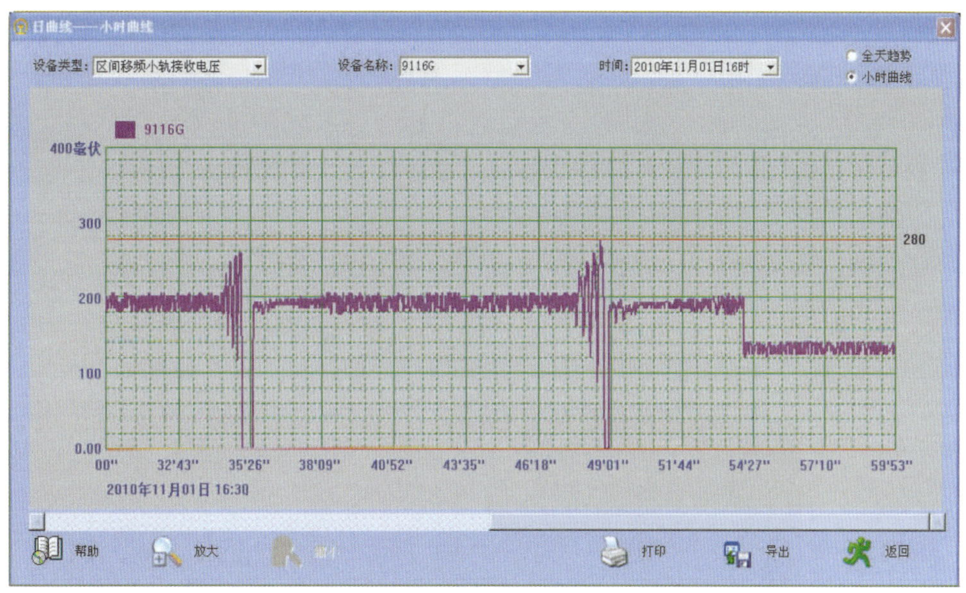

图 9—28　9116G 小轨接收电压曲线(更换电容后)

案例 4

某中继站列车在正常过车情况下,列车通过 8162AG 后出现遗留红光带,系统报警区间遗留红光带,在整个过车过程中,区段发送端电缆侧电压始终处于异常状态,经过现场核实检查后,发现是由于发送端等电阻线出现故障造成了遗留红光带异常状况。正常过车前后界面对比分别如图 9—29、图 9—30、图 9—31 所示。

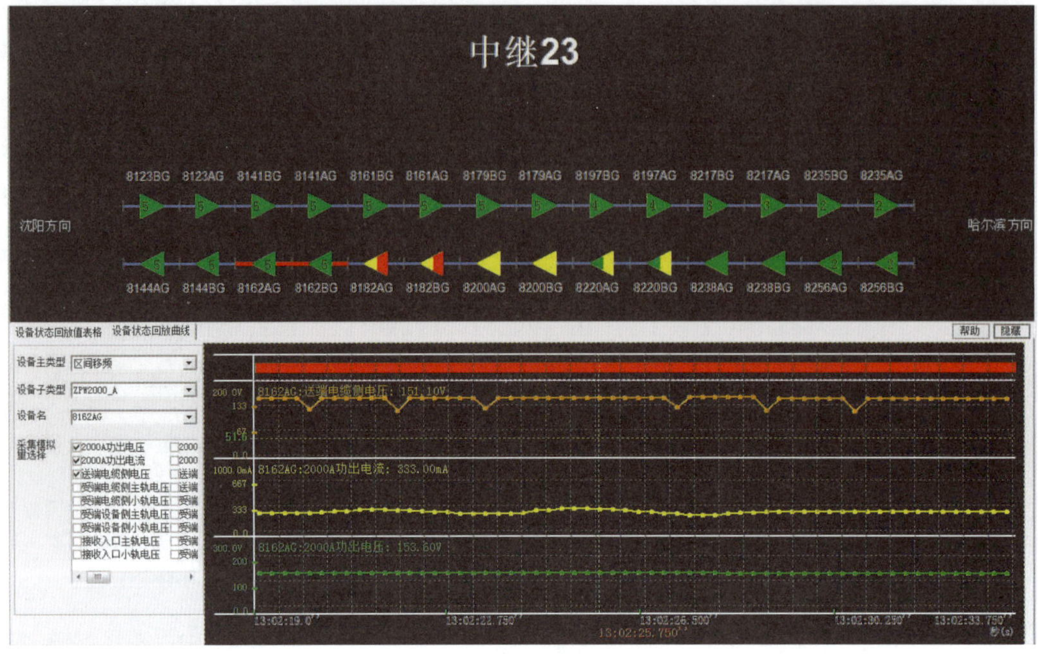

图 9—29　正常过车前(8162AG)

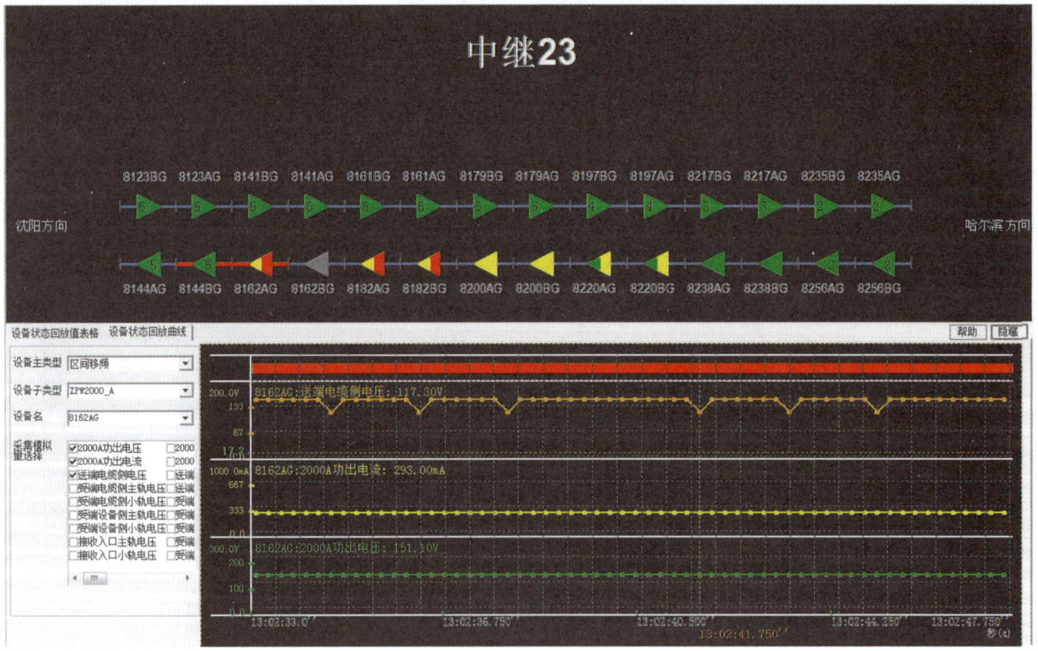

图 9—30　正常过车中(8162AG)

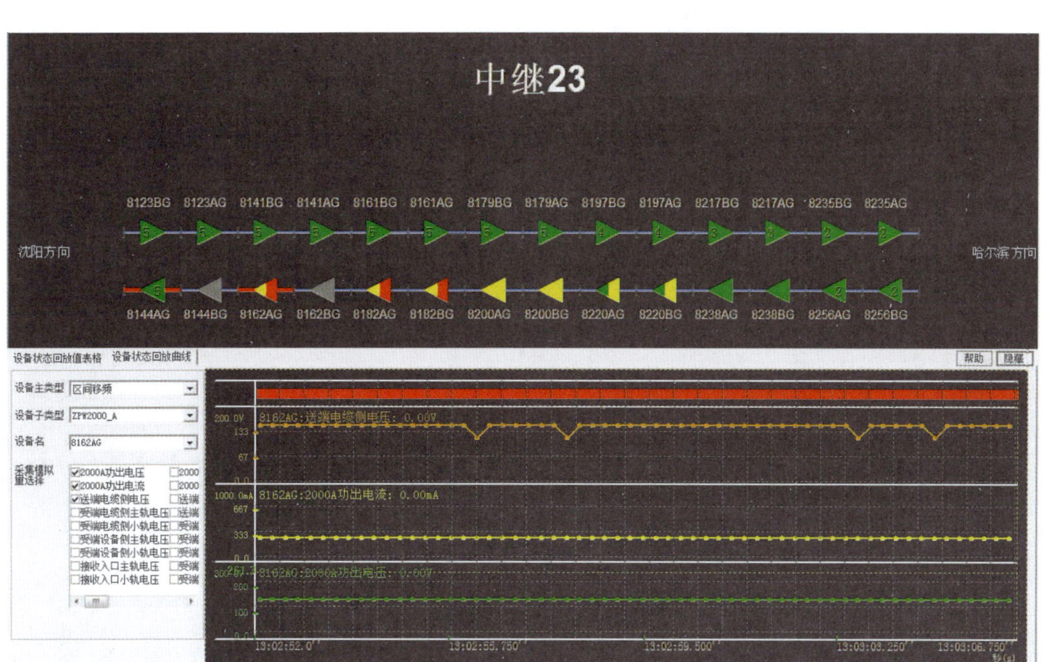

图 9—31　正常过车后(8162AG)

第三节　其他设备异常案例分析

案例 1:绝缘破损造成列车信号非正常关闭

某站 CSM 分析诊断界面出现“XH 发生列车信号非正常关闭,轨道红光带(因 XHLG 区段设备红光带,造成 XH 信号机非正常关闭,从黄灯到关闭信号”报警。

通过 CSM 分析诊断界面对故障时间段进行回放:在故障时间 2013 年 3 月 24 日 23:08:56之前,信号机 XH 开放黄灯,如图 9—32 所示,没有办理对该进路的人工解锁或总取消;进路中 XHLG 轨道出现红光带,XHLG 轨道电压下降为 3.4 V,信号机 XH 由黄灯转为红灯,如图 9—33 所示。CSM 综合上述条件,做出报警判断。

信号维护人员现场确认 XHLG 红光带,XH 发生列车信号非正常关闭,故障原因为 XHLG 区段绝缘破损。经现场处理后,未出现因 XHLG 区段红光带造成 XH 列车信号非正常关闭。

案例 2:信号机点灯变压器不良

某车站调阅 7530B 信号机 DJ 点红灯时电流采集值超高,大约为 663 mA,并提示超限报警。电流突变曲线如图 9—34 所示。

经现场核查,发现其他灯位都正常,进一步的查找原因,发现红灯点灯变压器不良。

工区现场更换变压器后,电流恢复为 150 mA 左右,如图 9—35 所示。

案例 3:外电网电压波动造成的电源屏问题

某站电源屏 QJZ220-1 电压日曲线不平稳,如图 9—36 中红线框所示。

可能原因:①受外电网电压波动影响;②监测采集不良的影响;③电源屏内部可能存在

模块不良。

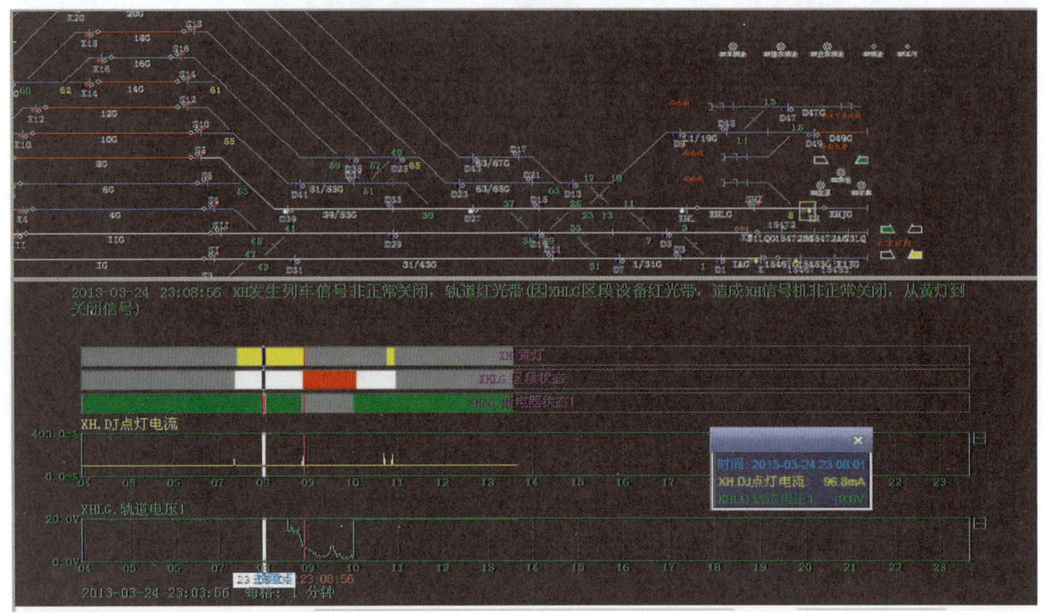

图 9—32　信号非正常关闭界面图(报警前)

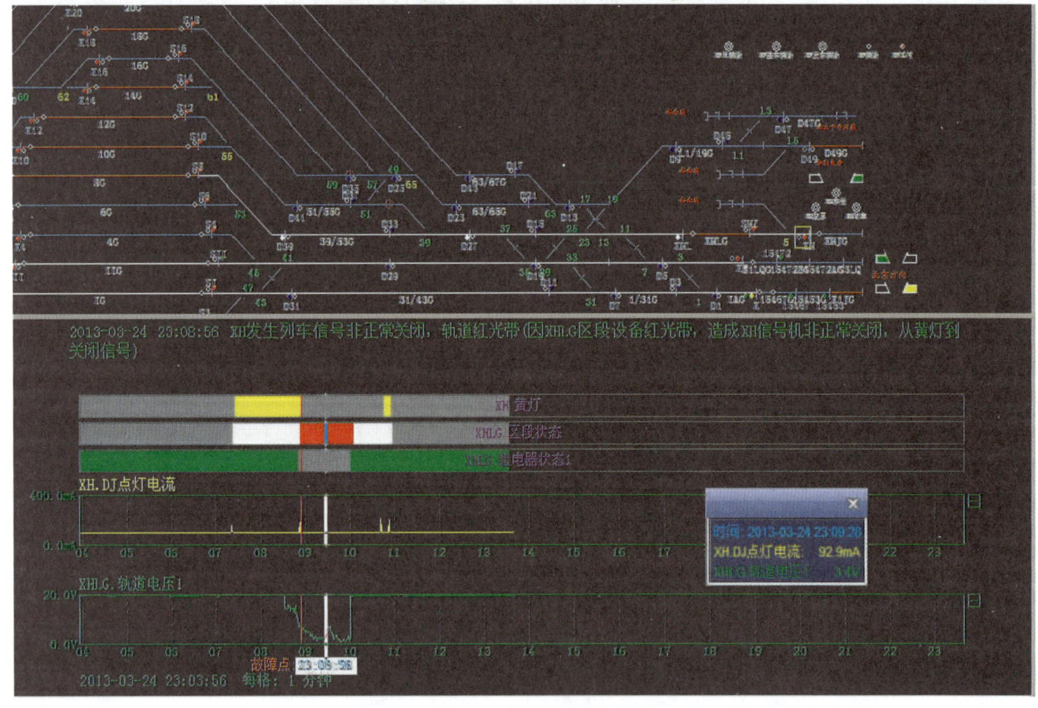

图 9—33　信号非正常关闭界面图(报警后)

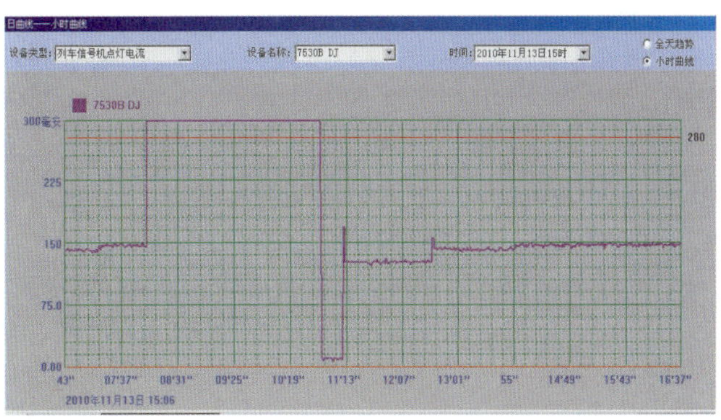

图 9—34　灯丝电流突变曲线(点灯变压器不良)

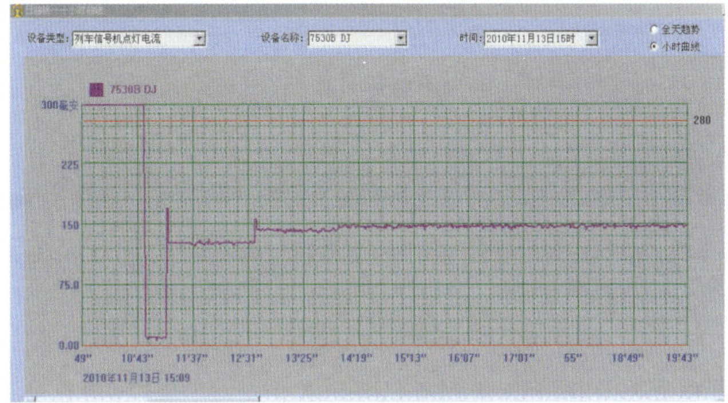

图 9—35　点灯变压器整治后电流曲线

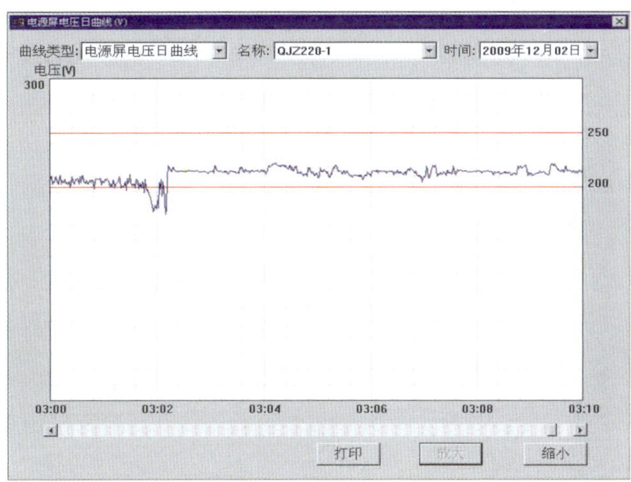

图 9—36　电源屏电压日曲线(外电网波动)

通知现场工区检查设备,得到的反馈信息为电力外电网不稳,且电压偏低。联系电力工区处理,处理结束后外电网电压恢复正常,QJZ220-1 电压日曲线也随之恢复正常,如图 9—37所示。

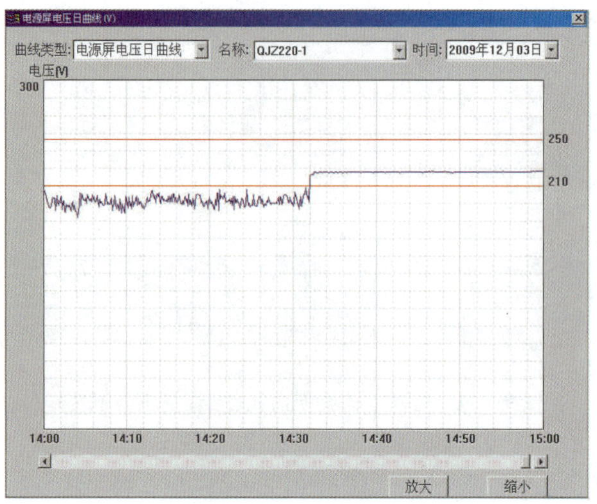

图 9—37　电源屏电压日曲线(外电网恢复)

案例 4:外电网断相造成电源屏故障

当三相输入电源断相时,电源屏故障电铃响,自动切换到备用电源上,断开缺相电源,进行检修。若此时不能自动切换到备用电源上,现场就会突发性的造成电源屏故障,进一步造成信号设备的故障。

处理时,手动切换到备用电源上,再观察断相保护继电器(DXJ)是否吸起。若 DXJ 落下,则测试 DXJ 线圈电压,无电压是电位器(WO)接触不良或开路,有电压则是整流桥二极管被击穿,若 DXJ 线圈电压低,则是(WO)调整不良。

案例 5:电缆绝缘测试异常

某站电缆绝缘测试报表中 11J1-X3、X4 绝缘分别为 0.6 MΩ、0.7 MΩ,不达标,如图 9—38所示。

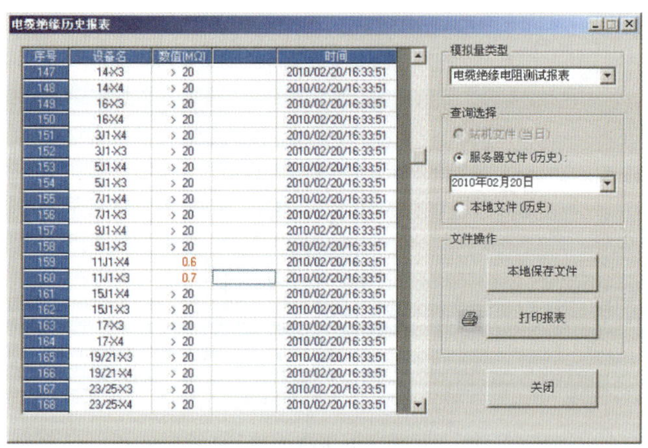

序号	设备名	数值(MΩ)		时间
147	14-X3	> 20		2010/02/20/16:33:51
148	14-X4	> 20		2010/02/20/16:33:51
149	16-X3	> 20		2010/02/20/16:33:51
150	16-X4	> 20		2010/02/20/16:33:51
151	3J1-X4	> 20		2010/02/20/16:33:51
152	3J1-X3	> 20		2010/02/20/16:33:51
153	5J1-X4	> 20		2010/02/20/16:33:51
154	5J1-X3	> 20		2010/02/20/16:33:51
155	7J1-X4	> 20		2010/02/20/16:33:51
156	7J1-X3	> 20		2010/02/20/16:33:51
157	9J1-X4	> 20		2010/02/20/16:33:51
158	9J1-X3	> 20		2010/02/20/16:33:51
159	11J1-X4	0.6		2010/02/20/16:33:51
160	11J1-X3	0.7		2010/02/20/16:33:51
161	15J1-X4	> 20		2010/02/20/16:33:51
162	15J1-X3	> 20		2010/02/20/16:33:51
163	17-X3	> 20		2010/02/20/16:33:51
164	17-X4	> 20		2010/02/20/16:33:51
165	19/21-X3	> 20		2010/02/20/16:33:51
166	19/21-X4	> 20		2010/02/20/16:33:51
167	23/25-X3	> 20		2010/02/20/16:33:51
168	23/25-X4	> 20		2010/02/20/16:33:51

图 9—38　电缆绝缘测试异常界面

可能的原因为电缆不良或箱盒进水潮气导致。

经现场检查并反馈,发现 11J1 道岔的密贴检查器防尘罩存在破损腐蚀现象,加上阴雨

天潮气,使绝缘值不达标。更换防尘罩并天晴晾晒处理后,测试绝缘报表数据 11J1-X3、11J1-X4 绝缘值均大于 20 MΩ,如图 9—39 所示。

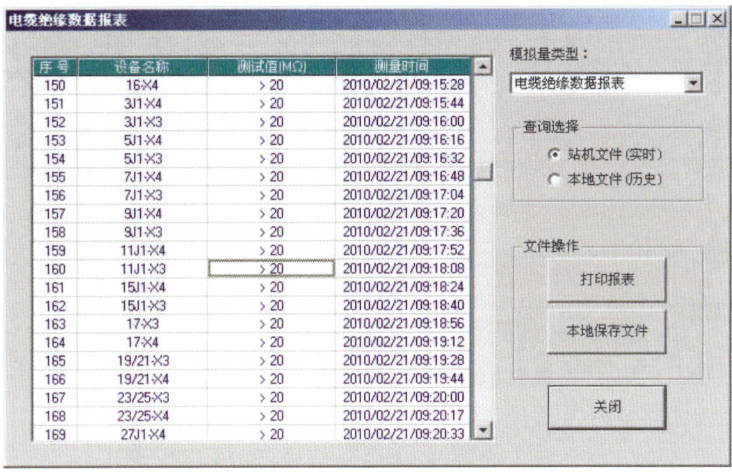

序号	设备名称	测试值(MΩ)	测量时间
150	16-X4	> 20	2010/02/21/09:15:28
151	3J1-X4	> 20	2010/02/21/09:15:44
152	3J1-X3	> 20	2010/02/21/09:16:00
153	5J1-X4	> 20	2010/02/21/09:16:16
154	5J1-X3	> 20	2010/02/21/09:16:32
155	7J1-X4	> 20	2010/02/21/09:16:48
156	7J1-X3	> 20	2010/02/21/09:17:04
157	9J1-X4	> 20	2010/02/21/09:17:20
158	9J1-X3	> 20	2010/02/21/09:17:36
159	11J1-X4	> 20	2010/02/21/09:17:52
160	11J1-X3	> 20	2010/02/21/09:18:08
161	15J1-X4	> 20	2010/02/21/09:18:24
162	15J1-X3	> 20	2010/02/21/09:18:40
163	17-X3	> 20	2010/02/21/09:18:56
164	17-X4	> 20	2010/02/21/09:19:12
165	19/21-X3	> 20	2010/02/21/09:19:28
166	19/21-X4	> 20	2010/02/21/09:19:44
167	23/25-X3	> 20	2010/02/21/09:20:00
168	23/25-X4	> 20	2010/02/21/09:20:17
169	27J1-X4	> 20	2010/02/21/09:20:33

图 9—39　电缆绝缘测试正常界面

第十章　铁路信号集中监测系统工程施工工艺

本章内容主要包括设备安装与布置、施工用线标准、操作工艺、模块安装工艺、防雷接地工艺、验收检验等内容，选取了现场比较规范的事例，希望通过对这些内容的介绍，提高集中监测系统工程施工整体工艺水平。

一、参考标准

1.《铁路信号工程施工质量验收标准》（TB 10419—2003）；

2.《客货共线铁路信号工程施工技术指南》（TZ 206—2007）；

3.《铁路信号集中监测系统安全要求》（运基信号〔2011〕377 号）；

4.《弹簧接线端子接线工艺》（运基〔2008〕309 号）；

5.《关于对信号设备雷电及电磁兼容综合防护进行补充规定的通知》（运基信号〔2008〕362 号）。

二、设备安装与布置

（一）机柜布放位置

1. 安装要求。铁路信号集中监测机柜放置位置应与既有机架（柜）并排放置，并保持横平竖直，每列架柜应在同一条直线上。机柜与墙壁间的净空距离不得小于 1 m，机柜放置位置应与前后排柜（架）间距适中，前后间距不小于 600 mm，保证前后门可正常打开。

2. 安装位置。站机机柜放置于微机室内，采集组合柜放置于机械室内，采集组合柜与被采集对象就近放置。

3. 按设计图纸在地板上测量出机柜位置，并画出框线。

4. 机柜要求安装整齐、牢固，颜色协调美观，机柜垂直于地面，横平竖直，高低一致，底部着地不悬空，每行每列在同一直线上，同类机架端子应在同一水平面上。

5. 机柜与机柜侧面对齐，应用镀锌螺栓固定，柜与柜之间连接密贴。如连接孔无法对齐而必须钻孔时，要采取措施防止铁屑掉入机柜内部。

6. 机柜底座对应的防静电地板下面要安装角钢支架，并能调整高度，机柜承重点尽可能安装在防静电地板的龙骨上，提高机柜安装的稳定性。

7. 机柜电源：

电源屏提供 CSM 输出端子，电源屏至监测机柜输入 220 V 电源线采用 $2\times2.5\ mm^2$ 两芯护套线缆，接入集中监测机柜 C10 层输入电源端子。C10 层电源端子有两种，一种带一组空气开关，用于 UPS 由电源屏提供的模式；另一种带两组空开，用于 UPS 由监测机柜自带的模式。如图 10—1 所示。

电源屏放过来的电源线接到 220 V 输入端子上即可。其他 220 V 输出的配线在施工设

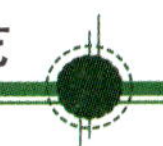

计图纸上都有明确标示。

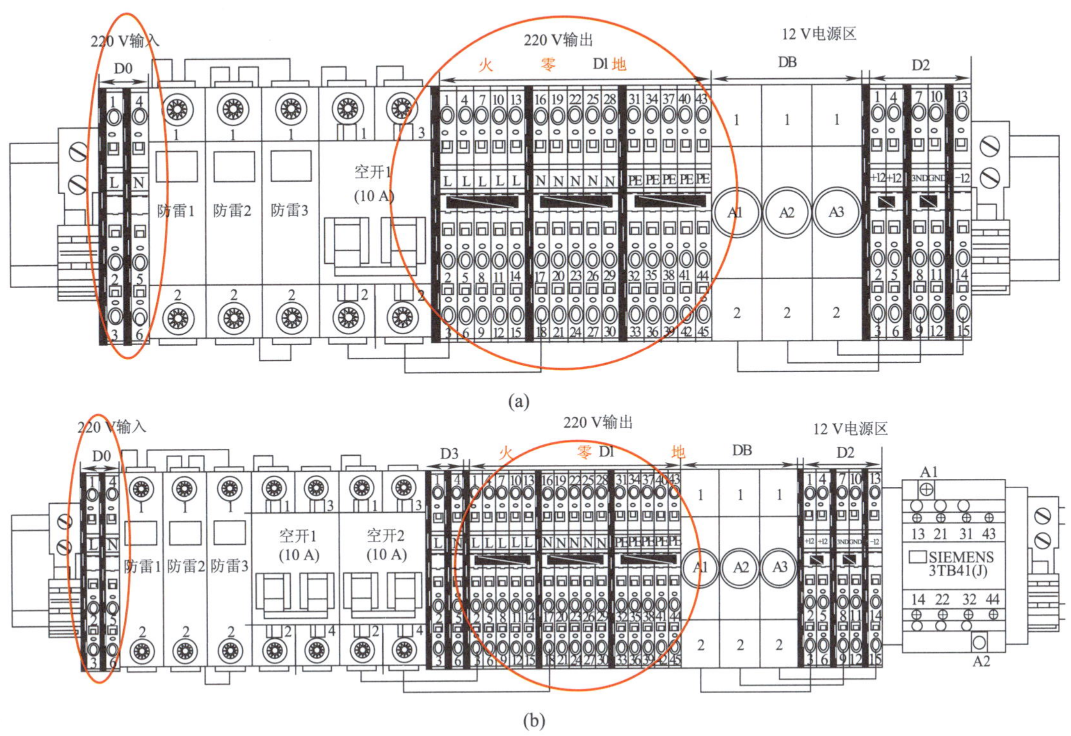

图 10—1 CSM 机柜 C10 层电源端子

(二)组合安装

1. 一般要求。各类组合优先安装在接口柜(架)或组合柜(架)内。如受机械室安装位置限制无法集中安装组合,则可利用既有组合柜(架)分散放置,尽可能降低组合的分散程度。组合与组合柜(架)的安装需使用螺栓固定,增加平垫、弹垫。

2. 特殊要求。根据《铁路信号集中监测系统安全要求》(运基信号〔2011〕377 号),道岔表示电压采集组合应就近放置于靠近分线盘的组合柜(架)上。

三、施工用线标准

原则上,CSM 采集设备与被采集设备接口处用线标准与被采集设备保持一致,CSM 中尚未规定用线标准的配线部分,需符合图纸设计要求。根据《铁路信号集中监测系统安全要求》(运基信号〔2011〕377 号)规定,常用的用线标准见表 10—1。

表 10—1 CSM 施工用线标准

序号	配线用途	用线标准
1	外部电源至监测系统电源线(AC220 V)	ZR_RVV 2 ×2.5 mm^{2}护套电缆
2	站机机柜与采集机柜之间电源线(AC220 V)	ZR_RVV 2 ×2.5 mm^{2}护套电缆
3	站机机柜与外电网监测单元电源(AC220 V)	ZR_RV 42 ×0.15 mm^{2}阻燃软线
4	站机机柜与空调监控器间电源(AC220 V)	ZR_RV 42 ×0.15 mm^{2}阻燃软线

续上表

序号	配线用途	用线标准
5	采集机柜至组合架间采集模块电源环线	ZR_RV 32 ×0.2 mm^2阻燃软线
6	同一组合架内采集模块之间电源环线	ZR_RV 23 ×0.15 mm^2阻燃软线
7	道岔表示、高压脉冲（带电源）组合（AC220 V）电源引入线	ZR_RV 42 ×0.15 mm^2阻燃软线
8	漏流采集线	ZR_RV 42 ×0.15 mm^2阻燃软线
9	绝缘/轨道电压/半自动闭塞/熔丝报警/交流转辙机电压/站联电压/防灾电压采集线	ZR_RV 23 ×0.15 mm^2阻燃软线
10	移频发送电压/移频接收电压采集线	ZR_RVVSP 2 ×12 ×0.15 mm^2双绞屏蔽阻燃软线
11	道岔表示电压采集配线	ZR.SRV 2 ×42 ×0.15 mm^2双绞塑胶阻燃软线 颜色一红一蓝，红为正，蓝为负
12	采集模块输出配线（移频接收电压采集模块输出）	ZR_RVVSP 2 ×12 ×0.15 mm^2双绞屏蔽阻燃软线
13	采集模块输出配线（除移频接收电压采集模块输出外）	ZR_RV 23 ×0.15 mm^2阻燃软线
14	温湿度/玻璃破碎/水浸/烟雾/明火探测传感器至采集柜配线	ZR_RVVP 5 ×0.12 mm^2 聚乙烯绝缘屏蔽线
15	CAN 通信线	ZR_RVVSP 2 ×23 ×0.15 mm^2双绞屏蔽阻燃软线 屏蔽层环接后在站机机柜处单端接地
16	RS-232/RS-422 通信线	ZR-RVVSP 4 ×23 ×0.15 mm^2双绞屏蔽阻燃软线 屏蔽层在数据源侧单端接地
17	RS-485 通信线	ZR_RVVSP 2 ×23 ×0.15 mm^2双绞屏蔽阻燃软线 屏蔽层在数据源侧单端接地
18	交流转辙机电流/直流转辙机电流/移频发送电流/信号机点灯电流采集线	与原组合配线型号相同
19	各机柜电源防雷地线	黄绿色 ZR-BVR 不低于 2.5 mm^2 压接端头，安装在电源防雷汇流排
20	机柜设备安全保护地线	黄绿色 ZR-BVR 不低于 1.5 mm^2 压接端头，安装在设备安全保护地汇流排

四、操作工艺

（一）一般要求

1. 所有线缆布线禁止出现打环或打结现象。

2. 线缆不得有中间接头和绝缘破损现象。

3. 布放线缆时，应留有适当的做头备用量。

4. 电源线布线要选择最短径路，避免绕行。

5. 双绞线在连接端子前要保持扭绞状态。

6. 剖切电缆时，不得损伤芯线外层绝缘。

7. 接口柜电缆需排列整齐、美观。

8. 采样线、电源环线应有清晰的标识，标识风格统一。

(二)配线工艺

1. 施工图纸中对配线颜色有要求的，需按照要求执行。未强制规定颜色要求的，同一车站采集设备类型相同、配线作用完全相同的同一型号线缆，必须保持颜色分类一致。

2. 站机机柜内，系统电源线与采集配线应选择不同的路径，一般要求按照机柜的左右侧线槽分别布设。

3. 在所有机柜内、线槽内配线余量适宜。

4. 网线的弯曲半径要大于 25.4 mm(1 英寸)。

5. 若采集道岔表示 X1，X1 与其他道岔表示采集配线(X2、X3、X4、X5)应按不同路径、不同线槽分开布设。

6. 采集接口架电缆应采用根据现场走线方式可选择上走线和下走线两种模式。安装前需将组合进线孔挡板拆掉，按图纸顺序布设接口线缆并排列整齐后，将挡板恢复。接口电缆长度余量适中，便于检修调试时插拔接口端子。

(三)焊接工艺

1. 焊接时严禁使用带有腐蚀性的焊剂。

2. 焊接应牢固，焊点应光滑，无毛刺、假焊、虚焊现象。

3. 配线线头应有塑料软管保护，套管长度均匀一致。

4. 配线完成后，要对配线是否连接牢固进行检验。

5. 烫锡及焊接过程中，严禁甩锡。

(四)压接工艺

配线采用压接方式的，需使用管状端头压接，压接工艺参照《关于印发 <弹簧接线端子接线工艺> 审查意见的通知》(运基信号〔2008〕309 号)执行。常用线型使用冷压接头，冷压接头参考型号见表 10—2。

表 10—2　常用线型使用冷压接头参考型号

序号	线　型	冷压接头规格要求		参考型号		
		导线截面(mm^2)	I2(mm)	友邦	菲尼克斯	万可
1	ZR_BVR 4 mm^2	4	12	E4012	AI 4-12	216-267
2	ZR_BVR 2.5 mm^2	2.5	8	E2508	AI 2.5-8	216-246
3	ZR_BVR 1.5mm^2	1.5	8	E1508	AI 1.5-8	216-244
4	32×0.2 mm^2阻燃软线	1	8	E1008	AI 1-8	216-243
5	28×0.15 mm^2阻燃软线	0.5	8	E0508	AI 0.5-8	216-241
6	23×0.15 mm^2阻燃软线	0.5	8	E0508	AI 0.5-8	216-241

(五)屏蔽层处理工艺

1. 通信线屏蔽层处理工艺。通信线一般采用 DB9 端头,屏蔽层焊接时,宜使用 $\phi 3$ mm 热缩管防护。

2. 移频采集线屏蔽层处理工艺。

采集端:移频采集线采集端在出线槽处将屏蔽层剥开,同层移频采集线屏蔽层编织成辫状后可靠接地,并对屏蔽层进行防护。

接口组合端:屏蔽线在接口组合端在出线槽处剥开。屏蔽层在线槽内加接 23×0.15 mm^2 阻燃软线后,一一对应焊接至端子。每根屏蔽线需单独处理并进行防护。

(六)绑扎工艺

1. 绑扎宜采用塑料线带或尼龙扎带。

2. 配线端子的配线应按照端子位置分束进行绑扎,绑扎应整齐、间隔均匀、美观。在线进入线槽或出线槽的部位应绑扎。

3. 组合横线槽内配线应梳理整齐,不宜紧密绑扎,尽可能保持其松散状态。

4. 机柜两侧线槽内的配线按不同组合分层梳理整齐后粗绑理顺。

5. 移频采集配线应与其他配线分开,单独成束绑扎。

(七)标识工艺

1. 组合标识示例。组合标识使用 45 mm × 12 mm 银色条形码标签,打印内容为"CSM +组合名称 + 编号",字号为 12 号字,如图 10—2 所示。

2. 模块标识示例。模块标识使用 45 mm × 12 mm 银色条形码标签,双行打印,第一行打印模块编号,第二行打印采集信息,字号为 8 号字,如图 10—3 所示。

3. 配线标识示例。现场所有配线需使用 PVC 套管标识,为便于实施,可统一采用 4 mm^2 套管,字号为 2 号字,双行打印,第一行打印本端,第二行为对端,如图 10— 4 所示。

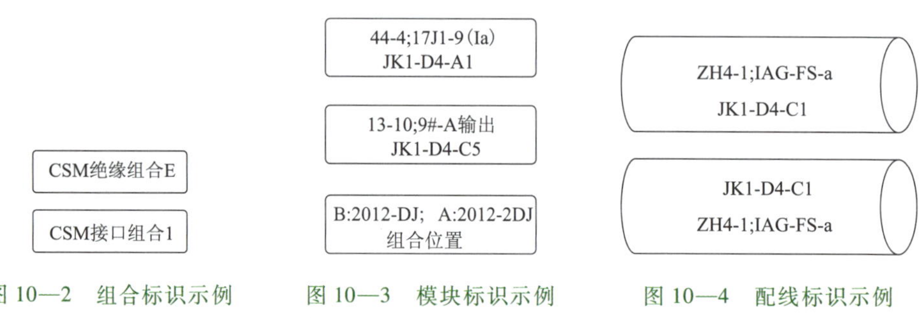

图 10—2 组合标识示例　　图 10—3 模块标识示例　　图 10—4 配线标识示例

五、模块安装工艺

(一)外电网监测单元安装工艺

1. 安装位置。就近安装在机械室防雷箱及Ⅰ路、Ⅱ路电源引入箱的旁边,保证整体效果美观。根据电源引入箱附近空位置,依次优先选择引入箱右侧、左侧及正下方位置。采用膨胀螺栓固定的方式进行安装。

(1)如安装在引入箱右侧、左侧,外电网监测单元与引入箱侧壁贴近安装,底面与引入箱平齐。

(2)如安装在引入箱下侧，外电网监测单元左侧与引入箱左侧平齐，安装在距地面不低于 50 cm 的位置上。

(3)外电网监测箱应安装在电力进线箱的侧面，箱的上表面与电力进线箱上表面齐平，防雷箱与外电网监测箱之间配线从箱体上方进入，线缆用线槽防护；电压采集的配线配在电力箱内断路器输入端。

2. 布线要求。外电网配电箱到外电网监测单元箱的布线应采用不小于 30 mm 的线槽(阻燃)或线管(阻燃)进行防护。线槽和管要根据实际施工情况横平竖直，拐弯处要加弯状接头进行衔接。出箱口和进箱口处要对采集线进行防护。

电流传感器可夹在外电空开后部至电源屏的输入配线上，如图 10—5 所示。

图 10—5　外电网电流采集传感器安装示意

注意事项：

设备自带固定用的膨胀塑胶管和固定螺丝，长度约 33 mm(1 英寸)。此膨胀管对墙面密度要求较高，如遇墙面松软或墙面装有防火板或铝合金屏蔽板造成的墙体中空的现象时，此时墙体表面不具备塑料膨胀管的固定条件，需要施工单位根据现场实际的墙体条件购买更长一些的膨胀螺栓，螺栓直径超过 6 mm 的还需要对采集箱体背面的螺丝孔径进行扩大处理。

电流穿芯线圈的有效孔径为 18 mm，根据采集线缆的粗细及安装的方便程度，一般卡在闸刀内侧(至电源屏一侧)配线上，也可安装在闸刀外侧(此时应注意线缆直径是否不允许传感器卡上)。安装在闸刀至电源屏一侧时，必须卡在负载线上，即输出至电源屏的线缆上，而不能卡在至电源防雷箱的线缆上(有些车站的防雷是和至电源屏的线缆并接在一个端子上的)。

电流传感器安装时需要注意传感器上所标的箭头方向，必须与电流方向一致。

外电网采集电流的传感器为无源传感器，电流传感器输出配线不能太长，通常为 1.5 ~ 2 m。因此外电网采集箱必须靠近电力进线箱安装。

(二)开关量采集模块安装工艺

1. 安装位置。单机牵引道岔开关量采集模块使用支架安装在道岔组合第四位、第五位继电器后面；双机牵引的道岔开关量采集模块使用支架安装在道岔组合第六位、第七位继电器后面。

2. 布线要求。采集模块采集配线一端使用压接端子与模块连接，另一端焊接在对应的采集接点上，模块的电源线和采集输出配线使用组合侧面空端子转接，在侧面端子外侧不同组合间的电源线环接。模块电源线及输出线单独绑扎进入线槽。以 5 V 开关量采集模块为例，安装如图 10—6 所示。

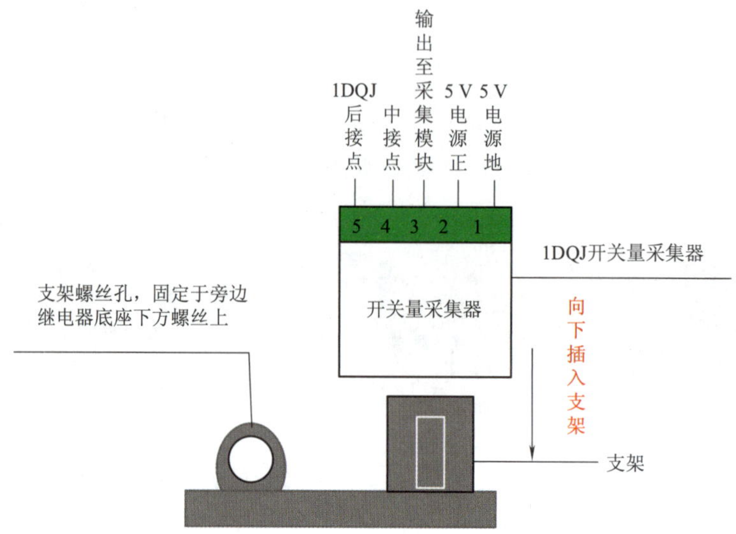

图 10—6　开关量采集模块安装示例

（三）电流采集模块安装工艺

1. 安装位置。单机牵引道岔的电流采集模块安装在道岔组合第二位、第三位继电器后或可集中安装于靠近分线盘的组合架上；双机牵引道岔的电流采集模块可安装在第二位、第三位或第四位、第五位后。

2. 布线要求。电流传感器配线须压接在对应端子上。若电流传感器采集线需更换，应与组合原配线规格型号保持一致，模块电源线及输出线单独绑扎进入线槽。

电流采集模块安装示例如图 10—7 所示。

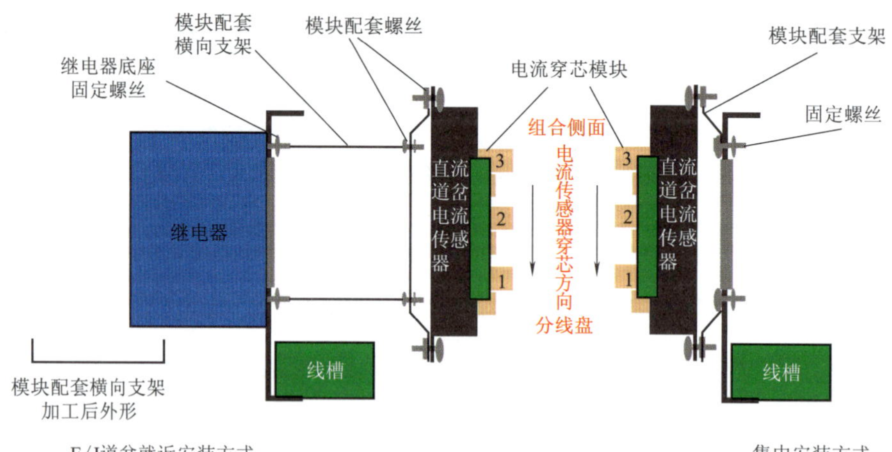

图 10—7　电流采集模块安装方式（直流转辙机）

（四）提速道岔电流功率采集模块安装工艺

1. 安装位置。该模块安装在道岔组合断相保护器后面，利用断相保护器两侧继电器底座螺栓固定，如图 10—8 所示。

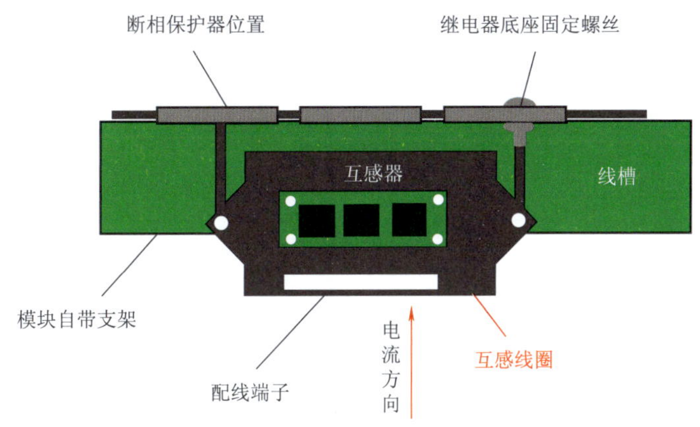

图 10—8　提速道岔电流采集模块安装位置

2. 布线要求。电流采样线与原配线规格一致，电压采集线采用 ZR_RV 23 × 0.15 mm^{2}阻燃软线，经组合侧面转接配线至采集组合。电源环线使用可压双线的管形预绝缘端头 TE1510 压接后，配在电源端子上。模块左端电源线及输出线单独绑扎后进入走线槽。

（五）光电隔离模块安装工艺

1. 安装位置。模块安装位置根据所监测的开关量信息安装在所测继电器后部或集中放置。如模块集中放置，选择与采集组合距离最近的组合架空位置上安装。

2. 布线要求。使用自带的 TDϕ6.3 mm 插簧焊接后插接在对应端子上，焊接插簧时，先将塑料绝缘套管穿入，然后焊接插簧。模块电源线及输出线单独绑扎进入线槽。

（六）信号机点灯电流模块安装工艺

1. 安装位置。信号机点灯电流采集根据不同厂家的电流互感器，安装方式各不相同，以卡斯柯信号有限公司的模块为例，电流互感器使用支架安装于监测采集组合内部，与采集单元间隔安装。

2. 布线要求。将原信号机熔断器至 DJ 的配线延长，穿过监测电流互感器模块采集后，接回原信号机 DJ 底座，其间配线不中断，不经过侧面转接。

（七）ZPW-2000 A 型移频轨道电路接收阻抗匹配器安装工艺

1. 安装位置。移频柜发送器底座后部（专用安装支架）。

2. 布线要求。输入线和输出线均使用不低于 ZR_RVVSP（2 × 12 × 0.15 mm^2）双绞屏蔽软线，输入线的长度不能超过 50 cm。输出线屏蔽层在组合架侧单端接地。

ZPW-2000 A 型移频轨道电路接收阻抗匹配器安装方式如图 10—9 所示。

（八）其他采集单元安装工艺

1. 安装位置。道岔表示、高压脉冲轨道电路等各类采集单元，均为继电器结构，插接于监测组合继电器插座板上，与信号继电器组合采用同样安装模式。

2. 布线要求。采集组合内部使用普通的继电器组合配线连接底座，对于有特殊要求的采集项，如道岔表示采集，其组合内部配线线径与外部配线相同，符合 377 号文要求。采集组合侧面需用到 12 V 工作电源和采集单元通信输出的 RS-485 通信线，均需符合 377 号文标准。

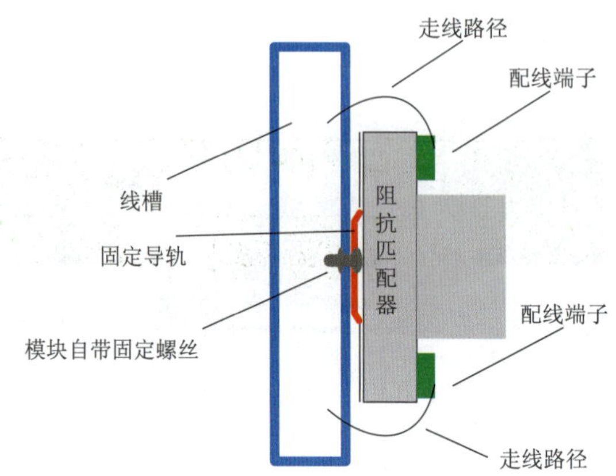

图 10—9　ZPW-2000A 型移频轨道电路接收阻抗匹配器安装方式

（九）门磁安装工艺

1. 安装位置。门磁传感器安装位置与门扇外沿距离不大于 15 cm。感受端与活动端上下对应。在关门状态时，门磁传感器两端上下、左右的偏差应小于等于 5 mm，如图 10—10 所示。

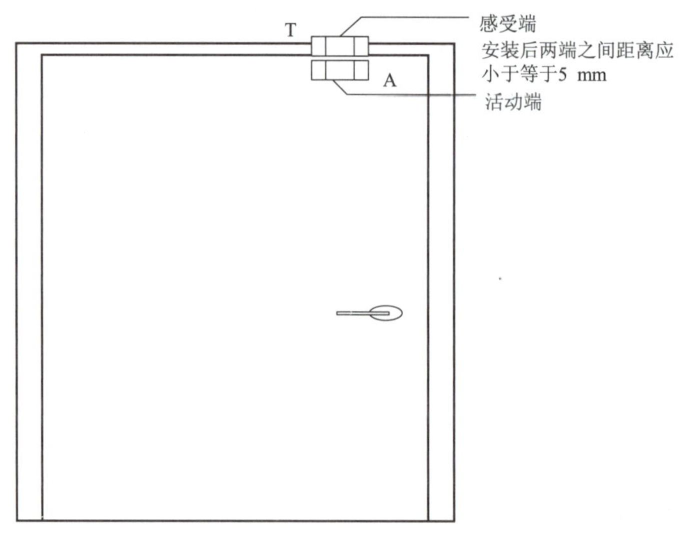

图 10—10　门磁安装位置

2. 固定方法。传感器安装在门楣和门扇上，根据现场实际材质选择固定方式。

3. 布线要求。传感器配线使用 ZR-RVVP 5 × 0.12 mm^2 聚乙烯绝缘屏蔽线。传感器到采集机柜（除了在组合架上走线的路径）必须采用 PXC2 型 30 线槽或 PVC-L 型 30 管进行防护。拐弯处要加配套弯头进行连接。线槽要横平竖直，合理美观。门磁传感器施工配线按照环境监控图纸操作，使用管型预绝缘接头压接可靠。端子定义见表 10—3。

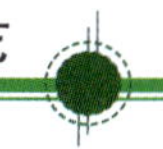

表 10—3　门磁传感器端子定义

门磁传感器 EC-31	屏蔽线	定　　义
1	红	电源正极,24 V
2	绿	信号输出

(十)红外传感器安装工艺

1. 安装位置。红外传感器一般安装在门后人员必经通道的墙壁上,或安装在门框上方的墙面。

2. 固定方法。传感器安装在传感器支架上,传感器支架根据传感器的预定安装方向,支架可横向或竖向安装。

3. 布线要求。传感器配线使用 ZR-RVVP 5 ×0.12 mm^2 聚乙烯绝缘屏蔽线。传感器到采集机柜(除了在组合架上走线的路径)必须采用 PXC2 型 30 线槽或 PVC-L 型 30 管进行防护。拐弯处要加适当弯头进行有效衔接。走线槽要横平竖直,美观合理。红外传感器施工配线按照环境监控图纸操作,使用管型预绝缘接头压接可靠。

门禁红外传感器端子定义见表 10—4,安装位置如图 10—11、图 10—12 所示。

表 10—4　红外传感器端子定义

PA460E 红外传感器	屏蔽线	定　　义
TB1-1	黑	电源地
TB1-2	红	电源正极,12 V
TB2-1	黄	主报警输出供电,24 V
TB2-2	绿	检测到移动物体,报警输出
TB3-1	黄	辅助报警输出供电,24 V
TB3-2	蓝	外壳被打开报警输出

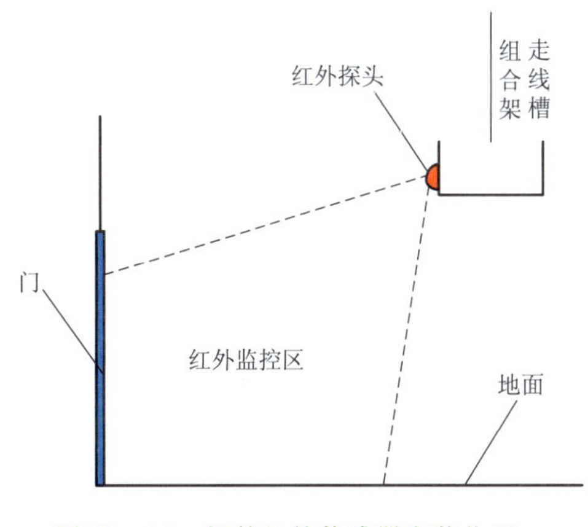

图 10—11　门禁红外传感器安装位置一

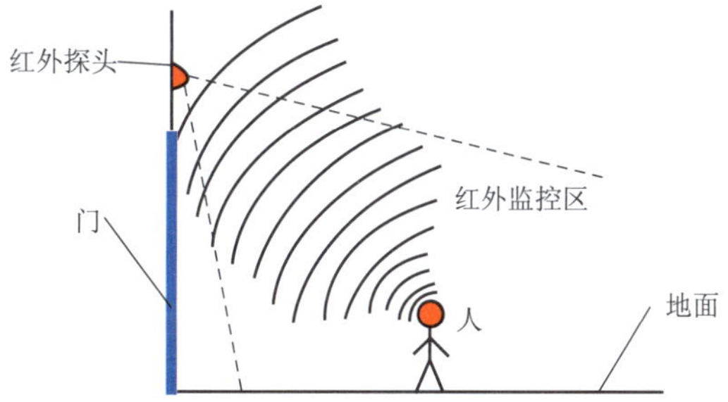

图 10—12　门禁红外传感器安装位置二

(十一)温湿度传感器安装工艺

1. 安装位置。温湿度传感器安装在室内墙壁或组合架空位上,距离地面 1.8 m 左右,如图 10—13 所示。

2. 固定方法。传感器安装在传感器支架上，传感器支架根据传感器的预定安装方向。支架可横向或竖向安装，根据现场实际情况选择安装方式。

3. 布线要求。传感器配线使用 ZR_RVVP $5\times0.12\ mm^2$ 聚乙烯绝缘屏蔽线。传感器到采集机柜（除了在组合架上走线的路径）必须采用 PXC2 型 30 线槽或 PVC-L 型 30 管进行防护。拐弯处要加适当弯头进行有效衔接。走线槽要横平竖直，美观合理。温湿度传感器施工配线按照环境监控图纸操作，配线使用管型预绝缘接头压接可靠。端子定义见表 10—5。

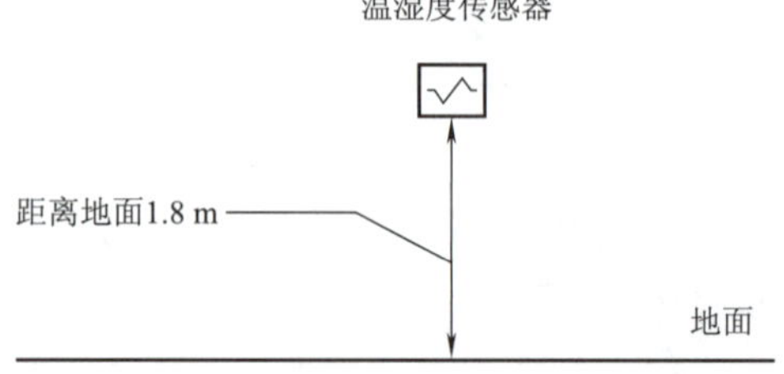

图 10—13　温湿度传感器安装位置

表 10—5　温湿度传感器端子定义

JWSD-2AT 温湿度传感器	屏蔽线	定　义
1	红	湿度电源正极，24 V
2	绿	湿度 4～20 mA 信号输出
3	蓝	温度 4～20 mA 信号输出
4	黄	温度电源正极，24 V

（十二）水浸传感器安装工艺

1. 安装位置。水浸传感器安装在整个机械室最容易积水的低洼处，或者埋在电缆沟里，或者空调出水管处。一般安装在空调后面的墙角处，安装时需要调整变送器支架螺丝，使变送器的两根金属探针可靠的接触在地面上。必要时需要在地面上打孔，安装膨胀螺栓，使水浸传感器牢固地固定在地面上。安装位置如图 10—14 所示。

2. 固定方法。水浸传感器固定时只需固定传感器 4 个固定孔的对角线的 2 个即可。

3. 布线要求。传感器到采集机柜（除了在组合架上走线的路径）必须采用 PXC2 型 30 线槽或 PVC－L 型 30 管进行防护。水浸传感器施工配线按照环境监控图纸操作，配线使用管型预绝缘接头压接可靠。端子定义见表 10—6。

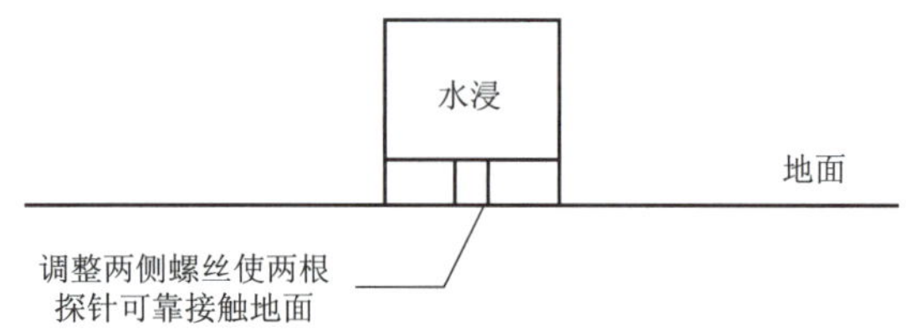

图 10—14　水浸传感器安装位置

表 10—6　水浸传感器安装位置

JS-HSBP 水浸传感器	屏蔽线	定　义
GND	黑	电源地
NC	绿	检测到有水，报警输出
C	红	报警输出供电，24 V
VCC	红	电源正极，24 V

（十三）玻璃破碎传感器安装工艺

1. 安装位置。玻璃破碎传感器安装于玻璃窗对面（房间较小时）或玻璃窗边（房间比较大，或窗户对面被遮挡）的墙壁上，尽量离窗户近一点。传感器安装位置距离地面 1.8 m 左右，根据玻璃窗高度，也可以适当上下调整距离，如图 10—15 所示。

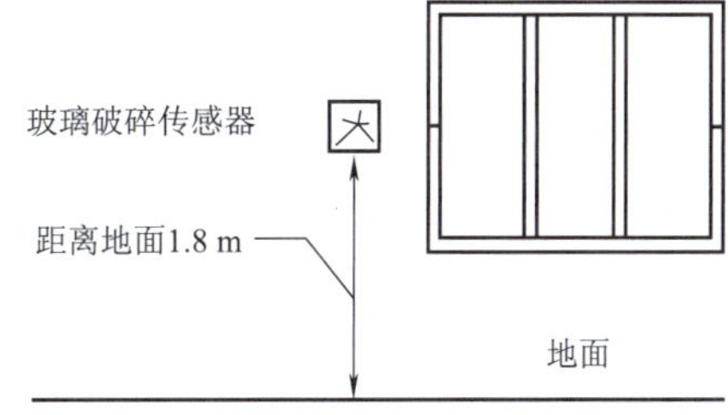

图 10—15　玻璃破碎传感器安装位置

2. 固定方法。传感器安装在传感器支架上，传感器支架根据传感器的预定安装方向，支架可横向或竖向安装。

3. 布线要求。传感器配线使用 ZR_RVVP 5 × 0.12 mm^2 聚乙烯绝缘屏蔽线。传感器到采集机柜（除了在组合架上走线的路径）必须采用 PXC2 型 30 线槽或 PVC-L 型 30 管进行防护。拐弯处要加适当弯头进行有效衔接。走线槽要横平竖直，美观合理。玻璃传感器施工配线按照环境监控图纸操作，配线使用管型预绝缘接头压接可靠。端子定义见表 10—7。

表 10—7　玻璃破碎传感器端子定义

BP02 玻璃破碎传感器	屏蔽线	定　义
GND	黑	电源地
VCC	红	电源正极，24 V
C	红	主报警输出供电，24 V
NO	绿	检测到玻璃破碎声音，报警输出
TAMPER-1	红	辅助报警输出供电，24 V
TAMPER-2	蓝	外壳被打开报警输出

（十四）烟雾传感器安装工艺

1. 安装位置。烟雾传感器安装在室内天花板正中位置。

2. 固定方法。传感器安装在传感器支架上，传感器支架根据传感器的预定安装方向，支架可横向或竖向安装。

3. 布线要求。传感器配线使用 ZR-RVVP 5 ×0.12 mm^2 聚乙烯绝缘屏蔽线。传感器到采集机柜（除了在组合架上走线的路径）需采用 PXC2 型 30 线槽或 PVC-L 型 30 管进行防护。拐弯处要加适当弯头进行有效衔接。走线槽要横平竖直，美观合理。烟雾传感器施工配线按照环境监控图纸操作，配线使用管型预绝缘接头压接可靠。端子定义见表 10—8。

表 10—8　烟雾传感器端子定义

JTY-LZ-1424 烟雾传感器	屏蔽线	定　义
1	黑	电源地
2	红	电源正极，24 V
4	绿	检测到烟雾浓度超标，报警输出
6	红	报警输出供电，24 V

(十五)明火探测器安装工艺

1. 安装位置。明火探测器可以安装在墙壁或者天花板上,传感器的感应口正对着室内明火监测关键点位置,如电源屏、配线架等。

2. 固定方法。传感器安装在传感器支架上,传感器支架根据传感器的预定安装方向,支架可横向或竖向安装。

3. 布线要求。传感器配线使用 ZR-RVVP 5 ×0.12 mm^2 聚乙烯绝缘屏蔽线。传感器到采集机柜(除了在组合架上走线的路径)必须采用 PXC2 型 30 线槽或 PVC-L 型 30 管进行防护。拐弯处要加适当弯头进行有效衔接。走线槽要横平竖直,美观合理。明火探测器传感器施工配线按照环境监控图纸操作,配线使用管型预绝缘接头压接可靠。端子定义见表 10—9。

表 10—9 明火探测器端子定义

FS-2000E 明火探测器	屏蔽线	定 义
1(Power)	黑	电源地
2(Power)	红	电源正极,12 V 或者 24 V
3(COM)	红	主报警输出供电,12 V 或者 24 V
5(NO)	绿	检测到有火焰,报警输出
6(Tamper)	红	辅助报警输出供电,12 V 或者 24 V
7(Tamper)	蓝	外壳被打开报警输出

(十六)空调控制器

1. 安装位置。柜式空调的空调监控器一般固定在距地面 50 cm 高的墙面上,距离空调空气开关 1 m 范围以内的位置。壁挂式空调空调监控器根据具体站的情况,如空调下部便于安装,且与空调间无遮挡物,则将空调监控器安装在空调下部距地面 50 cm 墙面上,传感器安装在空调监控器附近。如空调下部有窗户或不便安装空调监控器,空调监控器仍安装在附近距地面 50 cm 的位置,传感器及红外探头安装在空调红外控制窗口正下方 50 cm 左右的位置。

2. 固定方法。空调监控单元分为监控箱和传感器支架两个部分。其中监控箱安装与空调电源引线接口附近(采用墙体钻孔安装),空调监控器箱体采用挂装在支架上的放置。箱体挂装完成后,将支架上用于固定箱体的紧固螺钉拧紧固定。传感器支架按照柜机和分体空调采用不同的安装方式。

3. 布线要求。空调监控器到站机机柜配线(除了在组合架上走线)及空调监控器到传感器的配线,必须采用 PXC2 型 30 线槽或 PVC-L 型 30 管进行防护。拐弯处要加适当弯头进行有效衔接。走线槽要横平竖直,美观合理。空调控制器端子施工配线按照环境监控图纸操作,配线使用管型预绝缘接头压接可靠。

六、防雷接地工艺

(一)防雷接地工艺

机柜电源防雷地接地电阻小于 10 Ω(如为贯通地,应小于 4 Ω),采用黄绿色不低于

ZR-BVR 2.5 mm^2导线压接端头后，安装在电源防雷汇流排。

（二）设备安全保护接地工艺

机柜设备安全保护地接地电阻小于10 Ω（如为贯通地，应小于4 Ω），采用黄绿色不低于ZR-BVR 1.5 mm^2导线压接端头后，安装在设备安全保护地汇流排。组合柜（架）外壳应以最短距离就近与接地汇集线连接。

七、检验表格

对安装后的集中监测设备需进行规范化的检验验收管理，对具体的检验范围及检验方法需以表格形式进行规定。其中，具体的"监测项目和设备"以施工图纸为准。以下仅对表格举例，供各单位参考。

（一）设备监测

1. 外电网综合质量监测

检验数量：全数一一对应核对，各项电压、电流、频率、功率、相位角测量精度全数核对。

检验方法：

（1）查看外电网相电压、线电压、电流、频率、相位角、功率的机测值，与监测点实测值核对。

（2）查看外电网实时曲线、日报表、日（月、年）曲线。

检验要求：

（1）监测点：电压采集点在配电箱（电务部门管理）闸刀外侧，电流采集闸刀内侧至电源屏输入之间电流。

（2）机测值与相应采样点用测量仪表测试值的误差：电压 ±1%；电流 ±2%；频率 ±0.5 Hz；相位角 ±1%；功率 ±1%范围内，采集一一对应正确。

（3）日报表、实时曲线、日（月、年）曲线显示正确、功能正常、数据准确。

仪表型号：　　　　　　　　　　编　号：

名称	校核	实测值	机测值	日报表	实时曲线	日月年曲线	备注

验收人员：　　　　　　　　日　期：

2. 交流转辙机监测

检验数量：全数一一对应核对，测量精度全数核对。

检验方法：

（1）逐个单独操纵，用2 A电流通过传感器。

（2）查看道岔电流曲线历史测试的每一个道岔转换过程中的每一组电流曲线（每组包含道岔的三相电流曲线，可显示动作时间、动作方向、曲线点信息）。

（3）查看道岔功率曲线历史测试的每一个道岔转换过程中的每一条功率曲线（可显示动作时间、动作方向、曲线点信息）。

检验要求:

(1)监测点:电压采样在断相保护器输入端,电流采样在断相保护器输出端。

(2)道岔动作电流、功率与采样点用测量仪表测试值的误差:电流 ±2% ;功率 ±2% ;时间小于或等于 0.1 s 范围内,采集一一对应正确。

(3)道岔电流、功率曲线功能正常。

仪表型号: 编号:

<table>
<tr><th rowspan="3">道岔名称</th><th rowspan="3">校核</th><th colspan="8">交流电流(A)</th><th colspan="4" rowspan="2">曲线检查</th><th rowspan="3">转换时间</th></tr>
<tr><th colspan="2">A 相</th><th colspan="2">B 相</th><th colspan="2">C 相</th><th colspan="2">功率</th></tr>
<tr><th>实测值</th><th>机测值</th><th>实测值</th><th>机测值</th><th>实测值</th><th>机测值</th><th>实测值</th><th>机测值</th><th>A 相</th><th>B 相</th><th>C 相</th><th>功率</th></tr>
<tr><td></td><td></td><td></td><td></td><td></td><td></td><td></td><td></td><td></td><td></td><td></td><td></td><td></td><td></td><td></td></tr>
<tr><td></td><td></td><td></td><td></td><td></td><td></td><td></td><td></td><td></td><td></td><td></td><td></td><td></td><td></td><td></td></tr>
</table>

验收人员: 日 期:

3. 电源对地漏流测试

检验数量:全数一一对应核对,测量精度全数核对。

检验方法:

(1)可以选择单选、多路组合、全测进行测试。

(2)用万用表电流挡串接 0.2 A 熔断器和 1 kΩ(不小于 50 W)电阻测电源对地漏流。

(3)查看电源对地漏泄电流监测日报表、月、年曲线。

检验要求:

(1)监测点:电源屏输出端。

(2)机测值与相应采样点用测量仪表测试值的误差在 ±10% 范围内,采集一一对应正确。

(3)电源对地漏泄电流日报表、月、年曲线功能正常。

仪表型号: 编号:

序号	校核	电源名称	实测值(mA)	机测值(mA)	采样电阻两端电压	日报表	月曲线	年曲线	备注

验收人员: 日 期:

4. 集中式无绝缘移频自动闭塞监测

(1)集中式无绝缘移频自动闭塞发送器监测

检验数量:全数一一对应核对,测量精度全数核对。

检验方法:

①查看区间移频发送器发送电压、电流、载频、低频;与监测点实测值核对。

②查看移频发送器发送电压、电流、载频、低频等实时曲线、日报表、日(月、年)曲线。

检验要求：

①监测点：发送器功出端；或 ZPW-2000 维护终端接口。

②机测值与相应采样点用测量仪表测试值的误差：电压 ±1%；电流 ±2%；载频频率 ±0.1 Hz；低频频率 ±0.1 Hz 范围内，或与 ZPW-2000 维护终端测试值一致；采集一一对应正确。

③日报表、实时曲线、日（月、年）曲线显示正确、功能正常、数据准确。

仪表型号：　　　　　　　　　　　　　编号：

名称	校核	发送电压（mV）		发送电流（mA）		上边频检查结果	下边频检查结果	中心频检查结果	低频检查结果	日报表	实时曲线	日月年曲线
		实测数据	机测数据	实测数据	机测数据							

验收人员：　　　　　　　　　　日　期：

（2）集中式无绝缘移频自动闭塞接收器监测

检验数量：全数一一对应核对，测量精度全数核对。

检验方法：

①查看区间移频接收器轨入（主轨、小轨）、轨出 1、轨出 2 电压、载频、低频；与监测点实测值核对。

②查看区间移频接收器轨入（主轨、小轨）、轨出 1、轨出 2 电压、载频、低频等实时曲线、日报表、日（月、年）曲线。

检验要求：

①监测点：接收衰耗器输入，接收器输入端或 ZPW-2000 维护终端接口。

②机测值与相应采样点用测量仪表测试值的误差：电压 ±1%，电流 ±2%，载频频率 ±0.1 Hz，低频频率 ±0.1 Hz 范围内，或与 ZPW-2000 维护终端测试值一致；采集一一对应正确。

③日报表、实时曲线、日（月、年）曲线显示正确、功能正常、数据准确。日报表对应轨道电路不同状态分别统计当天轨道接收电压的空闲最高、空闲最低、占用最高值。

仪表型号：　　　　　　　　　　　　　编号：

名称	校核	主轨轨入（mV）		小轨轨入（mV）		轨出 1（mV）		轨出 2（mV）		上边频检查结果	下边频检查结果	中心频检查结果	低频检查结果	日报表	实时曲线	日月年曲线
		实测数据	机测数据	实测数据	机测数据	实测数据	机测数据	实测数据	机测数据							

验收人员：　　　　　　　　　　日　期：

（二）开关量监测

1. 轨道电路开关量监测

检验数量：全数核对。

检验方法：依次改变开关量状态，查看了各个开关量当前的实时状态、历史状态。

区段名称	区段光带		区段按钮	轨道继电器			计数
	白	红		DGJ	DGJ_1	DGJ_2	

验收人员：　　　　　　　　　日　期：

2. 道岔开关量监测

检验数量：全数核对。

检验方法：依次改变开关量状态，查看了各个开关量当前的实时状态、历史状态。

道岔名称	位置表示灯		区段光带				道岔按钮		道岔继电器			挤岔报警	SJ（仅6502站）		计数
	定位	反位	定位白	反位白	定位红	反位红	单锁	单操	1DQJ	2DQJ			1SJ	2SJ	
										－D	－F				

验收人员：　　　　　　　　　日　期：

（三）报警监测

1. 列车主灯丝断丝报警监测

检验数量：全数检验。

检验方法：拔出或断开列车信号机点灯电路熔断器或空气开关，系统应有实时报警和历史报警记录。如是智能灯丝报警总机接口，应显示具体信号机灯位；如无智能灯丝报警总机接口，应显示具体信号机。恢复熔断器，系统应有恢复时间记录。

灯丝报警器厂家：　　　　　　通信接口方式：

上行				下行			
信号机名称	电阻值	AD值10进制	报警结果	信号机名称	电阻值	AD值10进制	报警结果

AD值分挡表								
挡位	1	2	3	4	5	6	7	8
AD值								

验收人员：　　　　　　　　　日　期：

2. 断相、错序、瞬间断电监测

检验数量：全数检验。

检验方法：

（1）拔出外电网监测单元某一相电压采集熔断器，系统应有断相实时报警和历史报警

记录;恢复熔断器,系统应有恢复时间记录。

(2)人为更改外电网监测单元三相电源采集线相序,系统应有错序实时报警和历史报警记录;恢复相序,系统应有恢复时间记录。

(3)在电源开关箱处人工将输入电源闸刀快速断开一次,系统应有瞬间断电实时报警和历史报警记录。

测试人: 测试日期:

名称	Ⅰ路		Ⅱ路	
	报警	记录	报警	记录

验收人员: 日 期:

(四)接口信息监测

1. 信号集中监测列控中心接口信息监测

序号	监测信息内容	备注
1	列控平台设备工作状态和系统通信接口状态:	
	各类硬件板卡状态 □	
	TCC与各子系统(联锁、TDCS/CTC、邻站TCC)通信接口状态 □	
2	列控业务接口信息:	
	联锁接口进路、改方、信号降级 □	
	CTC/TSRS接口临时限速 □	
	邻站TCC边界、改方 □	
	区间区段:空闲、占用码位 □	
	区间线路方向状态、站内区段方向状态、灾害防护继电器状态 □	
	区间信号点灯状态:灭灯、红灯、绿灯、黄灯、绿黄 □	
3	列控控制输出结果信息:	
	轨道电路编码 □	
	有源应答器报文编码 □	
	继电器驱动输出(方向驱动、区间点灯驱动) □	
4	列控维护报警信息:	
	硬件平台各板卡故障报警 □	
	A/B机异常工作报警 □	
	A/B机主备状态同步状态 □	
	与联锁接口报警 □	
	与邻站列控中心接口报警 □	
	与TDCS/CTC系统接口报警 □	
	与ZPW-2000接口报警 □	
	与LEU接口报警 □	

续上表

序号	监测信息内容	备注
	LEU 应答器异常报警 □	
5	接口方式：	
	与独立的列控中心维修机之间通过 RJ45 方式接口 □	
	列控中心维修机侧增加隔离措施及防病毒措施 □	

验收人：　　　　日　期：

2. 信号集中监测计算机联锁接口信息监测

序号	监测信息内容	备注
1	轨道： 轨道占用 □　轨道锁闭 □　区段锁闭 □	
2	道岔： 定位表示 □　反位表示 □　总定 □　总反 □　道岔总锁 □ 道岔单锁 □ 道岔单解 □　道岔单操 □　道岔单封 □　心轨单操 □　尖轨单操 □	
3	信号机： 灭灯 □　绿灯 □　红灯 □　黄灯 □　引导白灯 □　双绿 □ 绿黄 □　双黄 □ 黄闪黄 □　调车白灯 □　白闪 □　红闪 □　黄闪 □　绿闪 □ 断丝闪灯 □	
4	其他按钮： 故障通知 □　总人解 □　总取消 □　事故解锁 □　列车按钮 □ 调车按钮 □　灭灯按钮 □　点灯 □　关灯 □　按钮单封（戴帽）状态 □ 接车辅助 □　发车辅助 □　总辅助 □　允许改方（或允许反向）灯按钮 □	
5	报警信息： 轨道停电 □　挤岔 □　主灯丝断丝 □　灯丝断丝 □　排架熔丝报警 □ 移频报警 □　计算机联锁控显机故障报警 □　联锁输入板故障报警 □ 联锁 CPU 板故障报警 □　联锁输出板故障报警 □　主备机故障 □ 联锁与列控通信故障 □　联锁与 TDCS/CTC 接口故障报警 □	
6	其他表示灯： 主副电源灯 □　区间监督 □　接车表示灯 □　发车表示灯 □ 自律模式 □　允许转为自控 □　非常站控 □	
7	联锁设备（板级）状态： A/B 机状态 □　联锁与列控通信状态 □ 联锁与 TDCS/CTC 通信状态 □　主备同步状态 □	
8	接口方式： RS-422/RS-485 接口 □　硬件光电隔离 □ 由计算机联锁维护台单向发送 □　监测系统接收 □	

验收人：　　　　日　期：

3. 信号集中监测智能电源屏接口信息监测

序号	接口信息内容		备注
一	智能电源屏		
1	智能电源屏模块状态信息： 交流接触器闭合、断开状态、模块故障/备用状态 模块通信正常/中断状态 模块工作/保护状态；模块正常/故障状态	 ☐ ☐ ☐	
2	模拟量监视内容：		
	A 各电源屏输入电压、电流	☐	
	B 各种电源屏每路电压、电流	☐	
	C 25Hz 电源输出电压、频率、相位角	☐	
3	智能电源屏报警信息： 交流输入停电 系统输入停电 电源输出支路断电 系统输出空开故障	 ☐ ☐ ☐ ☐	
4	监测精度：		
	电压　±1%	☐	
	电流　±2%	☐	
	频率　±0.5Hz	☐	
	相位角　±1 度	☐	
二	UPS 电源		
1	模拟量监测内容		
	A UPS 输入相电压、电流、频率、功率	☐	
	B UPS 电池组电压、旁路相电压	☐	
	C UPS 后备时间或后备容量	☐	
	D UPS 输出电压、旁路、功率、峰值比(可选项)	☐	
2	UPS 报警信息： UPS 交流输入停电 系统输入停电 UPS 输出断电 UPS 故障 UPS 告警	 ☐ ☐ ☐ ☐ ☐	
3	监测精度：		
	电压　±1%	☐	
	电流　±2%	☐	
	频率　±0.5Hz	☐	
4	接口方式：		
	UPS 信息由智能电源屏采集后通过统一的 RS-485 接口传送给监测系统 硬件光电隔离	☐ ☐	

验收人：　　　　　　　　日　期：

(五)报警功能检查表

<table>
<tr><th colspan="2">项　　目</th><th>结果</th><th>备注</th></tr>
<tr><td rowspan="7">一级报警</td><td>挤岔　□</td><td></td><td></td></tr>
<tr><td>列车信号非正常关闭　□</td><td></td><td></td></tr>
<tr><td>故障通知按钮报警　□</td><td></td><td></td></tr>
<tr><td>火灾报警　□</td><td></td><td></td></tr>
<tr><td>防灾异物侵限报警　□</td><td></td><td></td></tr>
<tr><td>锁闭继电器封连报警(仅 6502 站)　□</td><td></td><td></td></tr>
<tr><td>有源应答器报文错误报警　□</td><td></td><td></td></tr>
<tr><td rowspan="16">二级报警</td><td>外电网输入电源断相/断电报警　□</td><td></td><td></td></tr>
<tr><td>外电网三相电源错序报警　□</td><td></td><td></td></tr>
<tr><td>外电网输入电源瞬间断电报警　□</td><td></td><td></td></tr>
<tr><td>电源屏输出断电报警　□</td><td></td><td></td></tr>
<tr><td>列车信号主灯丝断丝报警　□</td><td></td><td></td></tr>
<tr><td>熔丝断丝报警　□</td><td></td><td></td></tr>
<tr><td>转辙机表示缺口报警　□</td><td></td><td></td></tr>
<tr><td>环境监测中明火、烟雾、玻璃破碎、门禁、水浸报警　□</td><td></td><td></td></tr>
<tr><td>计算机联锁报警　□</td><td></td><td></td></tr>
<tr><td>列控系统报警　□</td><td></td><td></td></tr>
<tr><td>ZPW-2000 系统报警　□</td><td></td><td></td></tr>
<tr><td>TDCS/CTC 系统报警　□</td><td></td><td></td></tr>
<tr><td>道岔无表示报警　□</td><td></td><td></td></tr>
<tr><td>智能电源屏报警　□</td><td></td><td></td></tr>
<tr><td>有源应答器报监测报警　□</td><td></td><td></td></tr>
<tr><td>区间移频故障报警　□</td><td></td><td></td></tr>
<tr><td rowspan="4">三级报警</td><td>电气特性超限报警　□</td><td></td><td></td></tr>
<tr><td>轨道长期占用报警(暂按占用超过 72 h 后报警)　□</td><td></td><td></td></tr>
<tr><td>通信接口报警(与 TDCS/CTC、计算机联锁、列控中心、智能电源屏等系统通信接口故障报警)　□</td><td></td><td></td></tr>
<tr><td>监测系统采集系统采集机、智能采集器通信故障报警　□</td><td></td><td></td></tr>
<tr><td rowspan="3">预警</td><td>模拟量变化趋势、突变、异常波动预警　□</td><td></td><td></td></tr>
<tr><td>道岔统计次数超限　□</td><td></td><td></td></tr>
<tr><td></td><td></td><td></td></tr>
</table>

验收人员：　　　　　　　　日　期：

(六)信号集中监测站机功能核查表

检验数量:同版本前提下,任选 1 个站机进行检验即可。

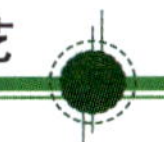

站名：　　　　　　　　　　　　　　验收人：　　　　　　　　　日期：

车站站机功能		检查情况
1. 显示及储存		
站场运用状态图的显示与回放	□	
站场图的放大、缩小和全屏显示	□	
CTCS-3 区段特殊显示	□	
开关量的实时状态显示及历史记录查询	□	
按设备分类进行查询及维护，支持跨设备查询	□	
模拟量的实时测试表格	□	
模拟量的历史数据表格	□	
模拟量的日报表、实时曲线、日曲线、月曲线、年趋势线	□	
转辙机动作电流、功率曲线	□	
提速道岔分表示实时显示、历史显示屏回放	□	
半自动闭塞电压、电流曲线、历史查询并回放	□	
控制台按钮操作记录	□	
关键设备动作次数及时间表	□	
电缆绝缘和电源对地漏泄电流的测试表格和变化曲线	□	
环境监测信息实时图形显示和历史数据查询	□	
轨道电路分路残压报表记录	□	
车站分路不良设置及分路不良图显示	□	
开关量和模拟量滚动数据存储，时间要求不少于 30 天	□	
计算机联锁、列控中心、TDCS/CTC、ZPW-2000 等信号设备运行状态信息实时显示，历史查询和回放	□	
计算机联锁、列控中心、TDCS/CTC、ZPW-2000 等系统之间通信状态图实时显示，历史查询和回放	□	
2. 报警及事件管理		
根据预先定义的逻辑实现一、二、三级实时报警和预警	□	
语音和声光报警	□	
报警和预警历史信息的查询	□	
重要报警的人工确认	□	
设备故障及报警的汇总、统计和分析	□	
系统运行事件、用户操作事件等记录及历史查询	□	
TDCS/CTC 系统设备及通信中断故障报警	□	
列控中心系统设备及通信中断故障报警	□	
计算机联锁设备及通信中断故障报警	□	
智能电源屏设备及通信中断故障报警	□	

续上表

车站站机功能		检查情况
有源应答器监测设备及通信中断故障报警	□	
＿＿＿＿＿设备设备及通信中断故障报警	□	
＿＿＿＿＿设备设备及通信中断故障报警	□	
3. 系统管理		
用户登录、修改配置、标调等权限的管理	□	
用户及密码管理	□	
系统在线自检，记录系统运行日志	□	
系统工作状态显示	□	
系统软件的自动升级	□	
系统自动进行时钟校核	□	
4. 数据处理及控制		
配置文件、历史数据的导入/导出	□	
选择多路绝缘进行组合测试	□	
空调状态的自动控制和人工控制	□	
回放文件的管理与导出	□	
曲线及各类报表的打印管理和导出	□	
授权修改基准参数和报警上下限	□	
向上层网络（服务器、终端）传送各种实时数据	□	
接收并执行上层的命令，根据需要向上层网络传送响应数据	□	
5. 其他功能		
天窗修作业管理及检修时报警的屏蔽处理	□	
邻站显示	□	
电务维修智能分析及辅助决策	□	
监测系统对系统自身运行状态、日志、操作和重要事件进行监测	□	
监测系统对监测网络状态进行监测	□	

（七）终端功能核查表

检验数量：同版本前提下，任选1个终端进行检验即可。

终端功能		备注
1. 显示及储存		
站场运用状态图的显示与回放	□	
站场图的放大、缩小和全屏显示	□	
CTCS-3 区段特殊显示	□	
开关量的实时状态显示及历史记录查询	□	
按设备分类进行查询及维护，支持跨设备查询	□	

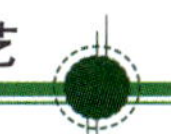

续上表

终端功能		备注
模拟量的实时测试表格	□	
模拟量的历史数据表格	□	
模拟量的日报表、实时曲线、日曲线、月曲线、年趋势线	□	
转辙机动作电流、功率曲线	□	
提速道岔分表示实时显示、历史显示屏回放	□	
半自动闭塞电压、电流曲线、历史查询并回放	□	
控制台按钮操作记录	□	
关键设备动作次数及时间表	□	
电缆绝缘和电源对地漏泄电流的测试表格和变化曲线	□	
环境监测信息实时图形显示和历史数据查询	□	
轨道电路分路残压报表记录	□	
车站分路不良设置及分路不良图显示	□	
开关量和模拟量滚动数据存储,时间要求不少于 30 天	□	
计算机联锁、列控中心、TDCS/CTC、ZPW-2000 等信号设备运行状态信息实时显示,历史查询和回放	□	
计算机联锁、列控中心、TDCS/CTC、ZPW-2000 等系统之间通信状态图实时显示,历史查询和回放	□	
2. 报警及事件管理		
根据预先定义的逻辑实现一、二、三级实时报警和预警	□	
语音和声光报警	□	
报警和预警历史信息的查询	□	
重要报警的人工确认	□	
设备故障及报警的汇总、统计和分析	□	
系统运行事件、用户操作事件等记录及历史查询	□	
TDCS/CTC 系统设备及通信中断故障报警	□	
列控中心系统设备及通信中断故障报警	□	
计算机联锁设备及通信中断故障报警	□	
智能电源屏设备及通信中断故障报警	□	
有源应答器监测设备及通信中断故障报警	□	
______设备设备及通信中断故障报警	□	
______设备设备及通信中断故障报警	□	
3. 系统管理		
用户登录、修改配置、标调等权限的管理	□	
用户及密码管理	□	
系统在线自检,记录系统运行日志	□	

续上表

终端功能		备注
系统工作状态显示	□	
系统软件的自动升级	□	
系统自动进行时钟校核	□	
4. 数据处理及控制		
登录服务器,选择监测车站	□	
图形、曲线及各类报表的打印管理及导出	□	
回放文件的管理与导出	□	
授权终端根据需要向所辖站机发送控制命令	□	
可同时显示所辖中间站和中继站(关闭站)的区段画面	□	

验收人:　　　　　　　　　　日　期:

(八)服务器功能核查表

检验数量:全数一一对应核对。

服务器名称		备注
电务段通信前置机功能		
1. 基本功能		
与所辖站机、终端等节点进行网络通信和数据交换	□	
2. 系统管理		
用户登录、修改配置等权限的管理	□	
用户及密码管理	□	
系统在线自检,记录系统运行日志	□	
3. 通信管理		
负责应用服务器与站机之间有关命令和响应数据的转发	□	
双机冗余	□	
均衡负责,自动切换管辖车站	□	
4. 时钟自动校核		
系统运行状态管理	□	
系统操作日志管理	□	
电务段应用服务器功能		
1. 基本功能		
管理所辖终端、数据库服务器、通信前置机及局服务器间数据处理机转发,负责跨站逻辑处理	□	
2. 系统管理		
用户登录、修改配置等权限的管理	□	

续上表

服务器名称		备注
用户及密码管理	□	
系统在线自检,记录系统运行日志	□	
3. 通信管理		
车站实时数据分发处理	□	
监测终端与站机之间有关命令和响应数据的转发	□	
终端与数据库服务器之间的数据传输	□	
终端与网管库服务器之间的数据传输	□	
局服务器与车站间通讯数据转发	□	
网络通信时数据的压缩/解压缩以及数据的分等级传输	□	
4. 数据处理及控制		
服务器双机冗余备份	□	
向所辖车站站机或终端机发送控制命令	□	
电务段数据库服务器功能		
1. 基本功能		
存储车站开关量、报警等相关数据	□	
存储终端、通信前置机、应用服务器、网管服务器等操作记录	□	
2. 系统管理		
用户登录、修改配置等权限的管理	□	
用户及密码管理	□	
系统在线自检,记录系统运行日志	□	
3. 通信管理		
与应用服务器通信	□	
4. 数据处理及控制		
存储应用服务器传输过来的相关数据	□	
响应应用服务器传输的读取历史数据命令,将响应的历史数据转回应用服务器	□	
电务段网管服务器功能		
1. 基本功能		
管辖范围内所有终端、服务器、通信前置机、采集设备状态	□	
2. 系统管理		
用户登录、修改配置等权限的管理	□	
用户及密码管理	□	
系统在线自检,记录系统运行日志	□	
3. 通信管理		
接收应用服务器传输过来的各个节点状态	□	
响应应用服务器传输过来的读取各个节点状态的命令	□	

续上表

服务器名称		备注
电务段 Web 服务器功能		
1. 基本功能		
实时报警及历史报警查询	□	
报警信息处理情况录入	□	
报警信息分析统计	□	
全线子系统自动升级服务器	□	
2. 系统管理		
用户登录、修改配置等权限的管理	□	
用户及密码管理	□	
系统在线自检,记录系统运行日志	□	
3. 通信管理		
接收应用服务器转发过来的实时报警信息	□	
响应终端 IE 等浏览器查询命令响应,与数据库服务器间建立通讯	□	
电务段防病毒服务器功能		
1. 基本功能		
响应系统内各节点的防病毒软件下载指令	□	
定时对所辖站机和终端进行病毒包升级	□	
2. 功能要求		
显示各节点防病毒软件版本状况、病毒库升级情况及病毒库版本	□	
电务段时钟服务器功能		
1. 基本功能		
为系统内各节点提供标准时钟源,对所辖各节点定时校核时间	□	
2. 功能要求		
时钟服务器从时钟源获取标准时钟	□	
电务段接口服务器功能		
1. 基本功能		
跨系统间连接、跨网络间连接的数据通信转发及处理	□	
2. 跨系统间连接		
基本功能:完成监测系统与其他系统间的数据交互	□	
连接方式:网络连接或 RS-422 连接; 使用网络连接时,增加网络防护	□ □	
通信管理:将监测系统开关量、模拟量、报警信息传输给其他系统; 将其他系统的信息传输给监测系统应用服务器	□ □	
3. 跨网络间连接		
基本功能:两个独立网络间数据互相传输	□	

续上表

服务器名称		备注
连接方式:双网卡; 每个网卡连接独立网络	□ □	
通信管理:两个独立网络间实时数据上送; 两个独立网络间网络命令传输	□ □	

验收人:　　　　　　　　　　日　期:

(九)维护工作站功能核查表

检验数量:全数一一对应核对。

维护工作站功能		备注
网络拓扑图状态管理		
动态、实时地监视网络节点(计算机、路由器、交换机)的工作状态	□	
动态、实时地监视网络通道状态	□	
动态、实时地监视车站UPS、采集机分机及板卡、智能传感器以及其他接口单元的状态	□	
动态反映网络节点单元的告警,通过声音、拓扑图颜色变化来反映当前网络的告警信息	□	
动态反映网络节点设备的配置情况	□	
其他网管功能		
支持对系统中主要设备的软硬件配置管理,包括机器名、设备类型、IP地址、硬件配置描述、操作系统类型及版本、软件模块配置及版本情况	□	
显示站内系统连接图	□	
显示智能接口系统相关设备状态,包括TDCS/CTC、列控中心、ZPW-2000、计算机联锁及智能电源屏等	□	
外挂专门的网络拓扑图绘制工具	□	
在线分析网络流量	□	
在线分析网络传输的出错率	□	
网管系统采用全中文界面	□	

验收人:　　　　　　　　　　日　期:

参 考 文 献

[1] 运基信号〔2010〕709 号 铁路信号集中监测系统技术条件.

[2] 运基信号〔2011〕377 号 铁路信号集中监测系统安全要求.

[3] 科技运〔2008〕36 号 客运专线铁路信号产品暂行技术条件汇编(一)(电务监测系统设备).

[4] 李萍. 铁路信号集中监测系统. 北京:中国铁道出版社, 2012.